侯景の乱始末記

南朝貴族社会の命運

志学社選書

001

復刊に寄せて

本書の一章から三章までを構成する「南風競わず――侯景の乱始末記」、「徐陵――南朝貴族の悲劇」、「後梁春秋――ある傀儡王朝の記録」の三篇は、かつて中央公論社から刊行されていた月刊誌『歴史と人物』の昭和四十七年（一九七二）七月号、昭和四十八年（一九七三）二月号、昭和四十九年（一九七四）一月号にそれぞれ掲載された。その後、昭和四十九年（一九七四）の四月にそれらの三篇を一書にまとめ、中公新書の一冊として出版するにあたって、一章の副題である「侯景の乱始末記」を一書全体の書名とし、あらたに「南朝貴族社会の命運」を副題としてそえた。

『歴史と人物』誌に文章を寄せるよう求められ、またそれらを中公新書の一冊としてまとめるようながされたのは、当時『歴史と人物』の編集長をつとめておられた粕谷一希氏であった。わたしがまだ三十歳代の若造であったころのことである。そして拙文「南風競わず」について、京大教養部の学生であった時代に始まって、それ以来いろいろと教えを受けた田中謙二先生から、思いがけずも「豊富な史料を駆使しつつ、新鮮しかも密度の高い筆致であざやかにこの時代を再現した作品」（朝日新聞社「中国文明選」1『資治通鑑』、一九七四年、一三三頁、また、ちくま学芸文庫の一冊として再版、筑摩書房、二〇一九年、一六八頁）との言葉をいただいたのは、過褒とはいえ、やはり大きなよろこびであった。それからおよそ半世紀、粕谷氏も、また田中先生も、鬼籍に入られてすでに久しい。往事茫々の感を深くせざるをえない。

　中国の六世紀、南朝梁の武帝の時代に突如として勃発し、江南の社会をほとんど再起不能なまでの大混乱におとしいれた侯景の乱。唐代の文人の韓愈は、その「仏骨を論ずる表」にこう記している。「梁の武帝は在位四十八年、前後三度、捨身して仏に施す。……其の後、竟《つい》に侯景の逼る所と為り、台城に餓死し、国も亦た尋《つ》いで滅びぬ」。唐の憲宗の元和十四年（八一九）のこと、都長安の西に位置する鳳翔（陝西省鳳翔）の法門寺から仏舎利が禁中に迎えられるにあたって、そのことを諫止すべく献じた上表文である。梁の武帝は仏教に入れあげること中国史上随一の皇帝であり、三度にわたって皇帝の位を捨てて仏の奴となる捨身の儀を行なってもいるのだが、しかしそのかいもなく、在位四十八年の長きにおよんだ治世も、侯景の乱によって無残な最期を迎えることとなったというのである。かくして韓愈は、それにつづけて「仏に事《つか》えて福を求めんとせしも、乃ち更に禍を得たり。此れに由《よ》ってこれを観れば、仏の事うるに足らざる事、亦た知る可し」と述べている。この上表文は憲宗の逆鱗に触れるところとなり、韓愈は刑部侍郎の職を逐われて嶺南の潮州（広東省潮陽）の刺史に貶されることになるのだが、それはともかく、梁の武帝の奉仏と侯景の乱の発生とが、仏教ぎらいの韓愈が述べるように直接の因果関係で結ばれるのかどうなのか、そのことはひとまずおき、南朝の歴史において異例の長期の治世をほこった梁の武帝も、不測の深淵が前方に臨んでいるのを知ることなく、ついに「侯景の逼る所と為り、台城に餓死し、国も亦た尋いで滅んだ」

のはまぎれもない事実であった。

本書の第一章は侯景の乱そのものについて語り、また二章と三章はいずれも侯景の乱の余波の及ぶところを叙述の対象とする。従って「侯景の乱始末記」を全体の書名とするのはいかにもふさわしいのだが、今回の復刊にあたっては、侯景の乱をさかのぼること一世紀以上、劉宋時代に発生した事件をあつかう一篇「史家范曄の謀反」を補篇として加えることとした。志学社との仲介の労をとられた古勝《こ》隆《がち》一さんの発案による。実はこの一篇も、『侯景の乱始末記』に収めた三篇に先だってやはり『歴史と人物』誌の昭和四十六年（一九七一）十一月号に掲載されたものである。それ以後、わたしは范曄にかかわることとして『六朝精神史研究』（同朋舎出版、一九八四年）の第Ⅱ部を「范氏研究」と題し、「范寧の学問」、「踞食論争をめぐって」、「范曄と劉知幾」、「范曄と後漢末期」の四篇の文章を収めた。范寧は范曄の祖父であり、また「踞食論争をめぐって」の主題は范曄の父の范泰に関することがらである。さらにまた二〇〇一年九月から二〇〇七年三月にかけて、范曄撰述の正史『後漢書』に訓読訳と注釈を施した『訓注本・後漢書』全十冊、ならびに別冊「人名索引・地名索引」一冊を岩波書店から刊行し、その第一冊にそえた解題は、「范曄と『後漢書』」と題して『読書雑志――中国の史書と宗教をめぐる十二章――』（岩波書店、二〇一〇年）に再録した。

本書の四七ページに、「一口に四十年、五十年というが、それを人間の一生のうえにおいてみれば、気も遠くなるような歳月ではある」と記している。四十年、五十年もの昔に刊行された本書がふたたび日の目を見ることとなったのは、絶版となって久しく、古書市場においてそれなりの高値をよんでいるからのようであり、入手がむつかしい著作を世間に提供することを趣旨として創業された志学社の、創業早々の企画の一冊に選ばれたのである。『歴史と人物』に寄稿するよう求められたのは、もとより手書き原稿の時代であった。今回の復刊にあたって、旧著に収めた三篇の入力の労をとられたのは中村慎之介君とのこと。中村君は京都大学文学部の東洋史学科に籍を置く大学院生。まったくの偶然ながら、わたしの後輩であるのはうれしいことだ。今回、補編としてあらたに加えることとした一篇、「史家范曄の謀反」はわたし自身で入力を行なった。中村君の入力にかかる部分は旧著にほんのわずかの訂正を加えるだけにとどめたが、「史家范曄の謀反」に関しては、ボソボソとキーをたたきつつ誤植をただしたほか、いくらか文章表現を改めたり、説明をつけ加えたりしたところがある。ただし全体の趣旨にはいささかの変更も加えてはいない。

本年の一月をもって八十二歳を迎えたわたし。いたずらに馬齢を重ねただけ、と言われれば返す言葉もないのだが、半世紀近くも昔の作物との再会がかなったのはそれなりの年寿に恵まれたからこそ、と思うのもこれまた事実である。

二〇一九年五月

吉川忠夫

中公新書版はしがき

本書には、六世紀中葉、六朝とか魏晋南北朝とかとよびならわされる時代の末つかた、中国の江南におこった侯景の乱と侯景の乱にひきつづく動乱の時代を素材とする文章、あわせて三篇を収める。いずれもこの二年来、中央公論社『歴史と人物』誌に発表したものであるが、一書にまとめるにあたって、二、三の誤りをただしたほか、補なうべきは補ない、刪《けず》るべきは刪った。しかしなお重複するところがあるのは、本来、一貫したテーマのもとに企図された連作ではないからである。

分裂国家の時代であった六朝は、それに先行する漢、またそれに接続する隋唐ほどにはなじみがないであろう。六朝の幕開けとなった三国が、『三国志演義』によってひろく知られるのを別として、王羲之《おうぎし》や顧愷之《こがいし》や陶淵明《とうえんめい》といったおもに東晋時代の一、二の個人の名が記憶されるにとどまるであろう。そのうえ、分裂国家の時代であったがゆえに、いささかうんざりさせもするほど王朝の交替はめまぐるしい。そんなあれやこれやのことをおもんぱかって、六朝のごく簡単な見取図を示しておきたいと思う。

魏と蜀に対抗して江南半壁の地に自立した三国の呉は、二八〇年、すでに魏の禅《ゆず》りをうけていた晋の併すところとなった。そのおなじ地に東晋が樹立されたのは、それからまもない三一八年のできごとであった。すなわち晋の天下統一は三十年そこそこしかつづかなかったのであり、胡族のあい争闘する舞台となった華北をみかぎって、晋は江南にのがれたのである。東晋朝治下の江南では、前代にもまして貴族制社会が発展をとげた。社会の上層に位する貴族は、胡族のために華北を逐われ、江南に流寓せざるをえなくなった悲哀と屈辱をひとしく胸底にたくわえざるをえなかったが、それゆえにかえってかれらは、新天地における国家の建設と防衛、さらにはまた五胡十六国とよばれる乱離の時代に突入した華北の恢復に生きがいをみいだすことができた。三八三年には、胡族政権の一である前秦の苻堅軍の江南侵略を淝水においてくいとめえたし、またくりかえし北伐が敢行されたのであった。とりわけ東晋末に登場した劉裕は、南燕、後秦を滅ぼして華北の恢復がなったかにみえた。だがそれはながつづきしなかった。華北はやがて鮮卑拓跋部の北魏が統一するところとなったからである。そして江南では、劉裕が東晋を簒って宋をたて、ここに南北朝対立の時代を迎える。劉裕は貴族の出身ではなかったが、ごく短期間にせよ華北を征覇した民族の英雄として、貴族社会の支持をかちとったのであった。

その後、宋は南斉、梁、陳とうけつがれ、また北魏は東西に分裂したうえ、北斉、北周とうけつがれるのだが、この南北朝対立は、その初期においてしばらく相対的安定の状態が持続したものの、やがて北朝の南朝にたいする政治的、軍事的優勢が顕著となる。そのきっかけとなったのが、本書第一章にとりあげた侯景の乱にほかならない。また第二章にとりあげた徐陵、第三章にとりあげた後梁王朝は、それぞれかかる時代を生きた人物であり、またかかる時代に存在した傀儡王朝である。そして北朝の南朝にたいする攻勢は、北朝をついだ隋の陳討伐をもって完了するのであり、したがって首尾完具させるためには陳滅亡の叙述を必要とするわけだが、いまはひとまず三篇をもって一書とすることとした。

がんらい独立して書かれた三篇をこのようなかたちにまとめる機縁をあたえられたのは、中央公論社の粕谷一希氏ならびに江阪満氏である。特に記して謝意を表したいと思う。

一九七四年一月

吉川忠夫

侯景の乱始末記　目次

復刊によせて　003

中公新書版はしがき　008

六世紀中国要図　014

第一章　南風競わず——侯景の乱始末記　016

白日黯し　朔北の嵐　蕭衍老公を縛取せん

南朝四百八十寺　江南の光と影　侯景の帰順

天の使い　侯景叛く　台城の攻防

偽約成る　台城落つ　侯景海上に果つ　余論

第二章　徐陵——南朝貴族の悲劇　092
江南の使臣　公宴　獫狁の災　北斉王朝の誕生
一家の悲運　楊僕射に与うる書
梁の元帝政権始末　江南への帰還　陳覇先の登場　南朝の黄昏

第三章　後梁春秋——ある傀儡王朝の記録　137
江陵の陥落　長子に利あらず　竜躍の基趾
附庸　壮心いまだ已まず
百獣率舞　松筠の節　吾が君は反らず　結び

補篇　史家范曄の謀反　189

六世紀中国要図

沃野鎮
撫冥鎮
武川鎮
懐荒鎮
懐朔鎮
柔玄鎮
平城
秀容
晋陽
信都
鄴
河
黄
譙城
彭城
洛陽
長安
潁川
渦陽
鍾離
魏興
穣城
懸瓠
淮
水
寿春
譙州
広陵
襄陽
漢
安陸
合肥
歴陽
建康
京口
晋陵
竟陵
呉
姑孰
呉興
郢州
長
江
水
江陵
武昌
銭塘江
会稽
尋陽
巴陵
長沙
予章

侯景の乱始末記

南朝貴族社会の命運

第一章　南風競わず——侯景の乱始末記

白日黯し

南朝梁の武帝の最期は、悲惨の一語につきる。華北から流れ込んだ荒夷、侯景《こうけい》によって台城を攻めおとされてからというもの、帝は八十六歳の老体を維持するだけの食事すら満足にあたえられず、幽閉同然の身を浄居殿のベッドに横たえていた。帝にのこされたただひとつの慰めといえば、五十年におよんだ統治の日々の回想にふけるか、あるいはそのままうつらうつらと眠りにさそいこまれて、夢のなかに結ばれる輝かしい過去の影像をたのしむことであった。しかし甘美な夢は、いつもきまって四囲をかためる士卒の高声か、ないしは兵仗の音によって破られ、そのつど夢の世界と現つの世界とのあまりにも大きいへだたりに、一瞬われとわが眼を疑わねばならなかった。簾外の光景は、そこを台城、つまり宮城とよぶのもおろかしいほど寒々としており、むしろ戦場とよぶのこそふさわしいほどのものであった。結構を誇った殿閣の各処には破壊のあとが生々しく刻まれ、衣冠の朝臣にかわって甲鎧に身をかためた将士がわがもの顔に彷徨し、ないしは無遠慮に砂塵をまきあげながら馬を疾駆させていた。

その日も、帝はあらあらしく夢をたたき破られた。そしてにわかに焼けつくようなにがみを口中におぼえた。帝は思わず「蜜をくれ」と叫んだが、願いをかなえてくれるものはだれ一人としてなかった。「荷荷《かか》」という苦悶の声をさいごに、すべてが闇の底に沈んだ。ときに太清三年（五四九）五月丙辰（二日）である。韋提希夫人《いだいけ》は、麨《しょう》に和した酥蜜《そみつ》をからだじゅうに塗りこめ、瓔珞《ようらく》のなかに蒲桃の漿を盛って、七重の室内に囚われた夫、頻婆娑羅《びんばしゃら》王に供したという。韋提希夫人はいうまでもなく『観無量寿経』のヒロインだが、このような女性は、しかしついに中国一の崇仏皇帝とうたわれる梁武のまえに姿をあらわすことはなかったのである。

武帝の死を顔之推《がんしすい》は、「武皇は忽《たちま》ちにして以て世を厭《す》てたまい、白日は黯《くら》くして光無し」とうたっている（「観我生賦」）。それはひとり顔之推にとどまらず、梁武時代を生きた士大夫たちすべてに共通した感懐であっただろう。梁武の死は、一皇帝の死をこえてあるひとつの時代の終焉を象徴する事件であった。そしてこの江南の事件は、距離的には数千里をへだて、時間的には四半世紀をさかのぼる、華北のそのまたさらに北辺境に発生した事件と、迂遠ならざる因果の関係で結びあわされている。われわれはひとまず眼を華北に転ずることにしよう。

朔北の嵐

北魏孝明帝の正光五年（五二四）、朔北の地にもおそい春のおとずれがようやく感ぜられる三月のこと、沃野鎮《よくや》の匈奴人、破六韓抜陵《はろくかんばつりょう》は鎮将を殺害して真王元年と称した。叛乱は、沃野鎮の東方につらなる懐朔鎮《かいさく》および武川鎮《ぶせん》にもたちまちのうちに波及した。「六鎮の乱」とよばれるこの朔北に発生した叛乱が、やがて華北全土を混乱におとしいれ、いなそればかりではなく、数十年にわたる中国全土の動乱の時代の幕あけとなることをだれが予想したであろうか。たとえば、叛乱の報に接した王朝の要人たちは、「妖党狂醜は必ず蕩滌《とうでき》すべし」といきりたった。しかしかれらは、王朝の北辺に瀰漫していた不満について的確な認識をもちえなかったまでにすぎない。

　北魏王朝は創業まもない五世紀の道武帝、あるいは太武帝の時代に、防衛と外征の拠点として、陰山山脈にそった東西千余里の間に多数の軍鎮を配置した。それらは朔北に配置されたところから北鎮とよばれ、またそのなかの代表的な六軍鎮、西からかぞえると、沃野、懐朔、武川、撫冥《ぶめい》、懐荒《かいこう》、柔玄《じゅうげん》の六軍鎮をとって六鎮とよびならわされた（六鎮のかぞえかたには諸説があるが、岑仲勉《しんちゅうべん》氏の『府兵制度研究』、一九五七年、上海人民出版社、また、『岑仲勉著作集』六巻、二〇〇四年、中華書局、に従っておく）。さいしょ六鎮をかためる兵士は、鮮卑《せんぴ》人を主体とする胡族の子弟か、ないしは中原から移住した漢人豪族の子弟によって構成され、一般の民とはことなって州郡県に戸籍を登録されることもなく、ありあまる栄光につつまれる国家の選士《エリート》であった。五胡十六国の擾乱に終止符をうち、華北を統一した鮮卑族王朝—北魏、その国初のあいつぐ内戦と外征の主役は、いうまでもなくかれらであった。しかるに時間の経過は、無情にもかれらの栄光をしだいに褪色させていった。とりわけ、戦力の増強をはかった王朝が、罪人を六鎮に配備することを決定したため、兵士の素質低下はまぬがれなかったし、なによりもそのことで、旧来の兵士たちはおおいにプライドを傷つけられねばならなかった。さらにそれにおいうちをかけたのが、孝文帝の太和十七年（四九三）にはじまった洛陽遷都《らくようせんと》である。平城《へいじょう》から洛陽への遷都が六鎮にもたらした結果は、そこが国都前面の防衛軍の地位をすべりおちてせいぜい辺境守備隊の役割しかはたしえなくなること、ただそれだけではなく、きわめて深刻であった。胡語ならびに胡服の禁止、胡姓から漢姓へのきりかえ、『周礼《しゅらい》』にならった度量衡制の発布等々、これら一連のいわゆる華化政策をいっそう強力に推進する舞台として、漢民族の精神的故郷ともいうべき洛陽を孝文帝はとくにえらんだのである。一言でいえば、洛陽遷都は、辺境の一胡族王朝から中原王朝への脱皮をめざす政策転換の宣言であった。孝文帝の目標は、南朝に追いつき追いこすことであり、なかでも南朝に絢爛とはなさく貴族制、それに模倣すべく行なわれた姓族分定は、社会の体質それ自体を南朝風にあらためることをめざしたものにほかならなかった。今後、孝文帝の眼はもはや北にむけられることはなく、南にのみむけられるであろう。果敢だがいささか乱暴にちかい性急さですすめられた華化政策、その犠牲として六鎮は時代からみすてられた存在におちぶれてゆくであろう。はたして、州郡県民とことなることがさいしょは選士たるなによりのしるしだったのだが、いつしか鎮民という言葉には賤民の代名詞にちかいニュアンスがしみこんでしまっていた。鎮民のさしあたっての要求が、鎮制の州制への転換であった事実のなかに、そのことは端的に示されている。六鎮はしだいに社会の落伍者の巣窟と化していった。鎮民を統領する鎮将にも、中央での栄達ののぞみをたちきられた人間がもっぱらさしむけられ、かれらの念頭には兵士のうわまえをはねて私腹をこやすことしかなかった。破六韓抜陵挙兵の直前、懐荒鎮では、鎮民にたいする食糧給付をしぶった鎮将が血祭りにあげられる事件がおこっている。このようにして六鎮には、まったく救いようのない不満が年とともに堆積されていった。そして柔然《じゅうぜん》族の酋長阿那瓌《あなかい》が北辺に侵入し、その討伐のため国都から派遣されてきた十五万の大軍がぶざまな敗戦を喫するのをまのあたりにしたとき、鎮民は阿那瓌を討つべき刃を、王朝にむけたのである。

破六韓抜陵に呼応して、遠く離れた河西の高平鎮《こうへい》においても、赫連恩《かくれんおん》が勅勒人《トルコ》胡琛《こちん》を盟主にたてて兵を挙げた。その後叛乱は、軍鎮にとどまらず、王朝の北方ならびに西方一帯の州郡県をまきこんで燎原の火のごとく拡大していった。正光五年の一年だけをとりあげても、秦州《しん》、南秦州《なんしん》、涼《りょう》州、秀容《しゅうよう》、営州《えい》、夏州《か》、東夏州《とうか》、汾州《ふん》の各地における挙兵が記録されている。破六韓抜陵の叛乱軍はひとまず政府軍によって鎮圧され、生きのこった叛徒たちは河北の冀《き》、定《てい》、瀛《えい》三州に分散配置される。この処置について、「やつらはまた乞食部隊となって起ちあがるだろう」と憂慮するむきがあったが、はたして、生活の保証のないかれらはふたたび蜂起した。

旧懐朔鎮民の葛栄《かつえい》によって領導されたところから「葛賊」とよばれた叛乱集団は、河北一帯を寇掠しながら、しだいに洛陽をねらいはじめた。このとき、王朝にたいして兵馬の提供を申しいれたものがあった。「その牛羊駝馬は色別に群をなし、谷を以て量《はか》る」といわれる秀容の大牧場主であり、附近一帯の叛乱の鎮圧にあたってきた羯《けつ》族の酋長、爾朱栄《じしゅえい》である。緊迫した事態さなかの猫のようなこの恭順ぶりは、かえって気味がわるかった。王朝は申しいれを鄭重にことわった。しかし爾朱栄はそんなことにはまったくおかまいなく、太行《たいこう》山脈ぞいの各要所に兵を配置して、なかばは葛賊の西進にそなえ、なかばはおのれの実力を天下に誇示した。

おりもおり朝廷内部では、孝明帝と父宣武帝の未亡人、霊太后胡氏両派のはげしい暗闘がくりかえされたすえ、実権は霊太后の掌中に帰していた。爾朱栄の申しいれを拒否したのも、もとより霊太后の意志であり、孝明帝はむしろ爾朱栄にたよろうとした。そのため霊太后は孝明帝を殺して、齢わずかに三歳の幼帝を立てた。爾朱栄は王朝にたいして公然と兵を挙げるねがってもない口実をあたえられた。かれは宗室中から長楽王元子攸《げんしゆう》をえらんで天子に擁立することを決定したうえ、ただちに本拠地の晋陽《しんよう》から洛陽にむけて進軍した。かれのひきいる鉄馬五千の軍勢が、すべて白装束に身をかためたのは、孝明帝の喪に服しつつあること、および霊太后の罪をたださんことを示すしるしであった。ひそかに洛陽をぬけだした元子攸は、河内《かだい》において爾朱栄の軍営に投じ、ただちに即位式が行なわれた。孝荘帝である。爾朱栄はさらに軍をすすめて、邙山《ぼうざん》の北、河陰《かいん》の野に達すると、洛陽の百官たちに、新天子の車駕を迎えにくるように命じた。狼狽した百官たちがかけつけたとき、かれらのまわりは騎兵によってとりかこまれ、そして天下の喪乱および孝明帝崩御の罪をなじられたうえ、一人のこらず徹底的な殺戮を加えられたのであった。その数は千三百人とも二千人とも、また三千人ともいわれる。あい前後して、霊太后と幼帝はともども黄河に投げこまれた。河陰の変とよばれるこの事件がおこったのは、武泰元年（五二八）四月十三日のことである。

洛陽をおさえた爾朱栄は、やがて葛賊を東方に殲滅し、また関西に猛威をふるった万俟《ぼくき》醜奴《しゅうど》を西方に平定して、熾烈をきわめた動乱の時代にもようやく曙光がさしそめるかにみえた。ところが思いがけぬ事件がおこった。孝荘帝が「朕は寧《むし》ろ高貴《こうき》郷《きょう》公と作《な》りて死せんも、漢の献帝と作りては生きじ」との決意のもとに、永安三年（五三〇）、皇子誕生といつわって、爾朱栄を洛陽におびきよせ、明光殿に手刃したのである。高貴郷公は専横の司馬昭を討つべく決起して失敗した曹魏第四代の君主。かたや献帝は曹丕《そうひ》、すなわち魏の文帝に禅譲をせまられた後漢末代の皇帝であるが、高貴郷公の場合がまったくそうであったように、孝荘帝の抵抗にはいささかの成算もなく、ただひとつ将来に予想された〈死〉、それだけがまちがいなくかれを待ちもうけていた。爾朱氏一族の手によって晋陽に拉致された孝荘帝は、つぎのような辞世をのこして、その地の三級仏寺に果てたのであった。

権去生道促　権は去って生道は促《あわ》ただしく
憂来死路長　憂いは来たって死路は長し
懐恨出国門　恨みを懐《いだ》いて国門を出で
含悲入鬼郷　悲しみを含んで鬼郷に入る
隧門一時閉　隧《はか》の門は一時に閉ざされれば
幽庭豈復光　幽《おぐ》らき庭は豈《あ》に復《ま》た光《かがや》くことあらんや
思鳥吟青松　思《した》わしげなる鳥は青松に吟《な》き
哀風吹白楊　哀《かな》しき風は白楊に吹く
昔来聞死苦　昔よりこの来《かた》　死の苦しみを聞くも
何言身自当　何ぞ言《おも》わんや　身自ら当らんとは

爾朱氏の栄華は爾朱栄の死後にも栄の従子《おい》、爾朱兆《じしゅちょう》を棟梁としてなおしばらくつづいた。だが葛賊の寇掠による疲弊からようやくたちなおった河北の漢人豪族のあいだから、爾朱氏打倒の気運がにわかにたかまってきた。そのうえ、爾朱兆の指導力は爾朱栄に遠くおよばず、爾朱氏一派内部にも、離反者、脱落者があいついだ。その一人に高歓《こうかん》があった。

史書が高歓を勃海郡蓚《しゅう》県の豪族の出自とするのはとても信ぜられない。祖父の代に河《か》州から懐朔鎮に移住してきた鮮卑人、それがかれのただしい素姓である（浜口重国氏「高斉出自考―高歓の制覇と河北の豪族高乾兄弟の活躍」『秦漢隋唐史の研究』下巻、一九六六年、東大出版会）。懐朔鎮隊主というしがない下級将校から身をおこした高歓だが、やがて連絡員たる函使となって洛陽とのあいだを足しげく往復するうち、いくらか外にむかって開かれた眼をもつことができた。とりわけ、近衛の兵士数千名が、栄達の道をはばまれた不満を爆発させて領軍将軍張彝《ちょうい》の私邸を焼きうちにした神亀二年（五一九）の事件は、鮮烈な印象をかれにのこした。時代ははげしく動いているのだ。「近衛の羽林兵が張彝の屋敷におしかけて火をかけおった。ところが王朝ときたら、事件の拡大をおそれて罪を問おうとはしない。これが今日の政治の実情なのだ。さきはみえている」。懐朔鎮にもどった高歓は、だれかれとなく熱っぽい口調でそのようにかたった。孝昌元年（五二五）、破六韓抜陵に刺激された柔玄鎮人杜洛周《とらくしゅう》が挙兵すると、かれはためらうことなく、数名の同志とともに叛乱の渦中に身を投じた。が、杜洛周の器量の小さいことにみきりをつけて葛栄に奔り、さらに爾朱栄に亡命したのである。そして爾朱兆の時代になって、高歓はわが運命をおおきく羽ばたかせるべき機会をつかむことができた。かねて爾朱栄は、叛徒としてまた難民として南下してきた六鎮その他北辺の民の招致につとめ、鮮卑人を主体とする二十万の民を、并《へい》・肆《し》・汾《ふん》の三州に僑置しておいたのだが、やがてかれらは、戦闘員として酷使されるだけで日々の食糧にもことかく生活にたえきれず、暴動をくりかえすにいたった。その処置に手をやいた爾朱兆が相談をもちかけたとき、高歓はいった。「これら六鎮叛徒の生きのこりを殲滅することはできません。古手の腹心の臣をえらんで統領させるのがよろしかろうと存じます」「では、だれをつかわせばよいか」。側にいた賀抜允《がばついん》は高歓を推した。だが高歓は、前歯がへし折れるほどの鉄拳を賀抜允にくらわせたうえ、爾朱兆にいった。「天柱将軍爾朱栄殿がご在世のおりには、だれしも猟犬のごとく命令に服従したものです。ところがなんとしたこと、天下が閣下によってひきいられたいまとなるや、阿鞠泥《あきくでい》めははばかりもなくこのように不埒なもの言い。斬りすてるべきです」。阿鞠泥とは賀抜允を字《あざな》でよんだのだが、この言葉を至誠のあらわれとうけとった爾朱兆は、いささかのためらいもなく僑置の民の統領を高歓にゆだねた。その日以来、高歓は不平分子の慰撫に腐心した。成果は目にみえてあがり、民心は着実にかれにかたむいた。そしてある日、高歓にひきいられた僑置の民の大集団は東方へ移動を開始した。めざすさきは河北の平原であった。だまされたと気づいた爾朱兆は、みずから馬を駆ってあとを追い、漳水《しょうすい》の対岸にあいての馬影をみつけたが、天は高歓に味方して、おりからあたりに降りこめる霖雨が橋をおし流してしまっていた。高歓は背にあびせかけられる悪態にはいっさいとりあわず、ひたすら東方への行軍をつづけた。かれが河北の反爾朱氏運動のリーダーである高乾《こうけん》や封《ふう》隆之《りゅうし》たちにむかえられて、信都城に入城したのは、普泰元年（五三一）二月のことである。

やがて、鮮卑兵と河北の郷兵をしたがえた高歓は、爾朱氏一党を掃蕩し、五三四年には、孝静帝元善見《げんぜんけん》を擁立したうえ、洛陽から鄴《ぎょう》への遷都を行なった。遷都の詔が発布されてからわずか三日、「車駕《みかど》は便《すなわ》ち発《た》ち、戸四十万、狼狽して道に就く」といわれるあわただしい遷都であった。遷都の理由は、洛陽があまりにも関中に近く位置しすぎているというのであった。そのころ関中には、武川鎮出身の鮮卑人、宇文泰《うぶんたい》がすでに覇権を確立しており、やはり北魏の宗室の一人を長安に擁立したから、北魏王朝はついに東西に分裂したのである。これ以後、高歓は晋陽に開いた大丞相府の主人として、また名目だけの皇帝ではあったがその権威はまだいささか利用価値のある鄴の東魏主から、天子に下ること一等、勃海王に封ぜられて、東魏全体ににらみをきかせた。

※本節は谷川道雄氏『隋唐帝国形成史論』（一九七一年、筑摩書房）に収められた「北魏末の内乱と城民」に負うところが大きい。

蕭衍老公を縛取せん

無名時代の高歓の同志のなかに、われわれはおなじ懐朔鎮の功曹史、ないし外兵史の侯景の名を発見することができる。朔方の出身とも、雁門の出身ともいうこの人物、いかにも中国風の姓名を称するが、姚薇元《ようびげん》氏の『北朝胡姓考』（一九五八年、科学出版社）に考証するごとく、もとより胡引《こいん》氏を本姓とする羯族であった。

六鎮の乱が勃発すると、侯景も爾朱栄に身を投じ、葛栄を生けどりにした功名はむしろ高歓をしのいだ。やがて数年の後、爾朱氏勢力を掃蕩した高歓は、まだなおそのもとにとどまっていた旧友をあたたかく迎えいれた。あるときには人事を管掌する吏部尚書にかれを任じたこともあったが、日がな一日、履歴書とにらめっこをつづけなければならない生活は、このおとこにとって退屈以外のなにものでもなく、「いつになればこの反古の山から解放してもらえるのだ」とたちまちにして音をあげた。しかしいったん馬上に指揮をとらせれば、その才は群を抜いた。小男でしかも右足が短小な侯景は、かならずしも弓馬の術にたけたわけではなかったが、がらに似あわぬ胆力と目から鼻へ抜けるような狡智をそなえ、そのうえ気前よくふるまいをしたから人気はいやでもあがった。高歓お気にいりの部将の高昂《こうこう》や彭楽《ほうらく》たちを、かれはただの猪武者、と鼻先であざけった。かれは高歓から命ぜられて、河西地方に盤踞する蛮族、費也《ふつや》頭虜《とうりょ》の招撫にあたったこともあれば、宇文泰への使者として関中にさしむけられたこともあったが、天平三年（五三六）、南道行台に任ぜられると、それ以後は南方の梁、また西方の西魏に対する侵攻と防衛に砕身し、河南平野の各地に転戦したのである。

かれはいつも口ぐせのようにこういったという。「屈強の騎兵数千を拝借できれば、関中にのりこんで宇文泰を生捕にしてみせよう」。またつぎのようにもいったという。「兵三万をあたえてもらえば、長江を渡って蕭衍《しょうえん》のじじいを召し捕り、太平寺の寺主にしてみせよう」。蕭衍とは梁の武帝のことである。そして『資治通鑑《しじつがん》』の注者、胡三省《こさんせい》は、「太平寺は蓋《けだ》し鄴に在りしならん」といっている。しかし、天平寺が鄴の仏教教学の中心であったことは有名な事実だが、太平寺の存在を筆者は寡聞にして知らない。ときの江南は、崇仏皇帝蕭衍の統治のもとに、それこそ太平を謳歌していたのだから、侯景は十分に皮肉の意をこめて太平寺なる寺名を虚構したのではあるまいか。その詮索はともかく、もし東魏の士大夫たちが「蕭衍老公を縛取せん」などという侯景の豪語を聞いたなら、きっと腰も抜かさんばかりに驚いたにちがいない。文武両臣の目にあまる汚職に手をやいた大行台郎中杜弼《とひつ》がしかるべき処置を申しいれたとき、あいてをたしなめた高歓の言葉がそのわけを説明してくれるだろう。「杜弼よ、近うよれ。いってきかせたいことがあるぞ。官界の腐敗がなれっこになってからすでに久しい。おまえもよく承知しているように、現在、将軍連はおおむね家族を関西にのこしているため、黒獺《こくだつ》（宇文泰の字）からたえず買収工作がつづけられ、かれらの去就はきわめて流動的である。そのうえ江南には蕭衍という田舎おやじがおって、衣冠礼楽のことにせっせとはげんでいる。中原の士大夫たちはいっせいにかれに注目し、江南こそ正朔の所在と考えているしまつだ。いまもし性急に法網を整備して仮借ない態度でのぞむならば、将軍連はすべて黒獺に投じ、士大夫たちはあげて江南にはしるであろう。それでは国づくりどころではないではないか。しばらく時間をかしてほしい」。

将軍連の去就は宇文泰のでかたいかんにかかっており、士大夫たちは南朝の梁をこそ理想社会とあおいでいる。東魏の国情はかくも複雑であった。文臣と武臣はたがいに背をむけあったまま存在し、そしてときにはげしくいがみあったのである。もし両者の調整に失敗すれば、たちまちにして両極分解をおこしかねず、国づくりをすすめる高歓の最大の悩みのたねはそこにあった。杜弼にしても典型的な士大夫であり、文臣はともかく、なにはともあれ将軍連の貪汚を防がねばならぬというのがかれの本心であったろう。かれと高歓とのあいだには再度つぎのようなやりとりがあったという。杜弼「まず内賊を除いてしかるのちに外寇にあたるべきです」。高歓「内賊とは何だ」。杜弼「民衆から収奪している将軍たちのことです」。高歓はただちに将士をよび集めると、それぞれに弓を張り、矢をつがえ、太刀を挙げ、矛に手にかけて左右に整列させた。そして、兵仗の林のなかをくぐりぬけてみよ、と杜弼に命じ、たちまちにして恐怖の汗を額ににじませたあいてに高歓はいった。「矢はつがえられてはいても射かけるわけではない。太刀はふり挙げられてはいてもうちおろすわけではない。矛に手がかけられてはいてもつき刺すわけではない。それでもおまえは肝っ玉をふっとばしているではないか。将士たちは矢刃のなかをかいくぐり、百死に一生を得て生きのびてきたのだ。たといかれらが貪汚のかぎりをつくしたとしても、杓子定規に処罰するわけにはまいらぬのじゃ」。このことがあって以来、杜弼はすっかりかしこまってしまったというが、しかし東魏における文武両臣の対立はあいもかわらず深刻をきわめた。おまけに東魏が胡漢の混合社会であるため、事情はいっそう複雑にならざるをえなかった。

たとえばこうである。鮮卑人は「中華の朝士」たちすべてをいみ嫌ったが、そのなかでただひとり高昂だけは一目をおかれていた。軍隊にたいする指令や訓戒をいつも鮮卑語で行なった高歓も、高昂が列席しているときにかぎってあえて中国語を用いたという。この話は、東魏軍隊内部にいかに胡風がひろく浸透していたかをものがたっているだろう。一方、「中華の朝士」たちは、鮮卑人に代表される胡族を排除して、みずからだけの士大夫世界の構築をめざしたように思われる。高昂の一族である高徳政《こうとくせい》は、ことあるたびに「漢人を用いて鮮卑を除くべきだ」とくりかえしたし、杜弼にしても、「鮮卑は車馬の客。治国には漢人をこそ用いるべきである」というのが日ごろの持論であった。そしてかれらは、南朝貴族の生活と文化のひたすらなる模倣にもっぱら生きがいをみいだしたのであった。梁の武帝が学士たちを動員して編纂させた大部のエンサイクロペディア、『華林遍略』六百二十巻はただちに東魏にもちこまれたし、梁朝詩文の泰斗である沈約《しんやく》や任昉《じんぼう》がやはりかれらにとっての師表でもあった。東魏の代表的文人である邢子才《けいしさい》は沈約を賞美し、魏収《ぎしゅう》は任昉を愛慕した。そのため鄴の士大夫社会ではいずれをとるべきかをめぐって党派が結成されるほど議論が沸騰し、あるおとこが「任沈の是非は乃ち邢魏の優劣なり」といったことで結着がついたという話を、顔之推の『顔氏家訓』文章篇はつたえている。

南朝四百八十寺

梁武治世下の江南は、東魏士大夫の熱っぽい憧憬の対象となったのもなるほどとうなずかれるほど、まばゆいばかりの太平を謳歌していた。庾信《ゆしん》の「哀江南賦」に「五十年中、江の表《みなみ》は事も無し」とうたわれているのは、うそではない。そもそも一人の天子による五十年の治世、正確にいえば四十八年の治世が、宋、南斉、梁、陳四王朝あわせて百七十年、しかもその間に二十三人の天子をかぞえ、廃立と弑逆と簒奪がたえまなくくりかえされた南朝史においては破格のことであった。この梁の太平のひとつの理由として、それとはまったくうらはらな華北の混迷をあげることができるだろう。華北内部の動揺と混乱は、江南にたいする軍事的脅威をおおいに軽減してくれたからである。一時期、梁朝は江南に亡命していた北魏宗室の元顥《げんこう》を洛陽におくりこもうと計画したが、それに失敗すると、以後は賢明にも華北の内政に干渉することをつとめてさけ、そして東魏とのあいだの友好関係の維持に努力したのであった。勿論、江南の太平の理由は、このような華北との関係、ただそれだけにもとめられるべきではない。梁武は、すくなくとも南斉の悪童天子、東昏侯《とうこん》をただすべく襄陽に挙兵して五〇二年に梁朝を創業した当初の梁武は、英邁の主とよぶにふさわしい人物であった。かれの登場は、東昏侯時代に瀰漫していた世紀末的な気風を粛然とさせた。

いったい南北朝、およびそれに先行する魏晋をあわせたいわゆる六朝の社会は、貴族制社会とよばれる。いまもし貴族制社会のしくみを素描するとなれば、およそつぎのようになるであろうか。社会は士および庶民、賤民の身分からなりたつ。士はさまざまの特典にめぐまれ、「士庶の際は天隔す」という言葉があるほど、士と庶民とは懸絶した。ましてや賤民はまったく埒外におかれた。士は主として徭役免除の特典をあたえられたものを総称する法制上の名辞であり、その内部はさらに重層的な階層にこまかく分れた。士のなかでも最上位をしめたのが、つまり社会の最上位をしめたのが、いわゆる貴族であるが、内藤湖南博士がこの時代の貴族について、「制度として天子から領土人民を与へられたといふのではなく、其家柄が自然に地方の名望家として永続したる関係から生じたるもので」云々とのべているのは、さすがに的確な説明である（「概括的唐宋時代観」『東洋文化史研究』、一九三六年、弘文堂、また『内藤湖南全集』第八巻、一九六九年、筑摩書房）。貴族はおおむね古代帝国崩壊期であった後漢末に系譜し、ながい歴史の堆積が形成した門地のうえにたつ存在であった。すなわち門閥貴族であった。そしてこの時代にきわめて特殊な官吏任用制度、すなわち九品官人法とか九品中正法とかとよばれる制度によって、門地にあい応じた官職をほぼ自動的に獲得した。「当時の政治は貴族全体の専有といふべきものであつて、貴族でなければ官職に就く事が出来なかつた」と内藤博士がのべているのはそのことをさしている。政治だけではない。社会全体からみればひと握りにすぎない貴族が、時代のすべての上に君臨した。経済的にあるいは文化的にいかに秀でようとも、庶民である場合には「寒人」と排斥され、また法制的にはおなじ士身分のものでさえ、下級士族は「寒門」といやしめられたのである。寒人や寒門がときとして天子の近習に起用されることがあったが、貴族たちにとってかれらは貴族社会の秩序破壊者であるがゆえに、「恩倖」とよばれた。恩倖とは、歴史的背景によってではなく、ただ天子から頂戴したかりそめの恩遇によって生きる僥倖者という、さげすみの色あいを濃厚に賦与された言葉である。出る釘はすべて打たれねばならないのだ。貴族のまえでは、恩倖は腰かけることさえゆるされなかった。一人の恩倖が、天子から、「おまえは日ごろ士人として認められたいと念願しているが、王球《おうきゅう》のところにでかけたうえ、腰かけさせてもらえるかどうかできまるであろう。王球のところにいたったなら、勅許をえているといってさっさと腰かけるがよいぞ」とおしえられ、さておしえられたとおりに着席しようとすると、主人は扇をかざしつつ、「ならぬ」との一言。すごすごひきあげてきたおとこにむかって、「朕とてもいかんともすることができぬのだ」、そう天子が嘆いたというのは、けっして笑話ではない。この話に登場する天子は宋の第三代皇帝、文帝であり、文帝治世下の元嘉時代（四二四—四五三）は、梁武の治世にさきだつ南朝の盛世として「元嘉の治」とたたえられるのだが、それは貴族制社会のルールをあくまで尊重した文帝の政治姿勢が貴族に迎えられたことによるところがおおきいと考えられる。

だが、貴族制社会の成立からすでに二、三百年を経過した五、六世紀の交ともなると、さすがに社会層の各部になだれ現象がおこりはじめていたことをだれしも認めざるを得なかったであろう。貴族から卑賤視された寒門ないし寒人が、依然として卑賤視されつづけながらも、着実に力をたくわえていったのである。天子の近習となって政権の一隅に加わるものもあれば、生産力の発展と貨幣経済の伸長にともなって、富裕な庶民が出現する。南斉の永明三年（四八五）、浙江地方におこった唐寓之《とうぐうし》の乱は、社会的地位の改善をもとめる、かかる富裕なる庶民が、叛乱の主体であった。東晋末、おなじく浙江地方を寇掠した孫恩《そんおん》の乱の主体が零落した庶民であったと思われるのとは対照的である。一方、貨幣経済の波は荘園にもおしよせ、かつ貴族が荘園の管理を依託した守園人、かれらは往々にして寒人の出身なのだが、その守園人の自由にまかされる部分がしだいに多くなって貴族の経済的基盤はほりくずされはじめたのである（川勝義雄氏「南朝貴族制の没落に関する一考察」『東洋史研究』二〇巻四号、また、『六朝貴族制社会の研究』、一九八二年、岩波書店、第Ⅲ部第四章に「南朝貴族制の崩壊」と改題して収録）。かかる現実をまえにして梁武は、なすすべもなくデカダンに溺れきった南斉の東昏侯とはことなり、なんらかの改革が必要であると認識した。その点を宮崎市定博士はつぎのように説いておられる。「武帝の根本的な考は、貴族制度には大いに採るべき点があるからそれを尊重する。併しそれは現実の貴族制度ではなくて貴族制度の精神である。即ちその尊ぶべき所は貴族的な教養にあって、現実の門地を指すのではない。故に門地が低くても貴族的教養を身につけた者は、どしどし登用せねばならぬ、という結論に落付く」（『九品官人法の研究―科挙前史―』、一九五六年、京大東洋史研究会、また『宮崎市定全集』第六巻、一九九二年、岩波書店）。かくして、「寒門」ないし「寒士」など、いわば地下人《じげにん》とでもいうべき人たちの大幅な登用の道が開かれたことは、社会の硬直化にたいするすぐれたカンフル剤になった。

ところで梁武は野心的な政治改革者であるとともに、いやそれにもまして、秀でた文人であり学者であった。かれが身にそなえた教養と学問は時代に屹立するだけのものをもっており、貴族たちを畏敬せしめるに足りた。それゆえにいっそう英邁の主として世に迎えられたのである。たといかれが天子となることはなかったとしても、青史はきっと蕭衍の名を記録にとどめたであろう。かれはわかくして南斉の竟陵王蕭子良《しょうしりょう》が都の鶏籠山下に開いた西邸のサロンに足しげく出入りした文人であり、その代表である「八友」の一人に名をつらねもした。王船山《おうせんざん》の『読通鑑論』につぎのような指摘がある。

——帝は固《もと》より儒生より起り、名義を聞くに与《あず》かる。曹孟徳《そうもうとく》、司馬仲達《しばちゅうたつ》の雄豪を以て自《みずか》らに命《な》づくる者には非ざるなり。尤《とり》わけ劉裕《りゅうゆう》、蕭道成《しょうどうせい》の兵間より発跡し、名教に茫然たる者には非ざるなり。

たしかに梁武の風格は、「雄豪」の曹操《そうそう》や司馬懿《しばい》とはおのずからことなっている。まして や宋の創業者劉裕、また南斉の創業者蕭道成のごとく、野卑で粗暴なおとこではなかった。ひとこと誤解なきようにいい足せば、王船山が「固より儒生より起る」といっているのは、要するに梁武が本来的に学者であったことをいいたいのであろう。かれの学問が儒学にかぎったというのではないであろう。『易《えき》』と老荘にもとづく形而上学である玄学dark learning、および儒学、文学、史学の兼習を、あるいは儒教、仏教、道教の兼修をめざした六朝士大夫の典型でかれはあった。『梁書《りょうじょ》』武帝紀が記しているかれの著述は、外典にかんするものとして、いわく『制旨孝経義』『周易講疏』『六十四卦二繫文言序卦等義』『楽社義』『毛詩答問』『春秋答問』『尚書大義』『中庸講疏』『孔子正言』および『老子講疏』。内典にかんするものとして、いわく『涅槃経』『大品般若経』『維摩経』『三慧経』諸経の義記。そのほか『文集』百二十巻。諸臣の編纂ではあるが制旨を覆述して成った『吉凶軍賓嘉五礼』一千余巻、賛序をみずから執筆した『通史』六百巻、等々があり、『梁書』の記録にもれたものは、なおもとより多いのである。かく梁武の力量は、王船山のいう「名教」だけにとどまらず、いなむしろ「名教」ならざる方面に発揮されたのであった。とりわけ仏教であり、地上の支配者であるにしてはあまりにも仏教に深いりしすぎた、とさえいわなければならない。それはひろく知られた事実だが、ひとまず情況をのべればつぎのようであった。

即位後まもない天監三年（五〇四）の四月八日のこと、あたかも灌仏の儀式が行なわれるその日、武帝は従来の道教信仰をすてて仏教信仰に専念することを仏法僧三宝に誓った。つづいて同月十一日には、門下省に一通の勅文がくだされ、公卿百官、侯王宗族たちにも仏教への入信を勧奨した。その後、十八年（五一九）には、すすんで菩薩戒をうけ、冠達《かんたつ》なる法名をさずかっている。もとより、造寺造塔もさかんに行なわれた。晩唐の詩人杜牧《とぼく》が、「南朝四百八十寺、多少の楼台烟雨《えんう》の中《うち》」とうたったのは、梁の武帝時代に想をはせてのことであったというが、「四百八十寺」はたんなる詩的誇張ではなかった。梁武時代の郭祖深《かくそしん》なる人物の上奏には、四百八十寺どころか、「都下の仏寺は五百余所、宏麗を窮《きわ》め極《つ》くし、僧尼は十余万、資産は豊沃なり。所在の郡県は勝《あ》げて言うべからず」とのべられている。そのころ、国都建康《けんこう》（現在の南京）は急激な人口膨張の結果、戸数二十七万をかぞえたという。それにしても、五百の寺院に十万の僧尼とはべらぼうな数というほかない。かずある寺院のなかでもとりわけ「宏麗を窮《きわ》め極《つ》くした」のは、五二七年、台城のすぐ北に接して営まれた同泰寺《どうたいじ》であった。宸宮かとみまがわれる大伽藍が正面に位置し、九層の仏塔が雲表にそびえ、そして行幸の便のため、台城の北面には、同泰寺の南門にむかいあって大通門《だいつうもん》があらたにうがたれた。「同泰」と「大通」とは反語であるという。「同泰」tong-taiなる二音節それぞれの子音（この場合はともにt）と母音とを交換すればtai-tong「大通」になるという趣向の言葉の遊戯であった。その年、年号も大通と改められた。同泰寺に行幸した武帝は、みずから高座にのぼって仏典を講じ、道俗の聴衆は万余人をかぞえた。またそこでは無遮大会《むしゃだいえ》が開かれた。道俗貴賤上下のへだてなく財と法の布施が行なわれるのだが、中大通元年（五二九）の無遮大会には、道俗五万余人が集まり会した。あるいはまた三度ないし四度にわたる捨身が行なわれた。皇帝の位を捨てて三宝の奴となるのである。そのときには、皇太子をはじめとする百官一同が、一億万銭をもって帝の身を贖なわんことを僧衆に願いでる。僧衆は黙許し、百官が台城へ還御あらんことを三度奏請して、しかるのち帝はききとどける。ききとどけるにいたるまでの三通の答書すべてが、皇帝にしてはまったくふにあいな「蕭衍頓首」ではじめられ、「頓首」でおさめられているのは、もはやわが身を三宝に捧げて帝位にはないことのしるしであり、それゆえ台城にもどるにあたっては、袞冕《こんべん》を服し、金輅《きんろ》に乗り、太極殿に臨んで即位式どおりの儀式を行なったのち、大赦し、改元するのであった。宗廟の祭りには、「血食」といって犠牲を供えるのが中国古来の礼のさだめであるのに、それも不殺生戒に違背することを理由として、天監十六年（五一七）以後、麺牲、すなわちうどん粉でつくった代用品が用いられるようになった。帝の日常生活も、出家者同然に、きびしい戒律によって律せられた。食事は一日に一回きり。それも不飲酒戒にしたがってアルコールぬき、不殺生戒にしたがって豆のスープと玄米食だけの質素なものであった。身につけるものは、絹物ならぬ布衣にかぎられ、宗廟の祭祀、大会饗宴および法事以外には音楽をきくこともなかった。また五十歳をすぎてからは、完全に房室を絶った。

このような武帝を、『南史《なんし》』梁武紀は「仏道に溺信《できしん》するもの」と評している。まして初唐の傅奕《ふえき》にせよ、中唐の韓愈《かんゆ》にせよ、排仏論者たちがこぞって非難の対象にしたのは当然のことであった。排仏論者だけではない。梁武の信仰にたいする批判は、仏家のなかにも発見することができる。『六祖壇経』には、梁武が「朕は一生にわたって寺を造り僧を度し、布施し斎を設く。何の功徳ありや」と問うたのを、達磨《ダルマ》が「実に功徳なし」と一喝した話をのせ、あわせてつぎのような六祖慧能《えのう》の言葉を録している。「功徳は須《すべか》らく自性の内に見るべし。是《こ》れは布施供養の求むる所にはあらざるなり。是《ここ》を以て福徳と功徳とは別なり。武帝は真理を識《し》らず」。武帝のやったようなことは福徳とこそよばれるべきものであって、功徳とは区別されなければならないというのだ。梁武と達磨の会見記が、禅宗形成の過程で捏造されたフィクションであるとしても、いまさしあたってそのことは問題ではない。問題は、「仏は心に在り」と主張し、「即心即仏」を説き、「一切有為《うい》の法」を夢幻泡影とみなした禅宗の立場にたつとき、梁武の信仰が否定されるべき以外のなにものでもなかったという事実であろう。

すでに梁武時代にも、范縝《はんしん》であるとか、荀済《じゅんせい》であるとか、またさきにふれた郭祖深であるとか、少数の仏教批判者がいる。たとえば郭祖深は上奏にあたって、「輿《こし》に櫬《ひつぎ》をのせ」、つまり死刑を覚悟のうえで城闕にいたり、いまここで崇仏の風潮に歯止めをくわえないと、「どこもかしこも寺院となり、どこの家からも出家者が生まれ、一尺の土、一人の民すら国家の所有ではなくなるであろう」と警告した。しかし大勢は、武帝の崇仏をありがたいこととあげて歓迎した。そのことはつぎの事実によって明らかである。梁武は、戦闘的な排仏論である范縝の「神滅論」を反駁するために、『礼記《らいき》』のなかから神不滅の義二条をひろいだして、神不滅—霊魂の不滅が仏教の主張であるにとどまらず、儒家の主張でもあることを明らかにした勅文を、光宅寺の法雲《ほううん》にあたえた。勅文を読みおえた法雲は、ただちにそれを王公朝貴たちに回覧してひろく意見をもとめた。

——伏して渊旨を覧《み》るに、理は精《こま》やかにして辞は詣《いた》る。二教（儒仏）の道は当年に叶《かな》い、三世のおしえは今日に棟梁たり。途《みち》に迷えるものをして自《おの》ずから反《かえ》らしめ、妙趣をして愈《い》よ《よい》光《かが》やかしむるに足れり。

『弘明《ぐみょう》集』が王公朝貴の意見の筆頭におさめるこれは、武帝の弟、臨川王蕭《しょうこう》宏のものであるが、以下につづく六十一人の意見のどれをとりあげてみても、署名をたがいにとりかえればそのまま通用するほど千篇一律の調子で、梁武の神不滅義にたいする賛嘆がかたられているとはいえ、われわれはこれを梁武の踏絵であったと解するわけにはいかないであろう。

六十二人の王公朝貴たち、それは一時期の代表的な士大夫を網羅しつくしていると判断してあやまりはないのだが、かれらはまずまちがいなく真正の仏教信者であり、権力に屈服してうわべをとりつくろったとは考えられないからである。それほど仏教は梁朝士大夫の意識ふかく浸透していたのであり、かれらにとって梁武は、公的生活の面にとどまらず、私的な精神生活の面にもわたる領袖であったというべきであろう。

江南の光と影

しかしながらその一方で、梁の武帝の太平をつぶさに体験した顔之推が、そのあとにつづく亡国と諸国流浪の辛酸をなめたうえでの反省にもとづくとはいえ、つぎのような記録をのこしていることを、どのように考えればよいのだろうか。引用はいずれも『顔氏家訓』からのものである。

——梁世の士大夫は皆な褒衣博帯、大冠高履を尚び、出ずるには則ち車輿、入るには則ち扶侍《かいぞえ》あり。郊郭の内、馬に乗る者無し。周弘正《しゅうこうせい》は宣城王に愛せられ、一果下馬《かかば》を給《たま》わり、常にこれを服御す。朝を挙げて以て放達《たっと》と為す。乃ち尚書郎の馬に乗るものあるに至っては則ちこれを糾劾す。（渉務篇）

果下馬は濊《かい》国産の小型の馬。たけわずか三尺にすぎず、果樹のあいだでも自由に乗りまわせるところからこの名があるという。

――梁朝全盛の時、貴遊の子弟は多く学術無し。諺に「車に上りて落ちざれば則ち著作、体中何如《いかん》なれば則ち秘書」と云うに至る。

著作郎と秘書郎は初任官として貴族子弟だけにあたえられ、世間から羨望された官職。また「体中何如」は尺牘《せきとく》の用語であり、「ごきげんいかがですか」というほどの意。それさえ書ければ秘書郎になれるというのである。つづけて、

――衣を燻じ面《かお》を剃り、粉《しろこ》を傅《つ》け朱を施し、長簷《ながえ》の車を駕し、高歯の屐《げた》を跟《は》き、棊子《ごばん》ものようの方褥《ふとん》に坐し、斑絲《ぬいとり》の隠嚢《きょうそく》に凴《よ》り、器玩を左右に列《なら》べ、従容《しょうよう》として出入するさまは望むに神仙の若《ごと》し。明経の求第には則ち人を顧《やと》いて答策し、三九の公讌には則ち手を仮りて詩を賦す。爾《そ》の時に当っては亦た快士なり。（勉学篇）

明経云々の二句は、高等文官試験における替玉受験、ならびに三公九卿主催の宴席における詩の代作の指摘。かつての青春時代には、梁武の太平のなかで顔之推もひとなみに熱病にとりつかれたように浮かれ、陶酔もしたのだが、うえにものべたように、その後の亡国と諸国流浪の苦い経験はそれらのものをすっかり洗い流してしまったのであり、そのような醒めた状態で書かれたのが右に引いた文章であった。そこに描かれているのは、きっと梁武が夢みたであろう仏国土の悦楽とは縁もゆかりもないしろものであり、けだるさ、無気力、沈滞、

習慣性、無紀律、頽廃、そのようなものが梁武の太平と表裏一体をなしていたことをつたえている。そしてその気になってさがしてみると、すでに梁武統治時代にも、かえって日のあたらぬ場所にいる士大夫のなかに、平和と繁栄の光の部分ではなしに影の部分を照射して、警世の言を発している識者が発見されるのである。郭祖深しかり、それに吃緊の社会問題四ヶ条にかんする上奏を行なった賀琛《がちん》またしかりであった。

四ヶ条とは、①重税にともなう民の流亡、およびその結果としての戸口減少について、②風俗の侈靡について、③下級官僚のあいだに遍在的な立身出世主義の風潮について、④賦役強化にともなう民力の疲弊について、であるが、しかしその上奏を一読した武帝はおとなげないほど気色ばんだ。そして祐筆の主書令史を召しだすと、一条一条ことこまかに反論を書きとらせたうえ、それを賀琛につたえさせたのであった。いま第二条、「風俗の侈靡」にかんする武帝と賀琛のやりとりをとりあげてみよう。賀琛はまず前置きとしてつぎのようにのべている。

——今日、天下の地方長官があげて貪残にこころがけ、廉潔の士がまことに少ないのは、すべて風俗の侈靡がもたらした当然の帰結と思われます。目にあまる奢侈の弊は多々存在しますが、とりあえずもっとも極端な二条をとりあげることといたしました。

そして以下、縷々つぎのごとく開陳している。

――方丈の膳が目のまえにならべられたところで、賞味にたえるものは一皿にすぎません。ところが昨今の宴会では、たがいに豪奢をきそいあって、果物は山のごとく盛られ、肴は綺羅のごとくならべられ、露台建設に必要とする百金とて一回の宴会費をまかないかねるほどです。ところでそんなにまで金をかけながら、箸をつけられるものといえば、主客ともどもせいぜい腹を満たすに足るだけのものにすぎず、会がおひらきにならぬさきから、残飯とかわりがありません。

これにたいする武帝の反論はこうだ。

――生産経営に精進すれば裕福になり、ぶらぶら遊びくらしておっては家業は傾く。仕事にうちこんだうえでうまいものを食らうのは、みずから汗してはたらき、そしてみずから食らうのだから、天下にとってなんら損失はない。無頼の子弟が、仕事をなまけた報いとして財産をすってしまっては、宴会どころのさわぎではないであろう。これはまったく天下のごくつぶしにすぎない。そのうえ、一口に資産家といっても、いろいろある。資産家でもけちなやつはぜったい宴会など開きはせぬ。いっぽう、贅沢放題をやったとしても、それが資産家ならとやかくいう筋あいはない。たとい王朝が刑罰を緩和しても、けちな人間は徹底してけちんぼだし、反対に法度をきびしくしたところで、秘密パーティーをやられては摘発のしようもない。もし一軒一軒しらみつぶしに捜索することになれば、苛察もはなはだしい。そのうえ小役人と民とのなれあいを絶つことはとうてい無理な相談だ。小役人はあいてを恐喝して金品をせしめるだろう。禍のたねをまくだけで、なんら治道のプラスにはならないぞ。

梁武、なかんずくその晩年の治世はこのように徹底した自由放任主義がとられた時代であったらしい。かといって、無為の治というのでもなかった。政策の名にあたいするものはなにひとつとして行なわれず、世のなかに存在する貧富はすべて労働の勤惰にたいする当然の報いとしてあっさりかたづけられ、ごく一部の有閑階級だけが消費景気にうつつをぬかしていたのだった。いやそうではなしに、かれらとて消費景気においまくられる哀れな存在にすぎない、賀琛がそのように考えていたことはもうすこしさきでみるとおりだが、そんなものは時代の恩恵にあずかりえぬ人間のぐちかやっかみぐらいにしか評価されなかったのであろう。賀琛にたいする反論が、一時の不興にもとづくでまかせでなかったことを確認するために、六十二人の王公朝貴の先頭にたって梁武の信仰のただしきことを賛嘆した臨川王蕭宏にかんするひとつの話を示しておきたい。『南史』の蕭宏伝にみえる話である。

蕭宏の内堂の背面には百間の庫室がつらなり、いつも厳重に鍵がおろされていた。なかに鎧仗が蓄えられているのではないか、そのように密告したものがあったため、武帝は宏の邸宅にでむいて、ごく内輪の酒宴をもった。ほどよく酒のまわったころおい、「おまえの後房をみせてもらおう」というなり、武帝は庫室の方へ歩きだした。だが調査の結果はこうであった。庫室の内部は、百万銭ごとに黄色の札がたてられ、また千万銭ごとに紫色の札がたてられて、このようなのが三十間あまりもつづく。あわせて三億万銭。その他、布、絹、絲、綿、漆、蜜、紵《あさ》、蠟、朱沙、黄屑、雑貨が山のごとく貯えられていた。おしかりをうけるものと武帝のうしろですっかり小さくなっている弟にむかって、武帝は破顔一笑、こうかたりかけた。「六郎、おまえはたいしたやりてだな。さあもっと痛飲しようではないか」。故バラーシュ教授は、「当時最大の一勢望家が好んで用いた手段は、債務者をその抵当に入れた土地から追出すことであったが、その彼がたまたま梁の武帝の肉親の兄弟だったのだから、正史に見える土地兼併禁止の効果なぞは、あやしいものだったと言うべきであろう」（松村祐次訳『中国文明と官僚制』、一九七一年、みすず書房）とのべているが、文中の一勢望家とはほかでもない蕭宏のことであり、寛仁大度の梁武は、このような蕭宏のやりかたをも「産業に勤修するもの」として許容したらしい。

さて梁武は、賀琛への反論をさらにつづけていう。

――もし朝廷にかんする指摘ならば、わしには思いあたるふしがまったくないぞ。むかしは牛を料理させたこともあったが、いまや殺生を廃してからすでに久しい。宮中の会食は蔬菜だけである。奢侈と倹約の中道をほぼ得たものと思っている。もしこれ以上きりつめれば、晋の僖《き》公の吝嗇をそしった蟋蟀《しっしゅつ》の詩の非難を被ることになろう。仏の供養には御苑で栽培されたものを用いるだけだ。そのうえ、仏供養なぞにさして費用はかからぬものだぞ。一つの瓜を数十種にかたちをかえ、一種類の野菜を数十味に調理するのであって、多種類の品を用いることもない。いろいろに変化をもたせるとて、たいしたことではないではないか。そのうえ、一毫たりとも国家にはかかわらぬぞ。所得はさだめられたとおりに使用しており、やましい点はない。公式の宴席以外では、ここ数年、国家の食事を食したことはないぞ。皇后妃嬪たちも、ここ永年、国家の食事を食したことはないぞ。およそ造営にあたって材官や国匠を使用したことはなく、すべて民間から雇いあげてしあげたのだぞ。最近の所得はなかなかつかいでがある。民がその利益を得、国家がその利益を得、朕がその利益を得るのだから。功徳を営むことについて、おまえのような小さな心で朕の心をはかったのでは、とても見当はつかぬぞ。宮廷費の使途は天下に公開されている。とやかくあげつらうではないぞ。

賀琛は「風俗の侈靡」をあくまで社会問題としてとりあげたのに、梁武は天子個人の問題にすりかえてしまっている。しかもこの反論がとんだ見当ちがいをしていることに、梁武はまるで気づいてはいないらしい。胡三省はその点をただしく指摘して、つぎのようにいう。「帝は東南を奄有《えんゆう》し、凡そ其の食する所、其の身より以て六宮に及ぶまで、仏の営むところに由らず、神の造るところに由らず、西天竺国より来たるに由らず。東南の民力に出でざる者あらんや。惟《た》だ公賦に出でざるとて遂に以て国家の食を食せずと為す。誠に此の如くんば、則ち国家なる者は果して誰の国家ぞや」。

賀琛と梁武のやりとりはなおもつづく。

――また歌姫舞女にかんしては、本来、官品に応じたさだめがあり、十六人編成の女楽を賜うのは、戎狄を和するためと『左伝《さでん》』にあります。ところが今日、妓女は階層となんらかかわりなく養われ、微賤の庶民にいたるまで歌姫舞女をさかんにそなえ、裏ではきたないことを平気でやりながら、争って綺羅をかざりたてているしまつです。

——女伎の制の紊乱は有司の責任である。しかしそれも一律にはまいらぬぞ。たしかに貴族たちは伎人楽人をおおぜい養っているが、左右両掖門の胥吏たちのなかにまで十六人編成の女楽をそなえ、妓女をおおぜい養っているものがいるとはついぞ聞いたためしがない。該当者を具体的に指摘せよ。有司に命じて取締りにあたらしめよう。

——かかる次第で、牧民官たちは剥削につとめるのです。巨億の財をきずきあげても、退官のさいには数年を支える貯えすらなく、すっかり費消されてしまっています。酒宴の費として数家分の財産をすりへらし、歌舞音曲の具に必ず千金の資を要するからです。丘山のごときもとでをかけながら、歓楽は俄頃の間にすぎません。そして口をついてでるのは、以前にもっととりこんでおけばよかった、どうしてこんなに生活費がかさむのか、とぐちばかり。もしこういうてあいに官途復帰の機会をあたえようものなら、ますます貪婪をつのらせるばかりです。なんともべらぼうなことではありませんか。そのほか、目にあまる侈靡は枚挙にたえず、いつしかそれが風俗化して日一日とはなはだしくなる一方です。これでは民に廉隅をまもらせ、官吏に清白をたっとばせたくとも、とてもしめしがつきませぬ。どうか禁制を厳にして、かれらを節倹によって導き、浮華の徒を糾弾し、かれらの耳目を変じ、好悪をあらためしめることを周知徹底させていただきたく存じます。節度をふみはずしたことにたいする悔恨は人間だれしももちあわせています。いたらぬ点を恥じるからこそ、はげみもするのです。もし努力が足りなければかえって禍をまねきます。いまこの風潮をあらため、この敗壊をただすことは、掌をかえすより容易なことのように思われます。そもそも至治を論ずるには淳素をこそ第一にこころがけるべきであり、浮薄の弊をただすには質朴にまさるものはありません。

——この言葉はたいへんけっこうだ。孔子は「其の身正しければ令せずして行なわれ、其の身正しからざれば令すと雖も行なわれず」といっている。朕は房室を絶つこと三十余年、淫佚の心はもはや塵ほどもない。朕は指をおってかぞえてみたところ、女人とひとつ屋根のもとに寝なくなってからでさえ、三十年あまりになる。居処といえば、ベッドひとつおけるだけのひろさしかなく、調度品や装飾品を宮中にもちこんだことはないぞ。これはひとのあまねく知るところであろう。生来、酒を嗜まず、また音楽もこのまない。それゆえ宮中の宴で一度たりとも音楽を奏したことはないぞ。これは群賢の目睹するところであろう。朕は三更から朝堂に出御して政務を処理し、政務の多少にあい応じて、政務が少なければ午前中におわることもあるが、多いときには日がかたむいてからやっと食事ができるありさまだ。一日つねに一食。それも昼であったり、夜であったり一定していない。ただ病気のときには二食のこともある。以前は腰まわり十囲（両手の指をひろげてできる輪が一囲、その十倍）以上もあったものが、いまでは枯木のごとく痩せ細ってわずかに二尺あまり。以前の帯がとってある。うそではないぞ。だれのためにこんなに精進するのかといえば、物《たみ》を救いたい一心からである。『尚書』に「股肱《てあし》ありて惟《こ》れ人、良臣ありて惟れ聖」とあるが、もし朕が股肱の良臣にめぐまれたならば中庸の人君とはなりえたであろう。ところがわずか九品の下に甘んじているしまつだ。「其の身正しければ令せずして行なわる」などというのは、どうやらうそらしい。

かく梁武は「誰が為《ため》にこれを為すや、物を救わんが故なり」と恪謹ぶりを自慢しているが、「物を救う―救物」はがんらい『老子』にもとづく言葉とはいえ、六朝では衆生済度にあたる仏ないしは菩薩の態度を示す表現としてしばしば用いられた。梁武はもはやたんなる地上の支配者ではなかったというべきであろうか。賀琛の上奏がいちいち反論を加えられたうえ却下されたのは、梁武即位からすでに四十年あまりを経過した五四〇年代のできごとであった。いかに英邁の主といえども、四十年、五十年のながきにわたってさいしょの姿勢をくずさずにもちつづけることはむつかしい。一口に四十年、五十年というが、それを人間の一生のうえにおいてみれば、気も遠くなるような歳月ではある。

侯景の帰順

話の舞台をふたたび東魏にうつそう。

あたらしい国づくりのためにすっかり身心を消耗した高歓は、武定五年(五四七)、梁の年号にしたがえば太清元年の正月丙午(八日)、五十二歳をもって晋陽の丞相府に没した。高歓の死は、それまでかれの強力な指導力のもとに破綻なくとりつくろわれてきた東魏国内諸勢力の均衡を危殆に瀕せしめた。高歓の世子高澄《こうちょう》はまだ二十八歳のわかさであり、高歓の協力者であった宿将たち、いわゆる「勲貴」たちのなかには、世子が父の地位をそっくりそのまま継承することに異議をとなえるものが少なからず存在した。なかでの急先鋒が、ほかでもない、侯景であった。高歓の生前から、侯景はつぎのように広言してはばからなかったという。「王の在世中はわしはなにもせぬ。だが王がおられなくなれば、わしはあの鮮卑の小僧に協力はせぬぞ」。父が病いにたおれたと聞いて鄴から晋陽にかけつけた高澄は、父の名のもとに侯景を晋陽によびだした。だが侯景はやってこなかった。いつも高歓から侯景にあたえられる書状には、偽物でないしるしとして、裏面にかすかに一点をうつ約束であったにもかかわらず、それのないことに不審をいだいたのである。高歓は枕辺にはべる世子の不安の表情をみのがさなかった。

「いくらわしが病気だとはいえ、汝のその沈痛ぶりはただごとでない。なんとした」

高澄は無言のまま父の顔をみつめるだけであった。父はさらに言葉をついだ。

「侯景の叛くのがおそろしいのであろう」

「まことにその通りでございます」

「侯景は河南に専制すること十数年、その間たえず雄飛の志をいだきつづけてきた。わしだからこそやつを手なずけることもできたのだが、汝にはとても馭しきれぬであろう。天下の形勢はまだなお流動的だ。急いで喪を発してはならぬぞ。侯景に太刀うちできるほどの人材はめったにみつからぬ。ただ慕容紹《ぼようしょう》宗《そう》がいる。わしがいままであまり重用しなかったのは、汝のためにとっておいてやったのじゃ。殊遇をあたえたうえ、いっさいの経略をかれにまかせるがよかろう」

高澄は父の遺戒に従い、父の死をかたく秘して喪を発することをひかえた。ところが高歓の死からかぞえてわずか五日にしかならぬ正月辛亥（十三日）、侯景は河南に叛いたのである。高歓が病いにたおれたことは、はやくから侯景の耳にはいっていた。偽の書状の到着は、高歓の身辺のあわただしさをものがたるであろう。侯景の狡智がそれだけの結論に達するまでに、たいして時間はかからなかった。

突然の侯景の謀叛を世間では解しかね、その原因はもっぱら御史中尉崔暹《さいせん》にあると噂しあった。そもそも、博陵の名族である崔暹を法官の御史中尉に推したのは高澄であったが、これまた高澄に推薦されて尚書左丞に就任した宋遊道《そうゆうどう》とともに、崔暹は勲貴たちの非法の摘発にきびしい態度でのぞんだ。司馬子如《しばしじょ》、元羨《げんせん》、慕容猷《ぼようけん》、高坦《こうたん》、可朱渾道元《かしゅこんどうげん》、孫騰《そんとう》、高隆之《こうりゅうし》、元弼《げんひつ》たち、それに侯景も、かれらの弾劾をうけた。現実主義者の父とはことなって、高澄はわかいだけに理想主義の信奉者であったらしい。高澄はことここにおよんで、侯景の翻意をうながすべく、また勲貴たちへの事件の拡大をふせぐべく、いったんは崔暹を斬ることを決意した。ただそのとき一人の臣がつよく諫めたため、崔暹は斬られずにすんだ。その諫言はこうであった。「今日、天下はまだまだ平静というわけにはまいりませぬが、国家の大綱はすでにととのっております。もし地方に駐屯する将軍の歓心をかおうとして無辜の臣を枉殺し、刑典をけがすことになれば、天神にたいする裏切りとなるばかりではなく、民心の安定もむつかしいと思われます」。

侯景には潁《えい》州刺史司馬世雲《しばせいうん》が呼応して兵を挙げた。さらに、予州、襄州、広州を攻撃してつぎつぎに屈服させた。だがその後、勢力は意外に伸びなやんだ。なかでも西兗州《せいえん》に攻撃をかけたときには、徹底抗戦に遭遇して一度に士卒二百人が俘虜となり、しかも東魏で一、二をきそう文人とその令名をうたわれた西兗州刺史邢子《けいし》才《さい》が東方諸州に飛ばした檄文はおおいに士気を鼓舞したため、東方への進出は絶望的となった。いかにしてこの窮状を打開すべきか。侯景は不安と焦躁のなかで熟慮をかさね、よい知恵もうかばぬままやっとたどりついた結論というのはこうであった。すなわち、昨日まで敵として戦ってきた西魏、ならびに梁にたいして帰順をもとめるというのである。この結論に侯景自身たいして期待をかけることはできず、それゆえ西魏と梁の二股をかけたのだが、意外なことに西魏はかれの申しいれをすんなりとうけいれた。一方、江南にむかった使者、行台郎中丁和《ていわ》が建康に到着したのは、西魏の決定におくれること数日、二月庚辰（十三日）のことであった。武帝はただちに宮廷会議を召集した。尚書僕射謝挙《しゃきょ》をはじめとして、重臣たちは口々に友好国東魏の叛将をうけいれることの不利を説いたが、武帝はなぜかそれに従いたくない様子であった。

「そちたちの言い分はなるほど筋はとおっている。だがいまここで侯景の投降をうけいれれば、塞北の地をしずめることができよう。このような機会はめったにめぐってくるものではない。固定観念にしばられぬようにしてほしい」

　その日は結論のでぬまま散会が命ぜられた。そして数日後、武《ぶ》徳閤《とくこう》に出御した武帝は、だれにかたるでもなく、自分にいいきかせるように、こうつぶやいた。「わが国家はまったく無傷の黄金の甌《かめ》のようだ。平和はこんなにもながくつづいている。侯景の河南の地を獲得することは事宜にかなったことであろうか。もしそれがもとでごたごたがおこっては、とりかえしがつかぬことになろう」。そのとき、帝のそばちかくにひかえていたのは中書舎人の朱《しゅ》异《い》であった。しがない寒門の出で、本来なら刀筆の吏として一生をおわるべきところを、目から鼻にぬけるような才気煥発ぶりを帝に見いだされ、ここ数十年、内省の万端をまかされているこのおとこが、帝の独言をききのがすはずがなかった。帝は侯景の問題で頭がいっぱいなのだ。そしてその帰順に応じたいと思いながらも、さいごの決心がつきかねておられるのだ。そのうえ今年の正月乙卯（十七日）には、つぎのようなことがあったではないか。その日、帝は朱异にむかって、中原の牧守たちがそれぞれ土地をたずさえて来降する夢をみたと話した。「朕はめったに夢をみないが、夢をみるときはいつも正夢ばかりである」「これはきっと天下統一のしるしでございましょう」。使者丁和のかたるところでは、侯景が謀叛を決心したのは正月乙卯であったという。ふしぎな暗合といわなければならない。朱异は面をまっすぐ帝にむけていった。

「陛下のご治世は、天の御心にかない、また北土の民もあげて思慕いたしておると申します。はばかりながら、事宜にかなわぬことなどとおおせられる意が臣にははかりかねます。いま侯景は魏国の大半を割いて遠くより帰順をもとめているのでございます。ただちに応じなければ、将来の望みをたつことになるでございましょう」

この一言で武帝の心のわだかまりはきれいに洗い流された。侯景が梁朝より大将軍・都督河南北諸軍事・大行台・河南王の位をあたえられたのは、二月壬午（十五日）のことである。そのうえ、司州刺史羊鴉仁《ようがじん》は、三万の兵と糧秣をもって懸瓠《けんこ》におもむき、侯景を援助せよと命ぜられた。しかし、羊鴉仁軍の到着にさきだって、東魏の攻撃がはじまった。侯景は懸瓠を放棄して潁川に奔ったが、そこもたちまちのうちに包囲された。かれは土地の割譲を交換条件として西魏に援軍の派遣を要請し、当面の危機をきりぬけることができた。その処置の釈明のため侯景の使者が建康にやってくると、梁武は叱責を加えるどころか、つぎのような慰めの言葉をつたえさせたのである。

「大夫竟《くに》を出で、以て社稷を安んじ国家を利すべき者あらば、則ち専《ほし》いままにするも可なり、と『公羊伝《くようでん》』にのべている。汝の誠心にくもりはない。いちいちいいわけをするには及ばぬぞ」

しかし西魏の宇文泰は、梁武とことなって、首鼠両端を持す侯景の奸策にすっかり愛想をつかした。そのため西魏との関係はご破算になったが、梁を後楯にたのむ侯景は、東魏にとって手ごわい存在となった。高澄から一封の書状が侯景にとどけられたのは、そのようなある日のことである。予州刺史の地位を終身にわたって保証し、所部の文武の召還もいっさい行なわない。獄につながれている侯景の妻子たちをそちらに送りとどけよう。書状にはそのような懐柔策が書きつらねられていたが、侯景の第一の腹心、行台郎王偉《おうい》は、侯景にかわって返書をしたため、あいての甘言にはのらぬつよい意志をつぎのようにつたえたのであった。

――君（高澄）の為に計るに、地を割きて両《とも》に和し、三分して鼎峙《ていじ》し、燕衛晋趙は相い俸禄するに足らしめ、斉曹宋魯は悉く大梁に帰せしむるに若《し》くはなし。僕（侯景）をして力を南朝に輸《いた》し、北のかた姻好を敦《あつ》くすることを得せしむれば、束帛《まろうど》は交《たが》いに行き、戎《いくさ》の車は動かざらん。僕は当世の功を立て、君は祖禰《とおつおや》の業を卒《お》え、各《おのお》の疆界を保《たも》ち、躬《みずか》ら歳時を享《う》くれば、百姓は乂寧《やすら》ぎて、四民は安堵せん。

東魏、西魏、梁三国鼎立の形勢を維持したまま、春秋戦国時代の列国名でよべば燕衛晋趙など、つまり河北の地はすべて東魏に、斉曹宋魯など河南の地はすべて梁に帰属させる。そのうえで僕、すなわち侯景は梁のために力をつくし、君、すなわち高澄は父祖以来の事業を完成され、南北の友好が末ながくつづくならば、これ以上めでたいことはないであろう。

——復《ま》た来書を尋《たず》ぬるに、僕の妻子は悉く司寇《しこう》に拘《とら》えらると云う。此を以て要《そそ》のかし、その反《かえ》るべきことを庶《もと》むるも、当《まさ》に是れ褊《ちい》さき心ならんと疑うものにて、未だ大趣を識《し》らざるものなるべし。何となれば、昔し王陵《おうりょう》の漢に附《くみ》するや、母は在《い》ませども帰せず。太上《たいじょう》は楚《そ》に囚《とら》わるるも、羹《あつもの》を乞《こ》いて自若たり、況《いわ》んや伊《こ》れは妻子なり。意に介すべけんや。脱《ある》いはこれを誅して益ありと謂《おも》わば、止めんと欲するも能《あた》わず。これを殺して損なしとせば徒《ひと》えに復《ま》た坑戮せられよ。家累《つまこ》は君のこころの在《まま》なり。何ぞ僕に関《かか》わらんや。

そのかみ、楚漢の戦いのさなか、項羽《こうう》は劉邦《りゅうほう》の部将王陵の母を捕えた。王陵の使者が軍営をおとずれると、項羽は王陵の母を手厚く上座にすえて王陵の投帰をさそったが、母はひきあげてゆく使者の背にこう言葉を投げかけた。「どうか息子につたえてください。りっぱに漢王劉邦さまにおつかえするように。漢王さまは長者であらせられる。わたしのために二心をいだくことのないようにと。わたしは死をもってあなたを送り出しますぞ」。そしてやにわかに自害して果てた。一方、広武《こうぶ》において項羽と対陣した劉邦は、あいての糧道を絶った。項羽はたけのたかいまな板をこしらえ、捕虜にしている劉邦のおやじ、太公《たいこう》をそのうえにのせて、大音声でよばわった。「いまただちに降伏しないと、おやじを釜ゆでにするぞ」。劉邦はやりかえした。「わしときみとは、楚《そ》の懐《かい》王さまの命によって兄弟のちぎりをかわしている。わしのおやじは、つまり貴様のおやじだ。ぜひにも貴様のおやじを釜ゆでにするというのなら、このわしにも一杯のスープを分けてくれ」。このように、王陵も劉邦も、父や母の生命をすらまるで意に介さなかったではないか。父母の尊きことにおよばぬ妻子の生命など、君の自由におまかせしよう。

　高澄から侯景に書状がとどけられたのとおなじころ、梁の国内には、高澄の署名いりのつぎのような書状がどこからともなく伝わっていたという。

　——本《も》と景をして陽《いつ》わって叛《そむ》かしむるは、与《とも》に西を図《はか》らんと欲せばなり。西人これを知る。故に景更《あら》ためて与《とも》に南を図らんことを事と為す。

　すなわち、侯景の謀叛は偽装であり、高澄は侯景としめしあわせて、さいしょ西魏をのっとろうとしたのであるが、宇文泰にみぬかれたため、いましばらく侯景を泳がせたうえ、あらためて梁をのっとろうというのである。この書状の噂が梁武の耳に達したとき、かれは即座に侯景とのあいだを離間させようとする高澄の児戯にすぎぬ、と笑いとばした。

天の使い

梁武は、その年の八月、十数年におよんだ東魏との友好関係を破棄したうえ、大規模な北伐軍をおこした。いうまでもなく、侯景の帰順によって獲得された河南の地の支配をいっそう確実にするためである。北伐軍の大都督には武帝の甥、南予州刺史・貞陽侯蕭淵明《しょうえんめい》が任ぜられ、侯景と緊密に連絡をとったうえ、泗水《しすい》をせきとめて彭城《ほうじょう》を水攻めにすることとなった。彭城の救援にかけつけた東魏軍の大都督が高岳《こうがく》だとつたえ聞いた侯景は、よりにもよって将軍たちから馬鹿にされているあの凡才が、とたかをくくっていたが、高岳の参謀に慕容紹宗が加えられていることを知るや、不安の念がかれの心をかすめて通った。「いったいだれが鮮卑の小僧に、紹宗を使うことを教えたのであろうか。してみると、高歓はまだ生きているのであろうか」。

戦いにさきだって、侯景と慕容紹宗はそれぞれ将士をよび集めた。その席で、侯景は二里以上の深追いはさけるようにといましめ、慕容紹宗の方は、背走とみせかけて敵をおびきよせるからその背面を撃てと命じた。戦いの結果は、侯景の命令は無視され、慕容紹宗の命令は忠実にまもられた。このため、梁軍は士卒数万を失ったうえ、蕭淵明は虜囚となって北土に連れ去られた。侯景は輜重数千輛、馬千匹、士卒四万人をしたがえて渦陽《かよう》に退き、そのあとから十万の東魏軍が迫った。侯景が突入を命じた決死隊は、手に握った短刀でやみくもに人脛と馬足を斬りおとしたため、驚いた慕容紹宗はいったん譙城《しょうじょう》にひきあげていった。

年があらたまって、太清二年（五四八）春正月、体勢をととのえた慕容紹宗は、ふたたび鉄騎五千をもって侯景を襲った。そのころ、侯景軍の糧食はすでに底をついて士気はすこぶるあがらず、しかも渦水《かすい》の前面にあらわれた慕容紹宗は侯景軍にむかって、「諸君の家族はすべて無事でいる。投降者には旧のまま位階勲等をとらせよう」とよびかけ、虚言でないしるしとして、もとどりを切って北斗に誓いをたてたから、勝敗の帰趨は戦いのはじまらぬうちからしてすでに明らかであった。侯景が気がついたときには、一戦を交えるに足るだけの兵力すら手もとにのこされていなかった。侯景に太刀うちできる人材は慕容紹宗をおいてほかにない、そう判断した高歓の目には寸分のくるいもなかったのである。

敗残の侯景は南をさして遁走をはじめ、硤石《こうせき》から淮水《わいすい》を渡った。かれに従うのは、いまでは数騎の将と道中で収合した散卒八百人だけであった。一行が寿春《じゅしゅん》へあと数里の地点まで進んだとき、馬頭の戍主《じゅ》、劉神茂《りゅうしんぼ》と名のる一人のおとこがあらわれた。土地の事情にくわしいあいてに、侯景はたずねた。

「かねがね寿春の城池は険固と聞いている。もしわしが身を投じたとすれば、韋黯《いあん》はこころよくうけいれてくれるであろうか」

「韋黯はたかが刺史代理にすぎませぬ。王が寿春城の近くまでおいでになれば、きっと出迎えにやってきます。そこをひっ捕えるのです。成功はまちがいありません。ひとまず寿春城を占拠し、そのむねを事後報告すれば、朝廷は王の南帰を賀しこそすれ、おしかりをうけることはまずありますまい」

侯景はあいての手をかたく握りしめると、「天の使いだ」ととびあがらんばかりに喜んだ。寿春は南予州刺史の鎮所だが、前任の刺史蕭淵明は北征都督を命ぜられたまま東魏に拉致され、新任の鄱陽王蕭範《しょうはん》はまだ着任せず、そのため韋黯が州事を代行していたのであった。

劉神茂に導かれた一行が寿春のまちにたどりついたとき、あたり一面はすでに漆黒の闇につつまれ、城門は非情にもかたく閉ざされていた。しかも劉神茂の予想をうらぎって、ただならぬ気配を察した韋黯は、武装兵を陴《ひめがき》に配置していた。

「河南王侯景さまには武運つたなく、当地におちのびてまいられたのだ。はやく城門を開けい」

しかし城内からは、前にたちはだかる城門とおなじように冷たい返答がかえってきた。

「勅使でもないもののそのような命令をむやみに聞くわけにはまいらぬ」

最初のやりとりで弱腰になった侯景を劉神茂ははげましていった。

「韋黯は肝っ玉も小さく、知恵も浅く、いいくるめることなど造作もありませぬ」

あらためて相談の結果、配下のなかから韋黯と相識の徐思玉《じょしぎょく》がえらばれて城内に入り、交渉にあたることとなった。

「河南王が朝廷から重んぜられておいでのことは、貴公も承知であろう。なぜお出迎えせぬか」

「拙者はひたすら寿春の防衛にはげめと命ぜられているにすぎぬ。河南王の敗戦など拙者にはかかわりのないことだ」

「陛下は辺境の経略を貴公におまかせになっているのではないか。貴公が城門を開けぬところに魏軍が襲来し、河南王が討ちとられるようなことになれば、貴公ひとりで防ぎきれるであろうか。たとい生きのびることを得たとしても、陛下にたいしてなんとおわびするつもりなのか」

韋黯はようやくあいての言葉にうなずき、城門は大きく開かれた。

侯景はただちに使者を建康にやって、渦陽の敗衄を報告し、かつしかるべき懲罰をこうた。だが劉神茂のいったとおり、侯景の安否に気をもんでいた武帝は、懲罰を加えるどころか、すでに辞令をあたえていた蕭範をさしおいて、侯景を南予州刺史に任じたのである。朝臣たちはこの決定におどろいた。たとえば光禄大夫蕭介《しょうかい》は、いまや境上の匹夫にもひとしい侯景を東魏との友好のひきかえにすることはなんとしても計算にあわないと力説したが、武帝はまったくかす耳をもたないかのようであった。

侯景叛く

晋陽で俘囚の生活をおくっていた蕭淵明は、一日、高澄のまえにひきたてられた。いったいなにごとかとかたずをのんでみまもる蕭淵明にむかってかたりだされたのは、つぎのような言葉であった。

「わが先王（高歓）は梁主をあいてに十有余年におよぶ友好を維持したもうた。梁主の礼仏《れいぶつ》文《ぶん》には、奉《たてまつ》って魏王の為にし、幷《あわ》せて先王に及ぼさん、とのべられているというではないか。これが梁主のわが朝にたいする厚意でなくて何であろう。ところが遺憾ながら、両国の信義は一朝にして失われ、このたびの騒擾をまねくこととなった。東魏軍は現在、全戦全勝、破竹の勢いで前進をつづけているが、できることなら和議を結び、これ以上の武力行使はひかえたいと思う。国境方面における今回の事態は、きっと梁主の本意ではないであろう。侯景の煽動によるもののように思われる。閣下は使者を江南におくって、わが意向をつたえていただきたい。梁朝が先王の信義をわきまえ、ふたたび通交を欲するなら、わがくににも先王の遺志を尊重して、閣下ならびに諸人たちをただちに江南に送還する用意がある」

蕭淵明は高澄の停戦と国交回復の意志をそのまま梁武につたえることを約束し、つぎのような書状を使者に託した。

——勃海王《ぼっかいおう》（高澄）は弘厚の長者なり。若《も》し更《あらた》めて通好せば、当《まさ》に淵明の還らんことを聴《ゆる》すべしと。

使者が到着すると、異域で不自由な生活を送っている甥の身のうえを思って、梁武ははげしく嗚咽した。さっそく宮廷会議が召集され、その席でまっさきに和平論をぶったのは、またしても帝の意中をぬけ目なく察した朱异であった。そして列席した朝臣たちもあげてその尻馬にのり、反対を唱えたのは、司農卿の傅岐《ふき》ひとりであった。傅岐はおよそつぎのようにのべた。志を得たばかりの高澄はあなどりがたい勢いである。そのかれがわざわざ和平を欲するのは道理としておかしい。これにはきっと裏がある。ねらいは侯景だ。蕭淵明との身柄交換が画されているのではないか、そのように侯景を猜疑させ、猜疑心から侯景が叛乱にたちあがり、江南が攪乱されることをねらっているのにちがいない。もし東魏との通交に応ずれば、まんまとあいての計略にはまることになる。そのうえ昨年は彭城、今年は渦陽とあいつぐ敗戦、もし和議につけば、わが国の弱体ぶりをさらすことになろう。しかし、帝および朱异の意にさからう意見は、黙殺同然の扱いしかうけなかった。

和議の内諾をえた東魏の使者は北にもどっていった。ところがその道中で、実に意外なできごとがおこった。使者が寿春にさしかかったとき、その身柄が侯景によって拘束されたのである。使者の行李のなかから蕭淵明あての武帝の書状が発見され、それには、

――高大将軍（高澄）の汝を礼せらるること薄からざるを知る。啓《ふみ》を省《み》て甚だ懐《こころ》を慰める。当《まさ》に別に行人《つかい》を遣《や》り、重ねて鄰睦を敦《あつ》うすべし。

としたためられていた。いったいわしはどうなる。蕭淵明とひきかえに北土に送還されるにちがいない。はたして侯景は疑心暗鬼にとりつかれた。かれはただちに武帝にたいして抗議の書状をおくった。

――高氏は心に鴆毒《ちんどく》をいだき、怨嗟の声は北土に満ちみちております。人の願望を天はみそなわされ、高歓は生命をたたれました。世子の高澄がかわって悪業を継承しましたが、かれの破滅も目前にせまっています。渦陽での一勝は、けだし天が澄の心を惑乱させ、凶毒をいっそう満たさんとして、かりそめに与えたもうたものと察せられます。いやしくも澄の行動が天の御心にかない、また国内に矛盾をかかえぬのならば、なぜかくもあわただしく和議をもとめてまいるのでしょうか。西魏軍によって喉もとに匕首をつきつけられ、漠北の胡騎によって背面をおびやかされているからではありますまいか。だからこそ辞を卑《ひく》くし幣を厚くして和平をもとめてまいったのです。『左伝』には「一

日敵を縦《はな》つは数世の患《わざわ》いなり」といっています。一豎子高澄を惜しんで、億兆の民の心を無視するわけにはまいりません。北魏の強勢はわが天監の御世にまさるものはありませんでしたが、天監六年（五〇七）の鍾離《しょうり》の戦役では、あいてにたいして、一匹の騎馬すら生きては帰れぬほどの痛撃をあたえました。かく、あいての強きにさいして討伐を加えておきながら、弱きにおよんで反対に和議を結び、今日までかかってきずきあげた大業を放擲して瀕死の夷虜をみのがしてやり、命乞いをみとめて後世に禍根をのこすことは、ひとり愚臣が切歯扼腕するだけでなく、志士だれしも痛心にたえぬところです。過去の歴史にてらせば、伍子胥《ごししょ》が呉に逃れたために楚は壊滅し、陳平《ちんぺい》が項羽を去ったために劉邦は興起しました。たとい才は古人におとろうとも、誠心にかわりはありません。高澄は、翟《てき》に亡命した賈季《かき》、ならびに秦に逃れた随会《ずいかい》に頭をなやませた晋の霊《れい》公同様、盟を結んで和を乞い、憂いを除こうとしているのです。もし臣の死がなにほどかのご奉公になるのであれば、万死をもいといませぬ。だがしかし、千載にわたって歴史に汚点をのこすのではないかと、ただそのことのみをひとえに恐れるのです。

その後も侯景はくりかえしくりかえし書状を武帝におくって、東魏との和議に反対し、武帝とのあいだにつぎのような応酬があった。

——臣と高氏とのあいだの溝はふかく、皇朝の威霊におすがりして恥辱をそそぎたいと切望しています。もし陛下が高氏と再度盟約を結ばれるならば、臣の立場はありません。

願わくは後日の戦いに皇威の宣揚をかけたいと思います。

——朕と公とのあいだには大義が確立している。成敗に応じて態度をかえたりするものか。高氏は和約の使者をつかわしてきた。朕も停戦をのぞんでいる。国家の進退を決するには一定のルールが存するのだ。公はただ平静に事態のなりゆきを見まもっておればよい。心配するには及ばぬ。

——臣はいま糧食兵馬を蓄えて、きたるべき河北の掃討にそなえています。だが名義のない軍をおこすわけにゆかず、それゆえ陛下を主に仰ごうと思うのです。もし陛下が臣を遐外の地におみすてになり、南北の友好が回復されれば、微臣の身は高氏の毒牙を免れることができましょうか。

——万乗の主たる朕が、一物にすら信義を失したことがあろうか。朕の心を公はよく理解しているはずだ。今後いっさい書状をつかわすには及ばぬぞ。

こうして建康令謝挺《しゃてい》、散騎常侍徐陵《じょりょう》たち梁の使者一行は、六月某日、東魏と正式に和議を結ぶために鄴にむけて出発した。武帝の真意をどうしてもたしかめたい侯景は、東魏の使者になりすました間諜を建康におくりこみ、和議の条件として侯景と蕭淵明の交換を提案する偽文書をたずさえさせた。間諜が寿春にもちかえってきた武帝の返書には、もぎれもなくこう記されていた。

——貞陽（蕭淵明）旦《あした》に至らば、侯景夕に反《かえ》らん。

「これではっきり田舎おやじの腹の底が知れたぞ」。侯景はもちまえの赭ら顔をいっそうあかくして武帝を口ぎたなく罵った。そのとき側に坐していた王偉が、きっと主人をみすえながら、静かだがしかしいささかも曖昧さをふくまぬきっぱりした調子でこういった。

「梁朝のなすがままになっていては犬死です。大事をおこしてもやはり死ぬ。王はどちらをえらばれますするか」

それはいうまでもなく謀叛への誘いであった。

その日以来、南予州刺史侯景は、州内の営業税ならびに田租全免の布令をだして人心の獲得にのりだすとともに、ひそかに兵の召募を開始した。賀琛の上奏の第一条は、「過酷な徴税にともなう民の流亡、およびその結果としての戸口減少について」という趣旨であったが、そこにはとりわけ「関外」における民の流亡が指摘され、それら流民が「或いは大姓（豪族）に依《よ》り、或いは屯封（荘園）に聚《あつ》まる」とのべられている。「関外」とは、淮水《わいすい》、汝水《じょすい》、潼水《どうすい》、泗水《しすい》一帯のことであり、寿春はまさしくそのなかにふくまれている。侯景の召募に応じたのは、おそらくそれら流民が多数をしめたことであろう。侯景の将士たちはすべて女をあてがわれ、青色の袍衫《ほうさん》と精巧な兵仗を支給された。袍衫は、さいしょ王朝に錦万匹を要求し、賞賜に用いる錦はやれぬということで代りに送られてきた青地の布を仕立てたものであった。

兵仗は、これまた王朝に要求して、王朝直属の工房、東冶署《とうや》えりぬきの鍛冶師がうったものであった。このように梁朝は、いずれ北土に送還される運命の敗残の将になにができるものかとたかをくくり、不当な要求をつぎつぎとのんだのである。

侯景はさらに、梁の宗室のなかから、左衛将軍の臨賀王蕭正徳《しょうせいとく》に内応をもとめた。蕭正徳は武帝の甥、すなわち臨川王蕭宏の第三子である。壮年の武帝は男子に恵まれず、そのため正徳がいったん養子に迎えられたのだが、武帝晩生の子蕭統《しょうとう》、すなわち昭明《しょうめい》太子のために皇太子となる野望をくじかれて怨望を生じ、ひそかに死士を養っていたという。侯景の密使がもたらしてきた書状には、つぎのように説かれていた。

――いまや皇帝陛下は高齢にあらせられ、奸臣が国政を左右し、綱紀は乱れ、政令は顚倒している。景《われ》のみるところ、日ならずして禍敗がおとずれるであろう。皇太子に立てられるべきところを、ことなかばにして廃せられた大王の心中を思えば、天下の義士はだれしも心を痛め、愚忠の景も憤慨なしにすますことはできぬ。四海の民はあげて大王に期待している。大王は私情にひきずられて、億兆のたみの心を見棄てられることはあるまい。景は武ならずといえども、あたうかぎりお役にたちたいと思っている。願わくは王よ、蒼生の期待にそうべく、臣の赤心にこたえたまえ。

蕭正徳は一も二もなく内応を約した。

このような寿春のあわただしい気配は、外部に察せられぬはずはなかった。合州刺史の鄱陽王蕭範や、また謀叛に加わるように誘われた司州刺史羊鴉仁たちは、しきりにその旨を朝廷に報告してきたが、そのたびに朱异は、「侯景には数百人の叛虜がくっついているにすぎぬ。なにができるものか」といい、武帝にとりつごうとさえしなかった。時間だけは確実に消化され、その間に着々と準備をととのえることをえた侯景は、太清二年（五四八）八月戊戌（十日）、ついに兵を挙げたのである。挙兵の檄文には、佞臣の朱异、およびその朋輩の少府卿徐驎《じょりん》、太子右衛率陸験《りくけん》、制局監周石珍《しゅうせきちん》たちを君側から除くことがうたわれていた。侯景挙兵の報に接しながら、武帝も朱异とおなじように、「なんら恐れるにはたりぬ。わしが折杖で笞うってやるだけじゃ」とうそぶき、侯景を斬ったものには三千戸侯、州刺史の褒美をつかわそうと約束した。

台城の攻防

叛乱軍は手はじめに寿春西方の馬頭戍と東方の木柵を攻めおとしたのち、しばらく様子をうかがっていたが、王偉の献策にしたがって、侯景の外弟の王顕貴《おうけんき》に寿春の留守を命じたうえ、いっきょに建康をつくこととなった。十月庚寅（三日）には、合肥《がっぴ》にむかうとみせかけて譙《しょう》州を襲い、丁未（二十日）には歴陽《れきよう》をくだして長江北岸の横江《こうこう》に達した。そこには蕭正徳の手配した大船数十隻が待機していた。しかも横江対岸の要地、采石《さいせき》の鎮将はにわかに更迭をつげられ、新任者はまだ到着していないという。事実の確認のためつかわされた偵察員が、命ぜられたとおり対岸の樹枝を折りとってもどってくると、侯景は「わがこと成れり」と驚喜した。己酉（二十二日）、馬数百匹、兵八千人の侯景軍は、難なく長江を南に渡って采石に上陸した。その夜、朝廷ははじめて内外に戒厳令をしいた。

皇太子蕭綱《しょうこう》は戎服に身をかためて上殿し、武帝の指図をあおいだが、「これは汝の任務だ。たずねてなにになる。内外の軍事はすべて汝に託するぞ」としかりつけられた。皇太子は中書省に本陣を設けて宣城王蕭大器《しょうたいき》を都督城内諸軍事に、その副官として羊侃《ようかん》を軍師将軍に任命した。また建康城内外の各要所をかためるべく、侯景に内通しているなどとは露知らずに臨賀王蕭正徳を朱雀門に、寧国公蕭大倫《しょうたいりん》を新亭に、南浦侯蕭推《しょうすい》を東府城に、西豊公蕭大春《しょうだいしゅん》を石頭城に、軽車長史謝禧《しゃき》と始興太守元貞《げんてい》を白下城に、太府卿韋黯《いあん》および右衛将軍柳津《りゅうしん》らを台城の諸門ならびに朝堂に配置させた。そのほか、台城の損壊箇所に修理がほどこされ、糧食や各官衙の公蔵銭が徳陽堂に集められた。

采石から長江の南岸を東に進んだ侯景軍は、はやくも庚戌（二十三日）には建康城西方の板橋に達し、そこから司馬の徐思玉が使者となって登城した。このたびの入京が君側の佞臣朱异たちの誅除を目的としていることを朝廷につたえるためである。それを真にうけでもしたのであろうか、武帝は板橋にもどる徐思玉に、わざわざ中書舎人の賀季《がき》と主書の郭宝亮《かくほうりょう》を随行させて、侯景の労をねぎらわせた。侯景は北面して勅文を頂戴したうえ、入京が帝の身の上をおもんぱかってのことであるとくりかえし説明するとともに、朱异たちのことを口ぎたなく罵った。

あくる辛亥（二十四日）、侯景軍は台城の南七里にある朱雀航の南に移動した。国都は上下をあげて大騒ぎとなった。大街も小路も右往左往する人の波でうずまり、その大部分は堅固な

建康城図

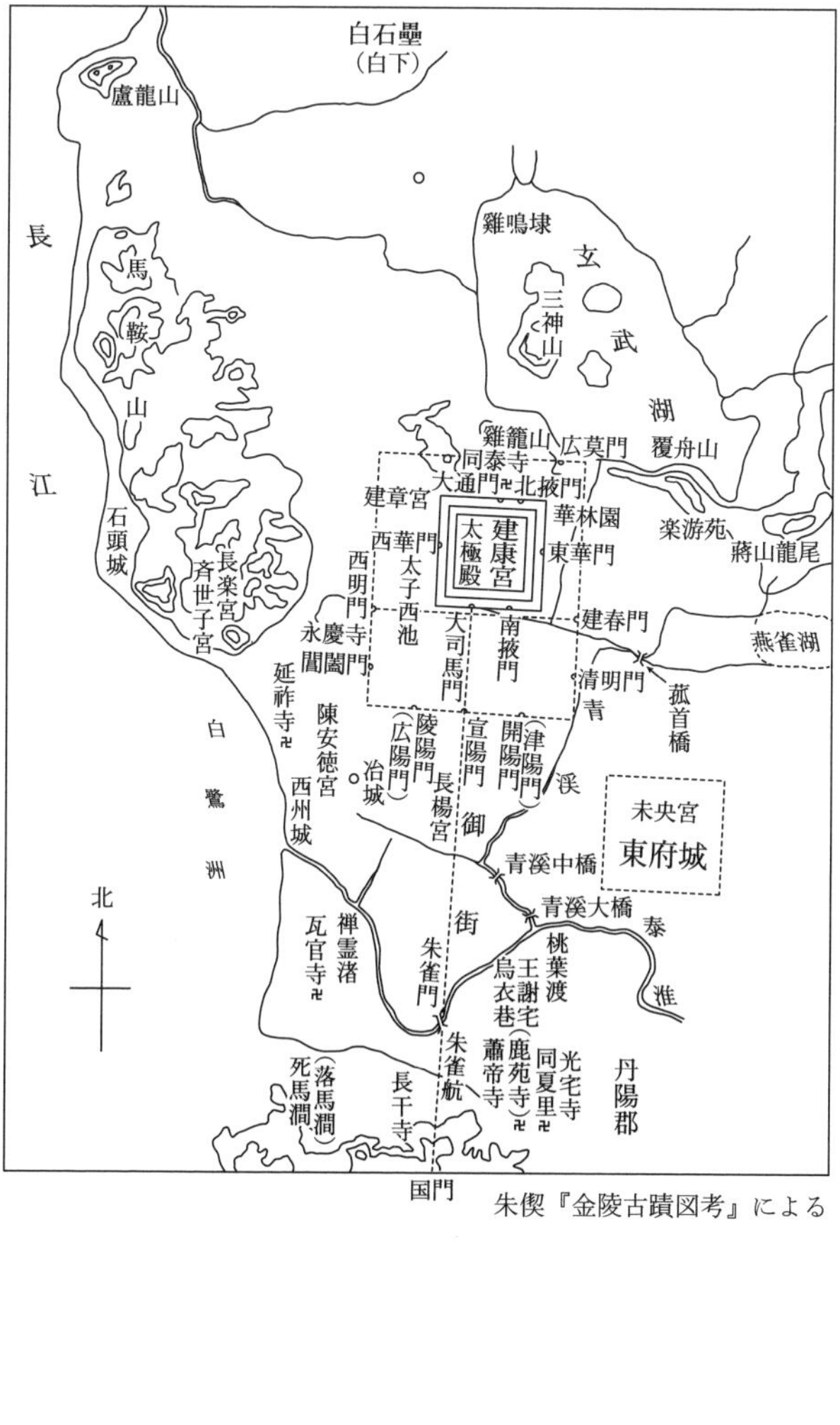

朱偰『金陵古蹟図考』による

城壁でかこまれた台城をめざした。建康において戦《いくさ》をみるのは、襄陽から攻めのぼった蕭衍、すなわち梁の武帝が、南斉の東昏侯を台城に包囲した中興元年（五〇一）以来、実に五十年ぶりのことであった。そのうえ王朝創業期に梁武と苦労を分ちあった宿将たちはおおむね鬼籍に入り、後進の武将たちは各地の方鎮に出むいていたから、建康城各要所の守備を命ぜられたもののほとんどは、ずぶの素人といってよかった。武将とよべるのは、せいぜい羊侃と柳津、韋黯くらいのものであったが、そのうち柳津は高齢のうえに病身、韋黯は侯景にあっさりいいくるめられたとおりの無為無策の人物であって、けっきょく羊侃一人が万般の指揮にあたらねばならなかったのである。

　羊侃が指揮する士卒の素質も、またいたって低劣であった。侯景軍が攻めのぼってきたとき、かれらは武庫に殺到してわれがちに刀剣甲鎧をあらそったため、収拾がつかず、数人を斬りすててやっと混乱がおさまるしまつであった。士大夫の軟弱ぶりは想像を絶した。「侯景の乱がおこるや、かれらは筋骨脆弱で歩行も思うにまかせず、体力気力ともだらけきって寒暑にすらたえられなかった。どさくさのさいにのたれ死にしたものも珍しくない。建康県令王復《おうふく》は上品な人柄に生まれつき、一度だって馬などに乗ったことはなく、馬が嘶きとびはねるのをみると、いつも震えあがってこういうのだった。これじゃまるで虎だよ。またなんだって馬などと名づけたのかね」（『顔氏家訓』渉務篇）。建康県令王復の名は他に徴すべき史料がない。侯景が攻めのぼったときの建康県令は庾信であった。そう、後世から「哀江南賦」の作者として記憶され、当時は宮体《きゅうたい》とよばれる軽艶の詩風で一世を風靡した庾信であった。『顔氏家訓』の記述は、庾信にこそいかにもふさわしい話に思えるのだが、慎みぶかい顔之推は高名の詩人にたいして曲筆を用いたのでもあろうか。庾信にこそいかにもふさわしいといったのは、正史がこう伝えているからである。建康県令庾信は、宮中の文武三千余人を従えて朱雀航北の守備についていた。ところが侯景軍が朱雀航の南に姿をあらわすと、あわてて朱雀航を開けと指令した。秦淮水《しんわいすい》にかかる朱雀航は、舟をならべてそのうえに板をわたした開閉橋なのだが、工作兵が前面の敵軍が鉄面をつけているのをみてひるんだところへ、庾信のかたわらの門柱に矢が射こまれ、かれはとるものもとりあえず遁走してしまった、というのである。

ともかく、朱雀航が突破されたことは、その後の戦局におおきく影響した。秦淮水を渡って市街地に入ることのできた侯景軍は、張侯橋で蕭正徳の歓迎を受けた。蕭正徳軍が絳《あか》色の袍をいっせいに裏がえすと、それは侯景軍の青色の袍衫にみごとにとけあうように碧色に染めあげられていた。西方の石頭城、北方の白下城はその日のうちにあいついで侯景の軍門にくだり、あくる壬子（二十五日）には、侯景軍の黒い旗幟が台城の四囲をびっしりとうずめつくした。そしてそのなかから、矢にくくりつけられた一通の書札が城内に射こまれた。

——朱异等は朝権を蔑弄し、軽がるしく威福を作《な》す。ために臣は陥れられしによって、いま屠戮を加えんと欲す。陛下もし朱异等を誅さば、臣は則ち轡《たずな》を斂《おさ》めて北に帰らん。

武帝はそのような烏滸の沙汰が朱异にあったのかどうかと皇太子にただし、もし事実なら朱异を斬ろうとまでいった。が皇太子は、帝をさえぎっていった。

「賊は朱异たちのことを口実につかっているのにすぎませぬ。いまただちに斬ったところで、問題は解決いたしませせぬ。将来に笑いをのこすだけでございます。賊が平らいでから誅してもおそくはございませせぬ」

城内からなんの返事もないまま、侯景はいよいよ台城の攻撃を開始した。南面正門の大司馬門をはじめとして、東面の東華門、西面の西華門に火がかけられ、城内軍は門にうがった孔穴から水を灌ぎかけてやっと消しとめることができた。そこの攻防が一段落したかとおもうまもなく、こんどはまた南面東端の南掖門が長柄の斧でつき破られそうになり、やはり孔穴から槊《ほこ》をつきたてて防戦しなければならなかった。台城に隣接する東宮はすでに侯景の部将宋子仙《そうしせん》によって占拠され、そこからも雨のごとく矢が注ぎこまれた。その夜、一日の戦いがおわると、侯景は部将たちとともに東宮に置酒した。そこで焚かれるかがり火は台城からも望見され、わが居所に陣どった荒武者たちの杯盤狼藉のさまを想像するだけで、皇太子の胸はかきむしられるようであった。かれは一人のおとこをひそかに東宮にもぐりこませ、火を放てと命じた。これが劫火かと思われるほどの火焔がたちまちにして宮殿全体をつつみ、それにつづいてこんどはなにを思ったか侯景が、御馬のつながれた乗黄厩《じょうこうきゅう》、学館の士林館《しりんかん》、それに太府寺につぎつぎ火をつけて焼きはらった。

火の饗宴の一夜があけひくとともに、前日にもまさるはげしい攻防戦が再開された。侯景軍は、なかに兵士をひそませ、外を牛皮でおおった木驢や、たかさ十余丈にもおよぶ登城楼をくりだし、それをめがけて石が飛び、たいまつが投げつけられた。朱异を斬れという書札が射こまれると、ただちに侯景を斬ったものには侯景の位と銭一億万、布と絹おのおの一万匹をつかわそうという賞格が射かえされた。朱异は羊侃の反対をおしきって千余人の兵を城外におくりだしたが、鋒を交えるにいたらずして算を乱して遁走し、せまい橋上に多勢のものが殺到したため、つぎつぎに堀に墜落した。侯景軍の死傷者もかぞえきれず、それ以上犠牲者の数をふやさぬためには、やや攻撃の手をゆるめざるをえなかった。

月があらたまって十一月朔日、台城の南闕にある儀賢堂《ぎけん》において、侯景は白馬を刑し、軍神の蚩尤《しゆう》をまつったうえ、蕭正徳の即位式をとりおこなった。正平と改元し、世子の蕭見理《しょうけんり》を皇太子に立て、侯景はみずから相国・天柱将軍に位を進めて蕭正徳の女《むすめ》を娶った。そしてその足で、台城をのぞけば建康でただひとつ陥落せずにのこっている東府城を、二千の兵をもって攻めた。南浦侯蕭推の必死の抵抗も、わずか三日をもちこたえただけであった。累々とつらなる三千の屍は、台城からまぢかに望見される、南掖門外の杜姥《とぼ》宅のまえに積みあげられた。杜姥宅は東晋成帝杜皇后の母堂、裴《はい》氏の故宅といわれる。そして城内にむかってつぎのようなよびかけが行なわれた。「みよ、これがおまえたちの明日の姿だ」。さらにつぎのようによびかけられた。「主上はとっくにおかくれになっているのを知らないのか」。城内の人々には明らかに動揺がみられた。皇太子は聖体のつつがなきことを示すため、武帝に城内各所を巡幸されるようもとめ、やっと動揺をしずめることができた。

侯景はいまや台城の攻撃に総力をあげるべきであった。かれは建康の市中にまだ隠れるようにして住んでいた民数万を鞭でかりたて、台城の内部が望めるたかさにまで土山を築いた。それに対抗して城内でも、皇太子が先頭にたってもっこをかつぎ、土山を築きあげた。土山の上には錦で飾られたたかさ四丈の芙蓉層楼がたてられ、僧騰客《そうとうきゃく》とよばれる甲鎧に身をかためた決死隊が配された。
このように侯景はつぎつぎと策をほどこしながら、一事が万事どれもきめてとはならず、侯景軍にもしだいにあせりの色がつのった。石頭倉や常平倉の貯えもとぼしくなり、そのため士卒たちは富室豪家とみればおしこみ強盗をはたらき、掠奪は、食糧からやがて金帛、女性にまでおよんだ。かかる軍紀の弛緩に加えて、それまで戦闘で失われた犠牲者も少なからず、もし地方方鎮の援軍が到着すれば形勢がどう転ぶか、まったく予断をゆるさない状況であった。戦いが長期化するとともに、双方の宣伝合戦はかえって活潑となった。たとえば、朱异が城外にむかって逆順の道理を説けば、侯景はつぎのように応酬するのであった。

——昨今、梁朝では佞臣が政治にあずかり、民衆からほしいままに収奪して嗜欲の資に供している。うそだと思うなら、国家の苑池、王公の第宅、僧尼の寺塔をみよ。また在位の百官たちは、百室にのぼる姫妾と数千をかぞえる下僕を所有し、みずから耕織せずして錦衣玉食をむさぼっているではないか。民衆から収奪しないかぎり、どうしてこのような生活がかなえられようか。わしが宮闕にかけつけたのは、権臣を誅除せんがためである。社稷の顚覆が目的ではない。いま城中では方鎮軍の入援を期待しているとみうけられるが、察するところ、王侯諸将はわが身を大切にし、死力をつくして勝負を争おうとするものはいない。長江は天険と、かの曹操、曹丕すら嘆じているのに、わしは易々として渡江に成功した。しかもその日、天日はあくまで輝き、気はさわやかであった。これこそ天人協和のしるしではあるまいか。

侯景は北人にして南人の奴隷となっているものの解放を宣言し、とりわけ朱异の奴僕が城内から逃亡してきたときには、ただちに儀同三司の位をあたえたうえ、朱异の財産をそっくりくれてやった。そして駿馬に乗せ、錦袍で飾って、城内によびかけさせた。「朱异は五十になってやっと中領軍になることができた。ところがどうだ。このわしは侯王どのにお仕えしたとたんに儀同の位をいただいたぞ」。効果は満点であり、主人に従って城内に入っていた奴僕の投降があとをたたず、その数は、わずか三日の間に数千人にのぼったという。勿論、侯景軍から朝廷側に寝がえるものもあった、あるときには、侯景の側近グループのあいだで、朝廷と内通のうえ、侯景暗殺計画が練られさえした。武帝と朱异はおおいにのり気であったが、あまりうまくできすぎた話に、皇太子はかえって警戒心をつよめ、とかくするうち計画は露見して、関係者一同が処刑された。

偽約成る

武帝をはじめとして台城に籠城する人々がもっとも待ちのぞんだのは、いうまでもなく地方方鎮軍の到着であった。援軍の第一陣は、武帝の第六子、邵陵王蕭綸《しょうりん》のひきいる三万の軍勢であり、鍾離から京口《けいこう》にむかい、そこから長江によらずに陸路をとって、突如、建康城東北の蔣山《しょうざん》の山影に姿をあらわした。侯景は、掠奪した婦女や珍宝を石頭津に用意した舟につみこんで逃亡にそなえるほどの狼狽ぶりであった。しかし天は蕭綸に味方せず、せっかくあいての虚をつきながら、蔣山には吹雪が荒れ、陣形のととのわぬうちから軍を山麓に移さねばならなかった。そこへ侯景軍がうって出た。蕭綸は輜重すべてを鹵獲されたうえ、生きのこった千人の士卒たちも、退却の途中で、おおむねが凍傷のため歩行の自由を失った。十一月乙酉（二十八日）のできごとである。

ついで十二月には、長江上流からおよそ十万にのぼる援軍が到着した。司州刺史柳忠礼《りゅうちゅうれい》を大都督とする混成軍であり、合州刺史蕭範の世子蕭嗣《しょうし》、衡州刺史韋粲《いさん》、西予州刺史裴之高《はいしこう》、前司州刺史羊鴉仁《ようがじん》、南陵太守陳文徹《ちんぶんてつ》、宣猛将軍李孝欽《りこうきん》等々の諸軍から構成された。そこへさらに散卒を収合した蕭綸のほか、荊州刺史蕭繹《しょうえき》のつかわした世子蕭方等《しょうほうとう》の歩騎一万および竟陵太守王僧弁《おうそうべん》の舟師一万が加わった。おりしも城内では羊侃が死亡し、つづいて朱异も死亡し、侯景軍の猛攻が再開されたばかりのときであった。『平家物語』の冒頭に、「遠く異朝をとぶらへば、秦の趙高《てうかう》、漢の王莽《わうまう》、梁の朱异《しうい》、唐の禄山《ろくさん》、是等は皆旧主先皇の政《まつりごと》にもしたがはず、楽しみをきはめ、諫《いさめ》をもおもひいれず、天下のみだれむ事をさとらずして、民間の愁ふる所をしらざッしかば久しからずして、亡じにし者どもなり」とかたられている朱异ではあるが、かれが当時おおきな影響力をもっていたことは否定できない。その朱异と実戦の総指揮にあたっていた羊侃をあいついで失ったために城内の動揺はかくすべくもなく、侯景はそこをついたのである。飛楼橦車、登城車、登堞車、階道車、火車、蝦蟇《がま》車などと名づけられた新奇な兵器がつぎつぎに登場し、あるいは玄武湖から導かれた水が台城に灌ぎこまれたりなどしたが、援軍が到着したときくと、侯景は秦淮水南岸に櫛比する民居、官衙、寺院のすべてを焼きはらって、きたるべき戦闘にそなえた。

あけて太清三年（五四九）の正月丁巳、すなわち、すべてのことの改まる元旦、大都督柳忠礼が朱雀航に布陣したのにつづいて、援軍は秦淮水の南岸に移動した。しかし台城から朱雀航まで七里、今日流にいうとおよそ三キロの間は、すべて侯景の支配するところであり、台城と援軍との連絡は容易につかなかった。一日、皇太子は太極殿前から西北の風を利用して、勅文を綴じこんだ凧を飛ばし、「この凧を手にいれたものは援軍にとどけられたし。褒賞は銀百両」と大書したが、中空に浮かぶ異様の物体はたちまち侯景軍によって射おとされた。いっぽう援軍の内部では、侯景軍の監視網をかいくぐって台城に連絡をつける密使を募り、蕭嗣の侍臣、李朗《りろう》なるものがそれに応じた。肌ぬぎになってしたたかに鞭をうけた李朗は、侯景の陣営にはしり、生傷を示したうえ、辱めにたえざるゆえ投降をねがいたいと訴えた。そして数日後、すっかり信用したあいての目をぬすんで台城にもぐりこむことをえた。思いもかけぬ多数の援軍が到着していることを知った城内の人々は、愁色をいっきょにふきとばした。ふたたび台城をぬけだした李朗は、蔣山につらなる山並を、昼はかくれ、月明だけをたよりとして援軍のもとに帰還した。かくして確実な情報をえた援軍はいよいよ行動を開始した。だがいかんせん、混成軍のかなしさというべきか、とかく足並は乱れがちであり、しかもことここにいたって将軍相互の対立が表面化したのである。なかでも大都督柳忠礼のひととなりは、衆のうえにたつにしてはあまりにも倨傲にすぎた。蕭綸がかれの陣屋をおとずれたときですら、なかなか会見をゆるされなかった。このような将軍にひきいられる士卒たちも、侯景軍との戦いよりむしろ掠奪に熱心なありさまであった。侯景軍となんらかわるところはないではないか。援軍が到着した当初、建康の市民があげて示した歓迎の気持ちは、たちまちにして失望にかわらざるをえなかった。

時間だけは容赦なく経過し、すでに百日をこえた台城の籠城生活は酸鼻をきわめた。籠城にさきだって米四十万斛《こく》が徳陽堂に貯えおかれたため、それだけはまだ余裕はあったものの、肉、野菜、塩はたちまちにして欠乏をきたし、徳陽堂に積まれたおびただしい銭帛も、外界から完全に孤絶し、交換の法則も成立しなくなったいまでは、まったくくず同然のねうちしかもたなかった。肉といえば、皇太子の食膳に申訳程度のせられるのをのぞいて、城内からまったく姿をけし、士卒たちは鼠や小鳥の捕獲に目の色をかえた。それも跡をたつと、鎧が釜ゆでにされた。蔬食による慈悲行の実践を自慢にしていた武帝は、皮肉にも、卵を食べざるをえなくなっていた。野菜を手にいれることは卵を手にいれるよりいっそう困難になっていたからである。野菜にかわるものとして、天子の甘露廚《かんろちゅう》にのこっていた海苔が、特別のはからいとして、士卒たちに給付された。「釈氏（仏家）は営膳の所を謂いて甘露廚という」、注者はそう説明している。また中書省の建物をうち壊して薪の不足をおぎない、たたみをはぎとって秣《まぐさ》がわりとし、それがつきると馬に米を喰わせた。しかも侯景軍が毒を水源に投げこんだため、城内の人々はだれしもからだ全体が青くむくみ、ふくべのように腹のふくれあがった屍が、埋葬するものもないまま城内のあちこちにおりかさなった。「臭気は数里に薫じ、爛汁は溝洫《こうきょく》を満たす」と史書は惨状をつたえている。なかにはひそかに殺した兵馬に人肉をまぜて食べるものがあったが、かならずはげしい嘔吐におそわれた。武帝がついさきごろまで仏国土がこの地上に実現されたかと夢想していたおなじ世界が、餓鬼の巣窟と化したのである。籠城のはじめ、男女十余万人、そのうち戦闘要員は三万人をかぞえたのが、いまでは武器をとりうるものあわせて二、三千人にすぎなかった。

ところで侯景軍も、ひとしく食糧不足に苦しめられた。秦淮水南岸を占領した援軍のため補給路をたたれたうえ、兵糧の貯えられている東府城との連絡がつかなくなったからである。しかも、湘東王蕭繹のひきいる精鋭の荊州軍団が、すでに本拠地の江陵を発ったというではないか。かくのごとく侯景がしだいに焦燥をふかめていた矢先、部下の劉《りゅう》𨗨《ばく》がつぎのように進言した。

「久しく軍をとどめながら、いまだに台城を攻め落とすことができません。しかも援軍は続々と集結しつつあり、事態はいっそう困難をきわめてまいりました。兵糧はあと一月もつかもたないかと聞いております。かつ漕運路をたちきられ、野に掠奪すべきものはみあたりません。掌上の嬰児とは、まことに今日のような事態のたとえでございましょう。いまここで和議を結び、軍を全うしてひきあげるのが得策と存じまする」

侯景は王偉をはじめとする腹心たちと協議をかさねたすえ、劉𨗨の進言は、内容をすりかえて採択されることとなった。すなわち、いったん詐りの和議を結んで、兵糧を東府城から石頭城に運びこもうというのである。さっそく任約《じんやく》と于子悦《うしえつ》の二人が台城に遣わされ、和睦のうえ河南にひきあげたい意向をつたえた。皇太子がそのことを報告したとき、武帝は言下にしかりとばした。

「わしにはただ死あるのみだ。和議なぞできるものか。賊は凶逆にして詐術にたけている。そんな言葉が信用できるか」

しかし城内の窮情を肌身に感じとっていた皇太子は、この降ってわいたような和議の申しいれをむげにことわる気になれなかった。

「侯景の包囲が解けないにもかかわらず、援軍にはいっこう動いてくれる様子がみえませぬ。いったん和議を結んだうえ、あらためて将来のことを考えてはいかがでございましょう」

「和議よりも死をえらびたい」

「城明けわたしということになれば、それこそみじめでございます」

二人のあいだには数刻にわたる押問答がくりかえされ、そしてさいごに重くながい沈黙が支配したのち、武帝はつぶやくようにいった。

「汝の好きなようにするがよい。ただ千載に笑いをのこすことだけはしてくれるな」

侯景は和議の条件として、江西の四州、すなわち南予州、西予州、合州、光州の割譲、ならびに皇太孫である宣城王蕭大器と任約、于子悦との交換をもとめたが、骨硬の傅岐が、「宣城王殿下は陛下の嫡孫にあらせられる。軽がるしくそのようなことを口にするものはただちに斬りすてるがよい」と強く反対したため、宣城王の弟、石城公蕭大款《しょうだいかん》が身代わりになることとなった。

二月己亥（十三日）、西華門外に設けられた壇上には、王朝側の代表として尚書僕射王克《おうこく》以下三名、侯景側の代表として于子悦、任約、王偉の三名がのぼり、西華門からあらわれた太子詹事柳津と柵門を出た侯景とがはるかにあいのぞみつつ、それぞれ犠牲に刀をいれ、血をすすりあって、和約の儀式はとどこおりなく終了した。しかしその後、侯景軍に包囲を解く気配がいっこうにみられなかったことはいうまでもない。業をにやした朝廷が撤退を催促するたびに、舟の準備がまだととのわないとか、やはり宣城王を人質にさしだしてもらわないと困るとか、でまかせの遁辞を設け、反対にさまざまの無理難題をふっかけるのであった。

あらたに馬印洲《ばこうしゅう》に到着した援軍三万を秦淮水南岸に移動させること。そのままでは、北方の白下から攻めこまれかねない将来の不安をのぞくためである。援軍中の永安侯蕭確《しょうかく》と直閤の趙威方《ちょうほうい》を台城に召還すること。なんとその理由は、二人が柵ごしに口をきわめて侯景を罵倒したというのである。そしてある日の要求書にはこうあった。

「歴陽からの報告によりますると、寿春および鍾離はすでに高澄のために陥れられ、帰るさきがありません。ひとまず広陵ならびに譙州を拝借し、そこを根拠地として、寿春、鍾離を征討したうえ、朝廷におかえしいたしたく思います」

外弟の王顕貴に留守を命じておいた寿春が東魏の軍門にくだったというのだけは、虚言でなかった。皇太子はこのようなかずかずの要求をすべてのんだ。しかし、時間かせぎのための侯景にとっては、のまれようとのまれまいと、どちらでもよかったのである。その間に器仗甲鎧の補修もつければ、将士たちは十分に休養をとることができ、むこう一年間を支えるだけの糧食を石頭城に運びこむこともできた。しかも侯景がもっともおそれていた湘東王蕭繹の軍勢は、和議が成ったと聞くや、そそくさと江陵にひきあげたというではないか。「王は人臣の身でありながら謀叛をおこし、百日にわたって宮闕の包囲をつづけ、后妃公主たちを凌辱し、宗廟をふみにじられた。このようにかずかずの罪をおかしては、もはや三界に身のおきどころはない。このまましばらく事態の推移をみまもられるべきである」。王偉からこのように言われるまでもなく、侯景には建康を撤退する意志は毛頭なかった。やがて、和議の破棄が朝廷に通告された。そして攻撃を再開するにさきだって十条におよぶ武帝の罪過をかぞえあげた。「君側の佞臣」朱异はすでに亡く、攻撃の目標はいまや武帝においてほかにはなかったのである。

台城落つ

三月丙辰朔日、城内では太極殿前に壇をきずいて、侯景の違約を天神地祇に報告した。だが援軍の大都督柳仲礼は、あいかわらず妓妾をはべらせての酒宴に日夜をすごし、なんらかの指令をあたえるそぶりすら示さなかった。援軍の一部は東府城北に移動したものの、陣だてのととのわぬところを急襲され、たちまちにして数千人を失った。侯景はその屍を闕下につみあげて猛攻をいどみ、その結果、丁卯（十二日）の払暁、台城西北楼の一角がついにくずれ、侯景軍が怒濤のごとくなだれこんだ。永安侯蕭確が息せききって文徳殿にはしり、ことの次第を報告したとき、武帝はまだベッドに臥していたが、起きなおると静かにたずねた。

「戦うに足るだけの余力はまだのこっているか」

「ございませぬ」

老帝はため息をつき、虚空をみつめながらつぶやくようにいった。

「みずからの手できずきあげたものを、みずから失うのである。なにを恨むところがあろうか」

帝がそういいおわったのと、あらあらしく扉をけって王偉がとびこんできたのとは、ほとんど同時であった。帝は側のものに簾をあげるように命じたうえ、居ずまいをただして、侯景の言葉を王偉からうけた。

「臣は高氏との溝をふかめ、帰順をねがいでました。ところが意見を奏上すべきにも、奸臣の邪魔だてにあって天聴をけがすことはできず、思いあまったすえ、衆軍をひきいて入朝したのでございます。しかし誅戮をおそれる奸臣たちはあくまで抵抗を示したため、多日にわたって兵をかまえることとあいなりました。この罪は万死にあたいするものでございます」

帝はたずねた。

「景はどこにおるのか。連れてまいれ」

侯景は甲士五百人によってまわりを固めたうえ、ただちに太極殿東堂にむかった。それまでしげく文書の交換をおこない、台城の内と外で五ヶ月にわたる死闘をくりかえした二人の、これがさいしょの出会いであった。階《きざはし》の前で深々と拝礼したのち、典儀の導きで三公の席に進みでた侯景に、武帝はおだやかに声をかけた。

「そちは久しく軍中にあって、さぞ疲れておることであろう」

あいての返事はなかった。

「そちはどこの出身じゃ。どうしてここへやって来た。妻子はまだ北にのこしたままか」

返事はやはりなかった。みれば侯景は、あいての顔を正視することもできず、額には幾条かの汗をにじませているのであった。たまりかねた任約が、侯景にかわって側から質問にこたえた。そして帝がつぎのようにたずねたとき、侯景ははじめて口をひらいた。

「長江をわたったさいしょ、いかほどの手勢じゃった」

「千人」

「台城包囲のはじめには」

「十万」

「では現在は」

「率土《そつど》の内、すべてわが所有でござる」

帝はがっくりと項《うなじ》をたれた。

戦後処理にかんする指令は、侯景の本陣のおかれた西州城から、矢つぎばやに発せられ、武帝と皇太子の侍衛にかわって、王偉が武徳殿に、于子悦が太極殿東堂に駐まることとなり、王侯朝臣たちはすべて永福省にあつめられた。天子の服玩、ならびに後宮の妓妾たちは西州城に移された。援軍にたいしては、石城公蕭大欵をつかわして解散が申しつけられた。また、侯景が帝位につけていた蕭正徳は廃位を告げられた。数日後、拝謁におよんだ蕭正徳が目に涙をあふれさせているのをみとがめて、武帝は『詩経』の一句を口ずさんだという。「啜《てつ》として其《そ》れ泣《な》けり矣。何《なん》ぞ嗟及《ああおよ》ばんや矣―ひいと泣いても、ああもうとりかえしはつかないぞ」。

侯景にとってただひとつのけむたい存在、それはいうまでもなく武帝であった。力ではあいてを屈服させ、それこそ「蕭衍老公を縛取」したのではあったが、野育ちのこの武人にとって、武帝は気おくれを感ぜざるをえない存在であったらしい。かれが武帝に拝謁したのがそもそも失敗であった。その日、退席してから左右にもらした言葉はこうであった。「わしは鞍にまたがって戦場にのぞみ、矢刃がわが身にふりそそいできたときにも、一度として恐ろしいと感じたことはない。それが今日という今日は、蕭公の前ですっかりちぢみあがってしまった。天威犯しがたしとは、このことをいうのであろう。二度と会うのはご免だ」。その日以来、むしろ武帝の方が高圧的であった。以前の態度がまるでうそのように、侯景の要求にたいしていちいち反対するようになった。宋子仙を司空に任命すべき勅文をもとめると、「陰陽を調和する三公の職にこんなやつが使えるものか」とつっぱねられたし、御座所たる便殿《びんでん》の主帥に二人の党与を配することもかたくなに拒否された。

侯景はせいぜい皇太子をおどしつけて武帝を操縦しようとこころみたが、武帝は涙ながらにうったえる皇太子をこう叱りつけるのであった。「だれがおまえにやって来るように命じた。もし社稷に霊があるものなら、いつか再起もかなうであろう。もしそうでなければ、涙を流したとてしかたがない」。あるときには、殿省の間を彷徨している侯景の兵を指さして、「あれはなにものだ」とたずねた。「丞相の甲士でございます」「何という丞相だ」「侯丞相でございます」「侯景とよべ。なぜ丞相という」。そのようなやりとりのあったことも、侯景の耳には入っていた。かれは武帝と表だって対決することをつとめてさけ、食事の量を制限することで、あいての自然の破滅をまったのである。

侯景海上に果つ

五月丙辰（二日）、台城陥落からかぞえてちょうど二月後、武帝はついに八十六歳のながい生涯を閉じた。その翌日、侯景の衛兵がかためる朝堂において、皇太子蕭綱のかたちばかりの即位式が行なわれ、同時に、新天子すなわち簡文帝の女《むすめ》、溧陽《りつよう》公主の侯景への降嫁がきまった。武帝の孫女にあたるこの女性を、侯景は溺れるほど愛したという。そのことで、かれははじめて武帝を完全に征服した幻想をもちえたのであろうか。

一日、侯景は簡文帝を居館の西州城に迎えて宴を張った。帝を中央にして、その左右には、侯景と儀同の陳慶《ちんけい》、索超世《さくちょうせい》の三人が西向して坐し、溧陽公主とその母の范叔妃《はんしゅくひ》が東向して坐した。宴がはじまり、絲竹管絃が奏せられると、帝は潸然《さんぜん》と涙を流した。「陛下はなにをふさぎこまれまするか」、侯景はそう言葉をかけ、帝は無理に笑顔をつくってこたえた。「丞相は索超世にたずねてみるがよい。これが何の音にきこえるかと」「臣にすらわかりかねまする。ましてや超世ふぜいに」。帝は侯景にむかって舞えと命じ、みずから琴にあわせて歌った。范叔妃にも舞うようにうながしたが、叔妃はあえて舞おうとはせず、やがて一節を舞いおわった侯景のたっての所望に、こんどは帝が起って舞った。席にもどった諸人は酒杯を重ね、そして一時がすぎると、座はすでに狼藉をきわめた。とつぜん、帝は何を思ったか、侯景をひしと抱きしめるなり、「丞相がしたわしくてならぬ」と、おいおい声をあげて泣いた。「陛下にしたわれておればこそ、臣の今日もあるのです」、侯景はそうこたえ、帝はまた、「なんでも仏典を講釈してやるから誦してみよ」と、しぶるあいてをつかまえて放そうとしなかった。侯景は索超世に、いちばん短篇の仏典は何かとたずねたうえ、「爾《そ》の時、無尽意菩薩《むじんいぼさつ》即ち座より起《た》ち……」とうなりだした。『法華経』普門品《ふもんぼん》、すなわち『観音経』であった。帝はさも愉快そうにかんだかく笑った。

　このような酒の勢いをたのんだ狂態は、しかし簡文帝にかりそめにゆるされた自由にすぎず、日々の生活がきびしい監視のもとにおかれていたことはいうまでもない。参内をゆるされたのは、軟弱の尚書僕射王克、舎人殷不害《いんふがい》、それに宗室の武林侯蕭諮《しょうし》だけであった。だがそれも、侯景の留守をうかがって建康を制圧しようという南康王蕭会理《しょうかいり》たちの陰謀が発覚するにおよんで、警戒の目はいっそうきびしくなり、王克はしだいに足を遠ざけ、そして蕭諮は建康街上において刺客の手にたおれた。その間、侯景はつぎつぎに肩書を加え、相国・漢王に進んだ。あるときには、宇宙大将軍・都督六合諸軍事という、前代未聞の将軍号を称して世の失笑をかった。かれの威令のとどく範囲といえば、建康を中心としてせいぜい東南は銭塘江にいたる地域にすぎなかったのだから、宇宙とか、天地四方を意味する六合とか、おおげさな形容句はまったく噴飯ものであった。その他の地域は、各方鎮の藩王が侯景の支配をかたくなに拒否し、あるいは土豪によって統領される郷兵が侯景軍の侵略に抵抗のかまえを示した。ただ藩王たちは、それぞれわが封域の安寧維持に汲々たるありさまで、諸勢力をうって一丸とする体勢は望むべくもなかったが、それらのなかでもっとも強力なのは、武帝の第七子、したがって簡文帝の弟の荊州刺史・湘東王蕭繹であったろう。台城をめぐる攻防戦のさなか、朝廷の再三の要請にもかかわらず、江陵に幕府をおく蕭繹は援軍派遣にあまり熱意を示さず、一度は郢州にまでむかったものの、偽約の成立をきくとただちに軍をかえしたため、かれのひきいる荊州軍団はほとんど無傷のまま勢力を温存することができた。そのうえ、都から江陵に逃れてくる朝臣はあとをたたず、侯景打倒の先鋒としての自信と自覚をふかめたのである。簡文帝の太宝の年号にしたがうことをいさぎよしとしないかれは、武帝の死後にもなおひきつづいて太清の年号を採用した。また武帝の木像を祠って、その前に行動の一部しじゅうを報告したという。

太宝二年（五五一）、蕭繹の年号によれば太清五年の夏五月、侯景軍は王僧弁のひきいる荊州軍と長江上の巴陵《はりょう》において激突した。侯景はみずから陣頭指揮にあたったが、結果はあっけないほどの大敗におわった。王僧弁は蕭繹から、尋陽において諸軍の集結をまち、きたるべき東征にそなえよとの命をうけた。

建康に逃れかえった侯景は、はげしい焦燥の念にかられていた。さいしょの予定では、江南を平定しおえたうえで簒奪にとりかかるつもりであったが、これでは予定をくりあげねばならぬであろう。八月戊午（十七日）、まったくの説明ぬきで簡文帝に廃位を告げ、永福省に幽閉した。そして、無理やり法駕におしこんで連れてきた予章王蕭棟《しょうとう》を登極させた。蕭棟は昭明太子、すなわち武帝のさいしょの皇太子でありながら夭折した昭明太子の孫である。簡文帝にはなんらの実権もあたえられてはいなかったものの、梁朝の正統をつぐ天子であるにはちがいなく、そのかげにかくれて侯景は、これまで錦の御旗をふりまわすこともできたのだが、いまやみずからの手でかくれみのをはぐこととなったのである。ただかれが簡文帝からただちに位を譲りうけなかったのは、「古より鼎を移すには必ず廃立を須《もち》う」という王偉の進言に従ったまでのことであり、簡文帝の廃位におくれること三月、十一月己丑（十九日）、はたして蕭棟は廃位を告げられた。その日、侯景は南郊においてかたどおりの即位式を挙行したあと、太極前殿に臨んで、国号を漢と定め、太始と改元することを宣言した。そして王偉が七廟を立てんことを請うたとき、新天子はけげんそうにあいての顔をみつめた。「天子は七代の祖考を祭るゆえに七廟を置くのでございます。七代の祖考の諱《いみな》をおきかせください。太常に勅して祭祀の礼をととのえさせたいと存じます」「遠祖のことはわしは存ぜぬ。おやじの名は標《ひょう》だ」。部下のなかに、侯景の祖父の名が乙羽周《いつうしゅう》であることを知っているものがあったので、標を元皇帝に、乙羽周を大丞相に追尊したうえ、その他は漢の侯覇《こうは》を始祖とし、晋の徴士侯瑾《こうきん》を第七祖とするなど、すべてでっちあげで七廟の体裁をととのえた。このように、新王朝は創業のはじめからはなはだ心もとない存在であった。

あけて侯景の太始二年（五五二）、蕭繹の太清六年二月、王僧弁の東征軍は尋陽から長江をかけくだった。その途中、白茅湾《はくぼうわん》において、陳覇先《ちんはせん》の甲士三万、舟艦二千を加えた東征軍はおおいに勢いづいた。陳覇先はつとに嶺南に勇名をはせ、その後、侯景征討をめざして贛水《かんすい》を北上し、一時、予章にとどまっていたものである。東征軍は先年の台城攻防戦のおり、秦淮水南岸に上陸して失敗した援軍の轍をふまぬよう、ただちに秦淮水北岸に上陸した。そのため、西州城に陣を布いていた侯景は防ぎきれず、ついに建康を放棄することを決意した。「古来、遁走した天子はございませぬ。宮中の衛士はまだ一戦にたえると思われます。逃亡は下策です。ここを棄ててどこへ逃れるというのですか」。そのように諫める王偉に、侯景はこたえた。「わしは河朔において葛栄を破り、高歓と名声をきそいあったこともある。その後南帰するや、長江を渡っていともたやすく台城を陥れた。邵陵王を蔣山に討ち、柳仲礼を南岸に破ったことは、汝もしたしく目にしたはずである。がいまや、天がわしを亡ぼそうとしているとしか思えぬ。汝は台城を死守するがよい。わしの決心は石のようにかたいのだ」。

侯景は皮嚢にいれた二子を鞍にくくりつけると、百余騎の兵を従えて東にむかった。晋《しん》陵《りょう》から呉《ご》、さらに南して会稽《かいけい》に逃れるかんがえであったが、侯景が東道行台に任じておいた趙伯超《ちょうはくちょう》が銭塘においてかれのゆくてをはばんだため、ふたたび北上して松江《しょうこう》に達し、足手まといになる二子を水につきおとしたうえ、数十人の部下とともに海上へ舟をこぎだした。山東の蒙山《もうざん》にむかい、そこで再起をはかろうとしたのである。しかし同船した羊鯤《ようこん》たちは、侯景の仮眠中に、船頭をおどしつけて、京口へと舟足をむけさせた。羊鯤は台城の攻防戦に活躍した羊侃の子だが、妹が侯景の小妻に迎えられた関係から、庫直都督に任ぜられていたのだった。やがて眠りからさめた侯景に、舟の位置を確認させるいとまもあたえず、羊鯤はいった。「わっしらはずいぶん王のためにはたらいてきました。しかしこうなっては、成功のみこみはありません。王の首は頂戴しました」。間髪をいれず、太刀が一閃した。ときに四月乙卯（十八日）、朔北生まれの荒夷はついに江南の海上に果てたのであった。

建康にとどけられた塩づめの侯景の屍を、王僧弁が首と腕をもぎとって市にさらすと、数刻後にはみごとにあとかたもとどめずになくなってしまった。侯景に怨みをもつ人々によって食いつくされたのであり、そのなかには溧陽公主の姿もみられたという。そして屍の首は江陵の蕭繹のもとにおくられ、腕二本は北斉主高洋《こうよう》にあたえられた。その前々年、高澄は暗殺され、そのあと弟の高洋が東魏を簒って北斉朝を創めていたのである。侯景の部将たちは東征軍に降伏するか捕えられるかした。王偉も江陵に押送された。侯景軍中ただ一人の士人といってよいこのおとこは、獄中から要路者たちにつぎのような詩を贈った。

趙壹能為賦　　趙壹《ちょういつ》は能《よ》く賦《ながうた》を為《つく》り
鄒陽解献書　　鄒陽《すうよう》は書を献ずることを解す
何惜西江水　　何《なん》ぞ西江の水を惜しんで
不救轍中魚　　轍中《てっちゅう》の魚を救わざるや

後漢の趙壹は、友人のはからいによって罪をゆるされると、「窮鳥の賦」にわが意を寓した。前漢の鄒陽は、獄中からの上書を梁孝王に認められて上客にとりたてられた。ところがきみたちは、この滔々たる西江の水をけちって、轍《わだち》の水たまりにもがく魚一匹をすら救うことができないのか。後半の二句は『荘子』外物篇にもとづく。王偉はまた五百字にのぼる長篇の詩を蕭繹に贈った。蕭繹はおおいに心を動かされ、罪をゆるそうとしているところに、注進におよぶものがあった。「王偉が以前に書きました檄文を押収しておりますが、そのなかにけしからぬ文句がございます」。調べた結果、その文句というのはこうであった。「項羽は重《ふた》つの瞳《ひとみ》なるも尚お烏江の敗あり。湘東は一目、寧《な》んぞ四海の帰する所と為《な》らんや」。蕭繹は激昂し、ただちに惨殺の刑に処した。跛足の侯景を負かした湘東王蕭繹は幼時の眼疾のため隻眼であったのである。

余論

侯景の乱が疾風のごとく吹き抜けて去ったとき、江南の貴族社会は荒廃からたち直る気力さえ失ってしまったかのようである。社会のリーダーシップをとりつづけてきた貴族たちにとって、それは末世澆季と自覚されたことであろう。かれらにのこされたものは、ただ過去の栄光の幻影だけであった。貴族社会の象徴ともいうべき国都建康、とりわけそこは衰残の姿をみにくくさらけだしていた。顔之推の「観我生賦《かんがせいふ》」には「疇《たれ》か百家の或いは在《い》ませるや、五宗を覆《くつが》えしてここに尽きたり」とうたい、その自注にいう。「中原の衣冠の族で晋室の南遷に従ったものは百家をかぞえた。そのため江南には百家譜——名家百氏の系図集が存在した。

しかしことここにいたって、都に居をかまえていたものはほぼ覆滅した」。侯景が制圧していたさなかの建康をおとずれた百済の遺使は、あまりの荒廃ぶりに涙とどめあえず、侯景の激怒をかったという。そのうえ都と農村との関係はたちきられてしまったから、「京のならひ、なにわざにつけても、みなもとは田舎をこそたのめるに、たえて上る物なければ、さのみやは操もつくりあへん」ということにもなったであろう。五五二年の十一月、侯景の征討をとげた蕭繹の即位によって、梁朝はつかのまの再生をするが、蕭繹すなわち元帝が建康にもどろうとせず、あえて江陵に都をさだめたのも無理からぬところであった。

ただ蕭繹が江陵に都をさだめたのには、さらにひとつの決定的な理由があった。漢水ぞいに南下する西魏の勢力を、その前面においてくいとめねばならなかったからである。しかしながら、後章で詳しく説くように、五五四年の十二月、江陵政権は西魏軍の攻撃を支えきれずに瓦解し、そのあとには後梁王朝とよびならわされるまったくの傀儡政権が樹立される。それに対抗して北斉も、ながらく抑留しておいた蕭淵明を江南におくりこんでわがパペットとしようともくろんだが、蕭淵明のうけいれに同調した王僧弁と反対した陳霸先とのあいだに確執が生じ、さいごに勝利をおさめた陳霸先が江南人の手による陳王朝を樹立したため、北斉のもくろみは水泡に帰した。江南に足場をきずきえなかった北斉は、江南に足場をきずきえた西魏、その西魏が発展的解消をとげて生まれた北周にやがて併合され、北周をついだ隋が、五八九年、陳を倒して天下統一に成功した過程は、手もとの年表をくっていただけば明らかなところである。三世紀以来の分裂国家の時代は、このように北風が南風を圧倒することによって結着がつけられたのだが、北風の南風にたいする優勢、それは五八九年にさきだってはやくから顕著であったといわなければならない。かかる歴史の潮流を決したのこそ、ほかならぬ侯景の乱であった。そしてあえていえば北風は、すべて朔北の六鎮に発していた。侯景、それに東魏―北斉の高氏は懐朔鎮の出身であった。西魏―北斉、隋、さらにくだって唐も、はやく清の趙翼《ちょうよく》が『廿二史箚記《にじゅうにしさっき》』におさめたエッセイ、「周隋唐は皆な武川自《よ》り出づ」のなかで指摘したように、武川鎮の出身であった。六鎮こそ激動の中国六世紀史の発火点であった。そこには六朝貴族制を克服し、あたらしい時代を準備するなにものかが胎動していたかのごとくである。

　ところで高澄の書状は、侯景が江南を混乱におとしいれるため東魏が送りこんだまわし者であるようににおわせていた。傅岐もまたそのように危惧していた。しかし『梁書』『南史』『北斉書』『北史』および『資治通鑑』などは、勿論すべてかかる見方にくみすることを拒否している。かかる見方はあまりにも小説的にすぎるであろう。侯景と高澄とのあいだにはなんらの密約も存在しなかったであろう。万にひとつそのようなことがあったとすれば、侯景本人より、侯景の「表啓書檄」すべての起草にあたったといわれ、また重要な決定がくだされるさいにきまって発言をしている謎の人物、王偉に疑惑の目がむけられないこともない。だがそれとてやはり小説の領域に属するであろう。しかしながら乱の経過は、傅岐の危惧したとおりに、寸分のくるいもなく進行していった。歴史の神は、やはり侯景を東魏のまわし者として、というよりその後の歴史の展開にてらすならば、北朝のまわし者として、江南に送りこんだのであろうか。侯景はとてつもない道化役を演ぜさせられたものである。

第二章　徐陵——南朝貴族の悲劇

江南の使臣

謝挺《しゃてい》、徐陵《じょりょう》たち梁朝使臣の一行が、東魏の都の鄴《ぎょう》に到着したのは、梁の太清二年（五四八）、東魏の年号によれば武定六年の夏も盛りのことであった。水と緑になれしたしんだ江南人にとって、赤茶けた大地にさえぎるものもなく照りつける白日は、肉体はおろか、神経まで痛めつくしてしまうのではないかと思われるほど苛烈であったが、かれらは長途の旅の疲れをいやすいとまもなく、鴻臚寺の公館で催される公宴に臨まなければならなかった。それはまちがいなく、今回の東魏朝訪問の最大の行事となるであろう。なんとなれば、和平の維持されているかぎり絶えることなく行なわれた南北両朝の使臣の往来は、なによりも両朝文化の競演会のおもむきをもつものであったからである。それゆえ、聘使には、外交的手腕や政治的かけひきはさておき、あくまで容姿うるわしく門地たかく、機智にとみ、そして談論と詩文の才に秀でた人材が選抜されるのをつねとした。そして、聘使を応接する主客郎にも、同様の人材がもとめられた。使臣を迎える国では、聘使とわが主客郎との応酬はいかん、とかたずをのんで注目したものである。

——南北の通好は務めて俊乂《しゅんがい》を以て相い矜《ほこ》る。命を銜《ふく》める（聘使）と客を接する（主客郎）とは必ず一時の選を尽くす。才地なき者は与《あず》かることを得ざりき。梁使の入る毎《ごと》に、鄴の下《まち》はこれが為に傾動す。貴勝の子弟は盛飾して聚《あつ》まり観《み》、礼贈は優渥、館門は市をなす。宴日、斉《せい》の文襄《ぶんじょう》は左右をしてこれを覘《うかが》わしめ、賓司（主客郎）一言勝ちを制せば、文襄はこれが為に掌《たなごころ》を拊《う》つ。魏使の梁に至るも、亦《ま》た梁使の魏に至るが如し。（『北史』李諧伝）

　このたびの訪問のあいても、ノミナルな存在にすぎない東魏主、孝静帝ではなく、東魏朝の実権者であり、のちに北斉の文襄帝と追諡《ついし》される大将軍・勃海王高澄《こうちょう》であった。今回の訪問は、ここしばらく険悪になっていた両朝の国交をあたためることを目的とはしていたが、しかし使臣が派遣されたという事実、そのことがすでに国交正常化をつげるなによりのしるしであり、外交上の任務はそれで果されたものと了解してさしつかえなかった。もしなにか例年と異なった点があったとすれば、今回の使臣訪問に示された両朝の意気ごみであっただろう。梁朝は聘使の人選によりをかけ、東魏朝もそのうけいれ準備におこたりはなかった。

　梁朝はいったん鎮西将軍・荊州刺史・湘東王蕭繹《しょうえき》の幕府に中記室参軍として仕える徐陵、ならびに太子中舎人の江総《こうそう》を聘使に決定し、それぞれ散騎常侍を兼ねしめて東魏朝に送りだす手はずをととのえた。ところがおりあしく江総が病牀に臥したため、かれにかわって建康《けんこう》令の謝挺を任命したのである。年齢と位階の関係から、謝挺が正使、徐陵が副使とはなったものの、謝挺はいわば代役であり、それゆえ徐陵は、都の建康を出発するにあたって、栄えある使臣のつとめを一身ににないなければならなくなるだろうとひそかに期するところがあった。

かれがそのように考えたのは、しかしけっして一人よがりや思いあがりではなかった。神異の僧、宝誌《ほうし》上人が、家人の手にひかれておとずれた幼童の徐陵の頭をなでつつ、「天上の石麒麟なり」と賛嘆したとか、あるいはその夙恵ぶりを光宅寺の恵雲《えうん》法師が顔回《がんかい》になぞらえたとか、これらの逸話にたがわず、八歳にしてよく文を属《つづ》り、十二歳で老荘の玄義に通じ、長ずるや史籍を博渉し、縦横として口弁があったと伝えられる徐陵のことである。はれがましくも父の徐摛《じょち》とともに好文の皇太子蕭綱《しょうこう》の東宮に職を得るにおよんで、おなじく東宮に奉職した庾肩吾《ゆけんご》、庾信《ゆしん》父子とかれら徐氏父子が創造した軽艶の詩風は「宮体《きゅうたい》」とよばれて一世を風靡し、また後生によってもさかんに愛好された。『貞観政要《じょうがんせいよう》』にうかがえるいささかいかめしい風格とはおよそふにあいにも、唐の太宗もまた宮体詩のエステートであったという。おなじく徐庾父子たちが開拓した一韻の奇をきそい、一字の巧をあらそう散文体は、「徐庾体」の名のもとに内外に喧伝された。また徐陵が、古今の情艶詩をあつめた『玉台新詠《ぎょくだいしんえい》』の編者であったことも忘れられてはならないであろう。それにはみずからの詩四首をも収めるが、たとえばその一首、「王舎人の客を送りて未だ還《かえ》らず閨中に望《うら》み有りに和す」はつぎのようにうたわれる。

倡人歌吹罷　倡人の歌吹罷《や》み
対鏡覧紅顔　鏡に対して紅顔を覧《み》る
拭粉留花勝　粉《しろこ》を拭いて花勝《はなかんざし》を留め
除釵作小鬟　釵《かんざし》を除いて小さき鬟《まげ》を作る
綺燈停不滅　綺燈は停《とど》めて滅せず
高扉掩未関　高扉は掩《おお》いて未だ関《かんぬき》せず
良人在何処　良人《せのきみ》は何処《いずこ》にか在る
唯見月光還　唯だ見る月光の還《めぐ》るを

徐陵の文名はひとり江南ばかりではなく、華北をもおおった。中唐の劉《りゅう》禹《う》錫《しゃく》が「中国の書流は皇象《おうしょう》に譲り、北朝の文士は徐陵を重んず」（「洛中寺北楼、賀監の草書を見、詩を題す」）とうたっているのは、比喩ではあるが誇張ではない。『陳書《ちんじょ》』徐陵伝には、「其の文は頗る旧体を変《あらた》め、緝裁は巧密、多く新意あり。一文の手より出ずる毎《ごと》に、好事者は已《すで》に伝写成誦し、遂にこれを華夷に被らせ、家ごとに其の本を蔵す」とのべられている。華夷とは、いうまでもなく、漢人王朝の南朝と胡族王朝の北朝とのことである。

かく徐陵は聘使としてそれ以上の人物を望みえないほどのまばゆい存在であったのだが、同志でありかつよきライバルでもあった庾信が、かれにさきだつこと三年、すなわち大同十一年（五四五）におなじく梁朝の聘使として鄴を訪れ、その文章の「辞《ことば》の令《うるわ》しさ」をさかんにもてはやされたときけば、期するところはいっそうつのらざるをえなかったであろう。

一方、東魏朝が主客郎に任命したのは魏収《ぎしゅう》であった。これまた温子昇《おんししょう》、邢子才《けいしさい》と一、二をきそう文名と、それに九年前、「辞藻の富逸」をみこまれて王昕《おうきん》とともに梁朝に使いした経験をかわれての人選であった。また梁朝と東魏朝とのあいだでかわされた従来の外交文書が、「想うらくは彼の境内寧静ならん。此の率土《そつど》は安和なり」と書きはじめられるならわしであったのを、「彼」と「此」の二字をとりさって、「想うらくは境内静晏ならん。今《い》ま万国は安和なり」とあらためられるようになったのも、かれの発案にもとづくところであったという。梁朝が「王者無外」、すなわち王者は対立する他者をもたないとの立場から「彼」の一字をとりさって、「想うらくは境内寧静ならん。此の率土は安和なり」とあらためたのに対抗してのことであった。

ただ恨むらくは、魏収の性がいささか軽薄にすぎたことである。有名な事実として、当時しきりに執筆がすすめられていた北魏史、『魏書《ぎしょ》』は、あまりにも多くの私情をまじえ、また金銭しだいで放恣な曲筆を加えたために穢史《わいし》のレッテルをはられた。かれの同輩である楊《よう》愔《いん》の「文徳論」に、「古今の辞人（文士）は皆な才を負《たの》んで行ないを遣《わす》れ、澆薄にして険忌なり。唯だ邢子才、王元景《おうげんけい》（王昕）、温子昇のみ彬々《ひんぴん》として徳素あり」とのみいい、文才においては諸人にいささかもひけをとらぬはずの魏収の名が省かれているのは故なしとはせぬであろう。かつて江南を訪れたときにも、梁の武帝からなかなかの逸材、とみこまれながら、その一方で呉娉を公館にいれ、また部下が購った娉とのあいだにも悶着をひきおこしたため、かえって梁朝公館の館司全員が譴責処分をうけるという不祥事をまねいたことがあった。呉娉は一時的な欲情を満足させてくれるあいてであるとともに、華北に帯来すれば、そのめずらしさのゆえに高価な商品ともなったのであろう。

公宴

公宴が催された日は、朝からことのほか暑気きびしく、公館の室内は人いきれのためいっそうむせかえるようであった。使臣たちは威儀をただした衣冠束帯のうえからも、肌をつたって幾条にも汗の流れおちるのが感ぜられた。徐陵たちが定められた席につき、ほっと一息いれてまもなく、魏収が扇をつかいながらいった。

「今日のこの暑さは、きっと徐常侍どのが運んでこられたのであろう」

軽い冗談かと思われるこの言葉に哄笑はおこらず、かえっておし殺したような忍び笑いの声が室内のあちこちにもれた。

そして徐陵は、その数年前、冬の建康を訪れた東魏の聘使李諧《りかい》と梁の主客郎范胥《はんしょ》とのあいだにつぎのようなやりとりのあったことを思いだした。「江南はこのとおりいまでもおだやかながら、北方はきっと寒気のきびしいことでございましょう」、そういった范胥に、李諧はつぎのようにこたえたのである。「わが国土は陰陽の正しき位置をしめておりますゆえ、暑さ寒さはまこと時節にかない、なにごとも度はずれた点はござりませぬ」「はて鄴は日影の観測地でありましたかな」「華北はいずれも皇居帝里、そう遠くへだたっているわけではありませぬ。ひっくるめて申してなにの不都合がござりましょうか」。

『周礼《しゅらい》』によると、夏至の正午、八尺の棒《ノーモン》が真北に一尺五寸の影をつくる地点、そこが大地の中心、「地中」であるという。「地中」は天地の合するところであり、四時の交わるところであり、風雨の会するところであり、陰陽の和するところであって、万物はゆたかにやすらぎ、それゆえに王城が置かれる。そして洛陽の東南にあたる潁川郡城陽県が「地中」であるという。李諧にしても、また魏収にしても、わが北朝こそ天地の中央であり、王城の地であり、それにたいして江南は辺隅にすぎない、だから陰陽は調和をかき、寒暑は節度を失するのだと嘲ったのである。このようなさりげない言葉にも、王朝の面子がかけられていたのであった。徐陵もまけずにやりかえした。

「むかし王粛《おうしゅく》が当地に亡命し、魏朝の礼儀を制作したときいておりますが、このたびの臣の訪問によって貴公は寒暑のほどをわきまえられたものとみうけられますな」

王粛はおよそ半世紀のむかし、南斉の政争を避けて北魏に亡命した人物である。そしてかれはおりしも胡族王朝から中原王朝への転換に鋭意邁進していた孝文帝の政治顧問に抜擢され、朝儀国典の制作にたずさわった。この一言に、さすがの魏収もおしだまってしまった。魏収はじめ北朝の士人たちにとって、南朝の文化は追いつくべきではあっても、残念ながらいまだなお追いこすことのできぬ目標であり、それゆえ心の底ではひとしくひけめを感ぜざるをえなかったからである。

公宴における談論とは、およそこの種のものであった。公宴ではまた、当然のこととして詩が唱酬された。東魏の士人、裴譲之《はいじょうし》の「公館の讌《うたげ》にて南使徐陵に酬《むく》ゆ」の詩がある。ただ残念ながら、かんじんの徐陵の詩は失われてしまっている。

裴譲之、字は士礼《しれい》、は河東聞喜《ぶんき》の人。それまでに何度か梁使を応接する主客郎をおおせつかった。史伝が「少《わか》くして学を好み、文情あり。清明にして俊弁、早くより声誉を得たり」

と記すのにたがわず、朋輩たちは「能《よ》く詩を賦す裴譲之」とほめそやし、また清談の友であった楊愔は、「此の人は風流警抜、裴文季《はいぶんき》亡びずと為す」とたたえたという。裴文季は三国魏の清談家、裴徽《はいき》を字でよんだのであり、やはり河東聞喜の人。

さて公館で賦された裴譲之の詩はつぎのようである。

嵩山表京邑　嵩山《すうざん》は京邑を表し
鍾嶺対江津　鍾嶺《しょうれい》は江津に対す
方域殊風壌　方域 風壌殊《こと》なり
分野各星辰　分野 各《おのお》の星辰あり
出境君図事　境を出でて君は事を図《はか》り
尋盟我恤隣　盟を尋《あたた》めて我は隣りを恤《あわ》れむ
有才称竹箭　きみは才有って竹箭《ちくせん》と称し
無用忝絲綸　われは用無きに絲綸《みことのり》を忝《かたじけな》くす
列楽歌鍾響　楽を列《なら》べて歌鍾は響き
張旃玉帛陳　旃《はた》を張って玉帛は陳《つら》ねらる
皇華栄受命　皇華《まろうど》は命を受くるに栄《は》えあるも
垂誉本無因　誉《ほま》れを垂るるに本《もと》より因《よし》無し
韓宣将聘楚　韓宣《かんせん》は将《まさ》に楚に聘《つかい》せんとし
申胥欲去秦　申胥《しんしょ》はいまし秦を去らんと欲す

方期飲河朔
翻属臥漳浜
礼酒盈三献
賓筵盛八珍
歳稔鳴銅雀
兵戢坐金人
雲来朝起蓋
日落晩催輪
異国猶兄弟
相知無旧新

方《まさ》に河朔《かさく》に飲まんと期せしも
翻《かえ》って属《たまた》ま漳浜《しょうひん》に臥す
礼酒は三献に盈《み》ち
賓筵には八珍盛んなり
歳は稔《みの》って銅雀は鳴り
兵は戢《あつ》められて金人を坐せしむ
雲来たって朝《あした》に蓋《ほろ》を起こし
日落ちて晩《くれ》に輪《くるま》を催がす
国は異なるも猶《な》お兄弟のごとく
相知には旧《ふる》きも新しきも無し

洛陽の南にそびえたつ嵩山は王城のシンボル、建康の鍾山は長江の渡場にあいたいして存在するというたいだしには、嵩山は古来「中岳」とよばれるのだから、やはりなにがしか、南朝ではなくして北朝こそが「地中」であるとの意識の投影があろう。「分野」は星座による天の区分であり、それぞれが地上の方域に対応する。「竹箭」、竹づくりの矢は、会稽《かいけい》、すなわち東南地方の特産品。もちろんあいての資質をたたえていう。「張旃」は『儀礼《ぎらい》』聘礼にもとづく語。聘使が訪問先の国境に到着すると、「旃《はた》を張って誓い、乃ち関人に謁《つ》ぐ」とある。「皇華」は使臣の代名詞。『詩経』小雅に「皇皇者華」の詩があり、その詩序に、「皇皇者華は、君、使臣を遣《つか》わすなり。これを送るに礼楽を以てし、遠くして光華有るを言うなり」と説明している。そのうちの「載《すなわ》ち馳《は》せ載ち駆《か》り、周《あま》ねく爰《ここ》に咨諏《しすう》す」の句を、鄭箋は「大夫の出使するや馳駆して行き、忠信の賢人を見れば則ち是に於いて訪問して善道を求むるなり」と説いているが、ところでわたし裴譲之は使臣たるあなたのおめがねにかなうほどの賢人ではもとよりない、とあいてにはなをもたせた。「韓宣」、すなわち晋の韓宣子《かんせんし》が楚に輿入れする公女に随伴したことは『左伝《さでん》』昭公五年にみえ、「申胥」、すなわち楚の申包胥《しんほうしょ》が、都の郢《えい》を呉軍に攻めおとされた危急のさいに秦へ乞師におもむいたことはおなじく定公四年にみえる。ところでわたしは、河朔すなわち河北の鄴の地であなたと酒杯をかわそうと期待していたところ、おりあしく病いのため私的なおつきあいはかなわなかった。もとづくところは建安七子《けんあんしちし》の一人、劉楨《りゅうてい》の「五官中郎将に贈る詩」の「余は沈痼の疾《やまい》に嬰《かか》り、身を清漳の浜《ほとり》に竄《かく》す」であり、漳水は鄴のまちのそばを流れる。だがところで、今日の公宴の席では、まこと礼式にかなって三度の献盃が行なわれ、くさぐさの珍味、「八珍」がならべられている。長安城西の闕門《けつもん》におかれた「銅雀」、それは魏武曹操《そうそう》がここ鄴に築いた銅雀台をも含意しているにちがいないが、さてその銅雀が「一鳴すれば五穀生じ、再鳴すれば五穀熟す」と楽府《がふ》にうたわれているように、いまやわが国内はあげて豊作にわき、また秦の始皇帝は民間から没収した武器を「金人」に鋳なおして宮廷にならべたといわれるが、すでに不戦の誓いはたてられた。あなたは雲おこる朝まだき、車を駆って到着され、日が落ちてからあわただしく帰ってゆかれる。「起蓋」の蓋は車蓋のこと。おたがい仕える国はちがうけれども、まるで兄弟のようにしたわしい。友人にはふるいとあたらしいのちがいはない。

とどこおりなく任務をおえた使臣の一行は、江南に帰る日を数日後にむかえようとしていた。「韓宣《かんせん》は将《まさ》に楚に聘《つかい》せんとし、申胥《しんしょ》はいまし秦を去らんと欲す」。裴讓之がそのようにうたっていたのは、慣例にしたがい、梁朝使臣の南帰のあとをおっかけるように東魏朝からも江南へ答礼の使臣がおくられることをいうのであろう。そして東魏の聘使に決定されたのは、ほかならぬ裴讓之その人ではなかったかと疑わせる。わずか二年間にすぎない文襄帝、すなわち高澄の時代のかれの事跡として、「梁に聘す」と史伝に記されているからである。だが、かれの梁朝訪問ははたして実現したかどうか。計画だけにおわったのではなかったか。おりもおり、梁朝使臣の一行すらそのまま鄴にとどまらざるをえない緊急の事態が江南に発生したのであった。「吾は人の乏しきに階縁《よ》りて、叨《みだ》りに皇華《つかいびと》を簉《たす》けまいらし、王事は淹《とど》おること無く、公礼は将《まさ》に畢《おわ》らんとするに、既にして揚《みなみ》の都（建康）は蕩覆《くつがえ》り、方《まさ》に獫狁《えびす》の災《わざわい》に離《かか》りぬ」（「宗室に与うる書」）。のちに徐陵はこのように書き記しているが、侯景の叛乱軍が都の建康になだれこんだのであった。それを「獫狁の災」と表現したのは、侯景が朔北に生まれ育った羯《けつ》族であったからである。

詳しくはすでに前章に説いたとおり、そもそも侯景は、華北東半分の覇者となった東魏の高歓《こうかん》から河南地方の経略をゆだねられていた武将であったが、梁の年号でよべば太清元年（五四七）の正月、高歓が歿し、世子の高澄が父の地位を相続すると、たちまちにして叛旗をひるがえし、梁への帰順をねがいでた。梁の武帝は侯景を援助するため、甥の南予州刺史・貞陽侯蕭淵明《しょうえんめい》を大都督とする北伐軍を派遣したが、梁軍は彭城《ほうじょう》における東魏軍との戦いにあえなく敗れ、蕭淵明は虜囚となって晋陽に拉致された。その後、南方の寿春に遁走した侯景は、梁朝から南予州刺史に任ぜられた。年があらたまって太清二年（五四八）、梁朝にたいして思いがけずも高澄から和議の提案がなされた。和議が成ればただちに蕭淵明を江南に送還しよう、そのようにいうあいての言葉に、梁武は和議の提案を一も二もなく受諾した。が、ことの決定を知った侯景は驚き、そして驚きはやがて恐怖にかわった。蕭淵明とひきかえに自分が北土に送還されるにちがいない。かれは東魏と和議を結ぶことの非をくりかえし力説したが、梁武を翻意させることはついにできず、かくして謝挺と徐陵とが国交の正常化をつたえる使臣として鄴に派遣されたのである。侯景が寿春に兵を挙げたのは、太清二年の八月であった。そして梁朝の不備をついて、はやくも十月末には十万の軍勢が建康を制圧し、台城、すなわち宮城を包囲した。

このように、侯景の挙兵が徐陵たちの東魏朝訪問とふかい因縁をもっていたことは忘れてはならない。ともかく、もはや蕭淵明の送還どころのさわぎではなかった。そして徐陵たち使臣の一行も、身柄の安全保護の名のもとに東魏朝によって拘留されることになった。梁朝の命運は今後いかに展開するのか、そのことを予測しえたわけではもとよりない。しかし、いつかかれらを利用すべき日がおとずれないでもないであろう。かかる東魏朝の思惑によって、昨日までの栄えある使臣たちは、一朝にしてなかば虜囚の身とかわったのである。

その後、梁朝の命運はいかに展開したか。死力をつくして戦われた台城の攻防戦は、五ヶ月ののち、侯景の勝利に帰した。侯景のきびしい監視のなかで武帝が崩じたのは、さらにその二月後、すなわち太清三年（五四九）五月丙辰（二日）である。侯景はかわって皇太子蕭綱、すなわち簡文帝を登極させた。だがそれで侯景が江南全土ににらみをきかせることとなったわけではない。かれの支配のおよぶ範囲は、建康を中心として、せいぜい呉郡以西、南陵以北にとどまり、その他の地域には、諸王子たちを統領とする方鎮が存在し、侯景の支配をかたくなにこばんだ。すなわち、梁武の第六子の邵陵王蕭綸《しょうりん》は仮黄鉞《かこうえつ》・都督中外諸軍事を名のって武昌に、第七子の湘東王蕭繹は鎮西将軍・荊州刺史として江陵に、第八子の武陵王蕭紀《しょうき》は征西大将軍・益州刺史として成都に、また武帝のさいしょの皇太子でありながら夭折した昭明《しょうめい》太子の第二子の河東王蕭誉《しょうよ》は南中郎将・湘州刺史として長沙に、おなじく第三子の岳陽王蕭詧《しょうさつ》は西中郎将・雍州刺史として襄陽にそれぞれ鎮した。

しかしながら、かれらのあいだに一致協力して侯景にあたるかたい意志が存したわけではない。むしろかれらはそれぞれの勢力の拡張にしのぎをけずり、しだいに血族相剋の様相をふかめていったのであった。梁武が台城に包囲されたさい、再三の要請にもかかわらず出動をにぶらせていた諸王子間相互の思惑が、武帝の死によっていっきょに顕在化したのである。戦いはまずおじの湘東王と甥の河東王および岳陽王兄弟のあいだにはじまったが、湘東王蕭繹は河東王を撃破し、あいついで河東王に同調した邵陵王をも駆逐したため、長江中流域を扼する一大勢力に成長した。ただそのさい、岳陽王が湘東王にあたるべく、北方において隣接する関中の覇者、西魏の宇文泰《うぶんたい》に援軍をこうたことは、ちかき将来、江南の政局に暗影をなげかけることとなるであろう。

北斉王朝の誕生

その間、徐陵が抑留されている東魏の政局もはげしくゆれ動いた。徐陵がはじめて東魏を訪れたころは、世はあげて高澄の方寸ひとつで動いていたのだから、いずれかれが東魏帝から王朝を禅《ゆず》られることをだれが疑いえたであろうか。かれが本拠をかまえる晋陽は、父高歓が丞相府を開いた地であり、かつまた「王者の基《もとい》」とか「重鎮」とかとよびならわされたとおり、そこには高氏の権力を支える軍団の主力が駐屯した。そして都の鄴には次弟の太原公高洋《こうよう》を尚書令・京畿大都督として配置するとともに、腹心の崔季舒《さいきじょ》を東魏朝の黄門侍郎におくりこんで、孝静帝の動静の一部始終を覇府の晋陽に報告させた。高澄が崔季舒にあたえた書状には、つぎのように記されていることさえあった。「痴人のちかごろの様子はどうか。少しはましになったか。しっかり監視をつづけてもらいたい」。そして高澄はときとしてみずから鄴にのりこんできた。一日、かれはなみなみと酒のつがれた大盃を孝静帝にさしだしつつ、「臣澄より一献まいらせまする」といった。それは君臣の礼をかいた、まったく無作法なやりかたであった。たまりかねた帝が、「古来、亡びなかった国はひとつとしてない。いまとなっては、朕は生きていたとてせんないことだ」と吐きすてるようにいうと、高澄は「朕、朕、くそくらえの朕め」と悪態をほしいままにし、崔季舒に命じて帝に三拳をくらわせたうえ、席をけって退出していった。

帝がいつも口ずさむのは、つぎの詩句であったという。「韓《かん》のくに亡びて子房《しぼう》は奮いたち、秦は帝をとなえて魯連《ろれん》は恥ず。本《もと》より自ずから江海の人なるも、忠義は君子を感ぜしむ」。宋の謝霊運《しゃれいうん》の詩句である。そしてあるときには、梁朝からの亡命者、荀済《じゅんせい》が、宮中から高澄の居館にむかって坑道を掘鑿した。決死隊をおくりこもうというのである。が、千秋門まで掘りすすんだとき、地下から伝わる異様な振動に衛士が不審をもち、計画は未発におわった。兵をひきいて上殿した高澄は、「陛下はどういうおつもりで謀叛をたくらまれるのですか。われわれ父子はいままでひたすら忠節をつくしてまいりました。陛下を裏切ったことがございましたでしょうか。これはきっと左右の妃嬪たちの所為と思われます。胡夫人ならびに李嬪を斬りすてさせていただきたく存じます」と語気するどくつめよった。帝は、「古来、臣が天子に叛いたことはあっても、天子が臣に叛いたなどとは聞いたためしがない。王こそ謀叛をたくらんでいるのではないか。どうして朕を責めたてるのか。朕はわが身さえ惜しくない。妃嬪たちを殺したいなら、とっとと殺すがよいぞ」と表情をこわばらせて答えた。さすがの高澄も気おされたのか、叩頭して無礼をわび、帝とさしむかいであびるほど痛飲したうえ、夜ふけてから退出した。その三日後、高澄は帝を含章《がんしょう》堂に幽閉すると、晋陽にひきあげていった。

　禅譲が行なわれるのは、もはや時間の問題と思われた。ところが、まったく思いもかけぬ事態が発生したのである。武定七年（五四九）、梁の年号によれば太清三年の秋八月辛卯（八日）、その日も鄴に滞在していた高澄は崔季舒のほか、散騎常侍の陳元康《ちんげんこう》、吏部尚書・侍中の楊愔《よういん》を北城の東柏堂によびあつめて、誕生まぢかい新王朝の人事を相談しあった。相談がまだ十分に熟さぬとき、「お食事を運んでまいりました」と声をかけたのは、廚房つきの膳奴、蘭《らん》京《けい》であった。高澄は「さがれ」といい、そして思いだしたように諸人にむかってこうかたった。「昨夜、わしはあいつに襲われる夢をみた。かたづけてしまわねばなるまい」。蘭京はがんらい東魏の虜囚となった梁の武将の子である。父は再三にわたってわが子の身のうけだしをこうたがゆるされず、蘭京みずから訴えにおよんだときには、したたかに鞭をくわえられたという。主人の言葉をたちぎきしていた蘭京は、あらあらしく扉を開けた。「食事はまだ申しつけてはおらぬ。なぜ無遠慮に入ってくるのだ」。そう高澄がいいおわるかおわらぬうちに、皿の下にかくされていた小刀が振りあげられ、つづいてその後から六人の賊がなだれこんだ。崔季舒と楊愔はいちはやく難を逃れたが、高澄は胡床の下に身をかくしていたところをひきずりだされ、総身に凶刃をあびた。高澄をかばおうとした陳元康も、あいてともみあううちに絶命した。

異変のしらせをうけてかけつけた太原公高洋によって、賊はただちにとりおさえられた。そして戸外に姿をあらわした高洋は、騒ぎをきいて集まってきた人たちを前に大音声でよばわった。「奴《やっこ》が叛いただけのことだ。大将軍閣下は傷をうけられたが、憂慮すべき容態ではない」。人心の動揺をくいとめるため、かれは世間にむかって兄の喪をかたく秘したのはもとより、陳元康についても、南方へ使者にたったと虚報をとばしたうえ、中書令に任ずる虚偽の辞令まで発した。そして、とるものもとりあえず晋陽へとむかった。いずれおとらぬ宿将たちがひきいる軍団に万が一兵変がおこれば、父の高歓いらい営々としてきずきあげられてきた事業のいっさいは水泡に帰すであろう。

晋陽にむかうにさきだって、高洋は甲士八千人を従え、孝静帝を昭陽殿に拝謁した。とくに選ばれた二百人の鎧武者が一様に袂をたくしあげ、刀の柄に手をかけて階《きざはし》の左右に整列するなかをすすみでた高洋は、「一家の事情で晋陽にでかけなければならなくなりました」

と言上し、ふかぶかと拝礼を行なった。そのころ、高澄の凶問はすでにどこからともなく帝の耳に達しており、「大将軍は死んだ。これは天の御心のあらわれである。政権はかならずやわが王室にとりもどされるであろう」と左右のものにもらしてもいたというが、しかし高洋の凛々しい姿を目のあたりにした帝は、退出してゆくその背にじっと視線をそそぎつつ、つぶやいた。「このおとこはとても朕をみのがしてくれそうにはない。死が朕の身におとずれるのは遠いことではなかろう」。

晋陽に到着した高洋はさっそく文武の臣を召集したが、かれの威風はあたりをはらい、なみいる面々を前にしての演説もまことに堂々としていた。それまでいくらかあいてをみくびっていた旧臣宿将たちのあいだから、思わず驚嘆の声がもれた。兄高澄の在世中、高洋は一度たりとも兄の命令にさからったことはなく、つとめて目だたぬ存在でありつづけたため、ひとには馬鹿なのか利口なのか見当がつかなかったのである。妻のためにとわざわざ注文してつくらせた調度品を兄がめしあげたときには、ふくれっ面をしている若妻をかえりみて、かれはたしなめたものである。「こんなものはまだいくらでも手に入る。兄上が所望されるものを、そうけちけちするな」。一日の執務をおえて私邸にもどると、高洋は閉めきった書斎に一人ぽつねんと静坐したまま、妻子ともまるで口をきかないことがよくあったという。そうかと思うと、とつぜん肌ぬぎになって庭にかけだし、まるで小犬のように転げまわるのだった。それは鬱屈されたなにものかを発散させずにはすまされない若者の姿だった。

やがて斉王の位にすすんだ高洋は、腹心の臣のたってのすすめによって、ついに孝静帝に禅譲をせまった。武定八年（五五〇）の五月丙辰（八日）、それは偶然にも梁の武帝の一周忌にあたっているが、その日、昭陽殿に出御した孝静帝は、斉王に位を禅《ゆず》るべき旨をつげられた。帝は「では禅譲の詔を用意せねばならぬ」と、もの静かにいった。かたわらの中書郎の崔劼《さいきつ》、それにかの裴讓之が「もうできあがっております」とこたえた。魏収の起草にかかる詔文が侍中の楊愔を介して手わたされ、帝はただそれに自筆の署名を書きくわえるだけでよかった。

帝は御座を下り、東廊へと歩を運びつつ、『後漢書《ごかんじょ》』献帝紀の賛を朗詠した。「献のみかどは生きては辰《とき》にあわず、身は播《さま》よい国は屯《ふさ》がりぬ。我が四百のとせを終え、永《とわ》に虞《ぐ》の賓《ひん》とはならん」。前後漢あわせて四百年、そのさいごの天子となった献帝は、魏の文帝曹丕《そうひ》に王朝を禅りわたすと、堯の子の丹朱が父の位をつがず、虞すなわち舜の賓客となったように、魏から山陽公に封ぜられたというのがその意味である。帝はゆるしをこうたうえ、後宮の妃嬪たちにさいごの別れを告げ、なかの一人、李嬪が「王よ其れ玉体を愛《いつく》しみたまえ、倶《とも》に黄髪《とわ》なる期《とき》を享《う》けん」と曹植《そうしょく》の詩をうたうなかを、北城に用意された侘びのすみかへと馬車をすすませた。その二日後の戊午（十日）、二十二歳の高洋は新王朝の天子の位に即き、天保と改元された。すなわち北斉の文宣帝である。

一家の悲運

『北斉書《ほくせいじょ》』文宣帝紀天保元年（五五〇）十一月の条に、「甲寅（八日）、梁の湘東王蕭繹、使いを遣わして朝貢す」と記されてあるのは、徐陵たちの鄴訪問からかぞえるとまる二年ぶり、そして新王朝としてははじめてむかえる江南の使臣であった。

侯景の乱による江南の惨状について、徐陵は華北に難を避けてきた人たちの口から、あるいは風の便りに、これまでにもいろいろと聞かされていたことだろう。北土における徐陵は梁朝史の執筆を思いたったというが（『史通』覈才篇）、それはすくなくともかれの意識内部において、かがやかしい梁朝がすでに過去の存在に変っていたからではないか。ところで、いまあらたに聞かされた生々しい体験にもとづく使臣の報告は、まったくこの世のものとは思われぬほど悽惨をきわめ、かれをしていっそう暗澹たるおもいにつきおとした。

――又た聞くに、本朝の王公、都人士女は、風のごとく行《さ》り雨のごとく散じ、東に播《さまよ》い西に流る。京邑《みやこ》は丘墟となり、葌蓬《にがよもぎ》は蕭瑟《ひえびえ》としたり。偃師《えんし》より還《ふりか》えり望《み》れば咸《ことごと》く草萊《あれち》となり、覇陵《はりょう》より首《こうべ》を回《めぐら》せば倶《とも》に霜露に霑《しめ》る。

――天倫《きょうだい》の愛は何ぞ懐《こころ》に忘るるを得んや。妻子《つま》への情《おもい》は誰《よ》か能く累《わずら》わされることなからんや。夫《そ》れ清河公主の貴きも、余姚《よよう》書佐の家なるも、高《たっ》きと卑《いや》しきとを限ること莫《な》く、皆な駆略せらる。東南の醜虜の飢民を掠《かす》め販《う》りてより、台署の郎官は倶《とも》に牆壁のあいだに餧《う》ゆ。況《いわ》んや吾は生離死別せしより多く寒《ふゆ》と暄《なつ》を歴《かさ》ね、孀室《ひとりづま》と嬰児《みどりご》は何ぞ言《ひと》えに念《した》わしきや。

清河公主は、西晋末、胡族によって洛陽が襲撃された乱離のさいに、呉興の張温《ちょうおん》に売りとばされた皇女。余姚書佐は、後漢の余姚県のひと、黄昌《こうしょう》のこと。揚州の書記官であったとき、妻は里帰りしていたところを盗賊にさらわれ、流れ流れて蜀にたどりつき、あらたな夫をえた。のち蜀郡太守に栄転した黄昌は、訴訟事件のため出頭した一人の女性が土地のものでない様子に不審をいだいた。たちいってわけをたずねてみると、それがもとの妻であったという。「楊《よう》僕射に与うる書」で徐陵が用いたこれらの故事は、まことに適切であった。侯景の乱を生きた人たちはだれしも数奇な運命の波にはげしく翻弄されたからである。乱はあたかも青天の霹靂のごとくに勃発し、しかもそれまでの半世紀がめくるめくような泰平の世であっただけに、ひとはだれしも末世澆季の到来と感じたことであろう。不幸はまことに公平に徐陵一家をもおそった。

ひさしく家信を接到することのなかった徐陵は、「疎《そ》食《し》布《ふ》衣《い》して憂恤《ゆうきょく》に居るがごとく」であったという。父母の安否を気づかって、服喪中とおなじ生活をおくったというのである。「宗室に与うる書」にも、「形は槁木の如《ごと》く、心は死灰の若く、苫廬《せんろ》に匍匐《ほふく》して才《わず》かに魂気あるのみ」と記している。また「梁の太尉王僧弁《おうそうべん》に与うる書」にも、「苫廬に頓伏して徒《いたず》らに光《と》晷《き》を延ばす」と記している。父母の喪に服するにあたっては、木を倚せてつくった粗末な「倚廬《いろ》」に起居し、苫《とま》に寝ね、土塊を枕とせよ、というのが礼のさだめであるが、はたして父の徐摛は、徐陵の悪い予感どおり、かれの北土拘留中に鬼籍に入っていた。侯景によって簡文帝が永福省に幽閉され、朝謁がかなわなくなったとき、父は気疾に感じて七十八歳の生涯を閉じたのである。いうまでもなく簡文帝は、その東宮時代、徐陵たち父子のパトロンであった人であり、父は主君への忠節に一生をおえたのであった。その死にさきだって、太清三年三月、台城がいよいよ陥落したときにも、またつぎのようなことがあったという。侯景は梁武に参内のおり、中書省の皇太子のところへも拝謁にやってきたが、後ろに従う羌胡の兵士たちは、朝儀のなんたるかをわきまえず、目にあまるふるまいがめだった。侍衛の臣はおそれをなして奔散してしまったなかで、ひとり太子左衛率の徐摛だけは、東宮通事舎人の殷不害《いんふがい》とともに不動の姿勢で侍立し、「侯公、礼式どおりに拝謁せよ。不調法なまねはただちにやめよ」、と一喝した。

徐陵の異母弟の徐　孝克《じょうこうこく》にいたっては、いっそう悲劇中の人物である。

――時に江南は大飢し、江揚（長江下流域）は弥《いよい》よ甚し。旱《ひでり》と蝗《いなご》は相い係《つ》ぎ、年穀は登《みの》らず、百姓は流亡し、死者は地に塗《まみ》れ、父子は手を携えて共に江湖に入る。或いは弟兄相い邀《むか》えて倶《とも》に山岳に縁《よ》り、芰実《ひし》と荇花《まこも》は所在皆《み》な罄《つ》き、艸根と木葉はこれが為に凋残す。命を須臾《たまゆら》に仮《か》ると雖も、亦《ま》た終《つい》には山沢に死す。其の粒《こめ》を絶つこと久しき者は鳥のごとき面《かお》し鵠《つる》のごとき形《からだ》し、牀帷《ベッド》に俯伏す。戸牖を出でざる者は、羅綺《うすもの》を衣《き》、金玉を懐きて交《こもご》も相い枕藉《ちんしゃ》し、命を待ち終りを聴《ま》たざるは莫《な》し。是《ここ》において千里烟《けむり》絶え、人跡は見ること罕《すくな》く、白骨は聚《やま》を成して丘隴の如し。（『南史』侯景伝）

江南を襲ったこのような慢性的飢餓状態のなかで、出仕したばかりの徐孝克には、母の陳《ちん》氏に日ごと一碗の薄粥を供することさえ容易なわざではなかった。思いあまったすえ、かれは新妻の臧《ぞう》氏を侯景の将軍として今をときめく一人の田舎侍に無理やり再嫁させた。かくして手にいれることのできたいくばくかの穀帛はすべて母に捧げたうえ、みずからは頭をまるめて法整《ほうせい》と名のり、乞食行によって露命をつないだ。臧氏は新しい夫の目をぬすんでときおり食糧をおくってよこしたが、やがて新しい夫が戦死すると、路頭でゆきあったもとの夫をつかまえてこういった。「むかしのことは、不義のためああなったのではありません。いまやっと自由の身となることができました。母上さまに孝養をつくさせていただきたく思います」。孝克はあいての顔をじっとみつめるだけでかえす言葉もなく、還俗のうえふたたび夫婦の契りをかわした。

徐陵の長子の徐倹《じょけん》は、元服をすませたばかりのときに侯景の乱に遭遇し、一家の老若をひきつれて湘東王蕭繹の本拠である江陵へ難を避けた。それは倹の母、つまり徐陵の老妻、および倹の弟の份《ふん》、儀《ぎ》、僔《そん》たち、いわゆる「孀《ひとりづま》室と嬰《みどりご》児」たちであったろう。湘東王の使臣の口から、徐陵は一家をみまったこれらの悲運をつぶさに聞かされたにちがいない。かれはいちずに南帰の情をかきたてられ、江南へ送りかえしてほしいと再三にわたって北斉朝に訴えた。だがもどってくるのは、いつも冷たい回答であった。たまりかねたすえ楊愔に宛てた書簡、それがさきに一部を引いたところの「楊僕射に与うる書」である。文中に「吾は今年四十有四なり」とのべられているところから、湘東王の使臣が鄴に到着した天保元年の執筆であることが確認できる。

楊僕射に与うる書

徐陵はなかば虜囚の身とはいえ、完全に自由を奪われていたわけではない。北斉の文人たちとの詩酒の交わりはある程度ゆるされていたもののようである。その間の消息を伝えるものとして「李顒《りぎょうし》之に答うる書」がある。李顒之が何人であるのかは詳らかにしえないが、『広弘明《こうぐみょう》集』が収める「大乗賦」の作者、魏の李顒とおそらく同一人であろう。さて「李顒之に答うる書」で徐陵はつぎのようにのべている。

——わたしは名士諸卿から称揚されたり、またあなたがたとおつきあいできるほどのものではありません。いただいたお便りはほめすぎです。きっと冗談でああいっておられるのでしょう。わたしの文章は艶冶なだけで質実さにとぼしく、漢の司馬相如《しばそうじょ》の「上林賦」などには及びもつきません。華は咲けども実のならない桂樹のたぐいです。とはいえ、年齢のちがいを忘れた交わりを結んだものとして張纘《ちょうさん》と裴子野《はいしや》がおりましたし、鄰国の友として斉の晏嬰《あんえい》と呉の季札《きさつ》の先例がないわけではありません。『荘子』に登場する醜男の哀駘它《あいたいた》、それに障害者の甕盎大癭《おうおうたいえい》、それらにもたぐえうるわたしに関心を示してくだされ、疑いの目をむけられることがないのであれば、ちかぢかそちらをお訪ねしたうえ、膝をまじえて談笑の一時をもちたいものと思っております。

これは「山西の盛族にして素《か》ねて風流に挺《ぬき》んで、河北の辞林の本《もと》より嗟賞する所」といわれる李顒之の招待にこたえたものと解される。そして楊愔もまたおそらく徐陵が北土でえた文友の一人であったろう。そしてなにより、かれは北斉朝の要路者であった。

楊愔、字は遵彦《じゅんげん》、は弘農華陰の名族である。かれが東魏から北斉への禅譲革命のさいに重だったはたらきを演じたことはすでにふれたが、それまでの四十年ちかい半生はまことに波瀾にとむものであった。わかくして流賊葛栄《かつえい》の捕えるところとなり、女《むすめ》を配偶者におしつけられ、さらに書記として仕えるよう強要されたときには、ひそかに飲み下した数合の牛血をどろどろと吐きだしたうえ、口がきけぬふりをよそおいつづけ、ついに節義をつらぬき通した。高歓が登場すると、いちはやくその幕下に投じ、覇朝の「文檄教令」はすべてかれと崔悛《さいりょう》の手になったという。が、やがて身におぼえのない譖言をうけるや、入水して果てたと世間の目をごまかし、いったんは嵩山に隠れ、さらにそこから東方海上の田横島《でんこうとう》に逃れて講誦の生活にあけくれた。そこは漢の高祖劉邦《りゅうほう》に抵抗した田横が徒属五百人とともにたてこもったところと伝えられる。そのうち楊愔の疑いははれ、かれがまだ存命であることを知った高歓から、ふたたび礼を厚くして迎えられた。そして「楊僕射に与うる書」が執筆された天保元年当時、かれは吏部尚書の重任にあった。ただかれが尚書僕射にすすむのは二年後のことであり、したがって書簡の表題に楊僕射とあるのは後人の追記とすべきだが、しかしかれが政府部内においてすでに大きな発言権を有する北斉朝の要路者であったことにかわりはない。しかも苦労人の楊愔のことなら、せっぱつまった心情をきっとやさしく理解してくれもするであろう。このようなくさぐさの期待をこめて、徐陵は書簡を書きおくったのである。

さて「楊僕射に与うる書」には、北斉王朝からこれまでに示され、また今後示されるであろうと予想される江南送還拒否の理由が八項目にまとめられている。そしてそのひとつひとつに徐陵の見解が付されている。

一、江南の混乱は荊州刺史・湘東王蕭繹によって収束にむかいつつあり、かれを推戴する気運は日ましに熟しつつある。ところが「答旨」に、つまり徐陵たちの陳情にたいする北斉朝の回答に、「何《いず》くにか身を投ずる所ぞ」と記されているのは、納得できない。

二、晋熙《しんき》等の諸郡はすべて北斉領となり、そこからわが尋陽までの距離はいくばくもない。

しかも最近、鄱陽王蕭範《しょうはん》ならびに邵陵王蕭綸は個別に貴国と使者を通じ、往来は頻繁である。

説明をくわえれば事実はこうである。合州刺史として合肥《がっぴ》に鎮していた鄱陽王は、侯景が台城を攻陥すると東関に奔り、二子を人質にさしだしたうえ東魏に援軍をこうたことがある。

また武昌の邵陵王が湘東王に駆逐されたことはすでにふれたが、その後かれは斉昌にとどまってやはり東魏の援助をもとめた。ところで、「答旨に、還路は従《よ》るべきなし」というのはなぜか。

三、晋熙、廬江、義陽、安陸の諸郡はあらたに北斉に帰順し、その間の道中は静晏である。国境をこえればあるいは危険が身にふりかかるかもしれない。だがわれわれは交易のため当地を訪れたものではないし、そのうえ「由来の宴錫、凡厥《あらゆ》る嚢装は、行役淹留なるによって皆な已に虚罄《きょけい》し」、つまり公宴でいただいた引出物、あるいは江南からたずさえてきた滞在費は、滞在が長期にわたったためすっかり使いはたしてしまっている。だから匪賊に襲撃されるおそれはない。また厳重な警固も道中のおおげさな接待も無用である。しかるに、ひきつづき拘留をつづけたとてさしたる面倒はないとか、帰還させればかえって国庫に負担がかかるとか、急のことにはならぬとか、「資装《したく》」が大変だとかいわれるのは、問題の核心をそらした遁辞というべきである。

四、建康の侯景のもとへ送還するのはやめてほしい。侯景は逆賊であるうえ、侯景の挙兵はそもそもわれわれが当地を訪れたことに原因があるのだから、生命の安全はおぼつかない。しかも、建康は廃墟と化したときいている。

五、貴国の機密をもらす疑いがわれわれにかけられているのであろうか。それならば、かつて貴国の河南道大行台であった侯景こそ、「山川の形勝、軍国の彝章」を知悉しているはずである。そのうえ、朝臣すらめったにあずかり知ることのできない「宮闈の秘事」を、羇旅の身のわれわれが知りうるはずがない。ただ貴国の「礼楽の沿革、刑政の寛猛」は、すでに万人周知のところである。

六、彭城の寒山で捕えられた蕭淵明はじめ梁の将軍たちは、縄目を解かれ、斬首を免れた。またわれわれも礼にかなった歓待をかたじけなくしてきた。しかるにいまとなって、なぜかかる貶責をこうむるのであろうか。

七、乱離の江南に送還するにはしのびがたいといってくださる厚徳、洪恩は、海よりも深く、山よりも重い。だがいかに丁重なあつかいを賜わっても、故国にまさってなつかしいところがあるだろうか。「養護を蒙《こう》むると雖も更《かえ》って天年を夭《くじ》く」というものである。

八、逆賊殲滅のうえ盛大に送りかえしてやろうと思し召されているとしても、いったいいつのことであろうか。謝常侍、すなわち正使の謝挺は齢すでに五十一、わたしは四十四、命は旦夕にせまっている。

「楊僕射に与うる書」はおよそ以上のごときをそのあらましの内容とするが、擱筆するにあたって、徐陵は切々たる望郷の情をかさねて書きつづっている。「歳月は流るる如く、平生は何幾《いくばく》ぞ。晨《あした》に旅雁を看《み》て心は江淮に赴き、昏《くれ》に牽牛を望んで情は揚越に馳《は》す。朝には千々に悲しんで泣《なみだ》を掩《おお》い、夜には万《よろ》ずに緒《むすぼ》おれて腸《はらわた》を回《ねじ》らす。自ら其の生きたるかを知らず、自ら其の死したるかを知らざるなり。……何ぞ必ずしも吾等をして必ず斉の都に死しめんことを期するや」。

しかし、祈りにもにた徐陵のねがいは無残にもうちくだかれた。思わしい返事はなにひとつとしてもたらされなかった。このような心痛にくわえて、そのころ徐陵の健康状態もはなはだすぐれなかった。

これまでにも引いた「宗室に与うる書」は、徐陵一族とはことなって華北に本拠をかまえながら、しかもひとしく徐姓を名のる人たちに与えられた書簡である。徐陵は、この書簡を認める気持ちがつぎのようなものであると告白している。「山に迷える客《たびびと》は遙《とお》くの響《おと》を巌崖に遅《ま》ち、海を窮《さまよ》える賓《たびびと》は孤《おぼろ》なる煙を島嶼に望む」。宗族の分解が急速度に進行した江南とはことなり、華北では同姓の人たちにたいしても同族にたいするのと同様の扶助を行なう社会慣行がおそくまで存在したといわれるが、徐陵はその点に一縷ののぞみを託したのであろう。かれはそれまでにも何度か書簡をおくっていたらしい。が、これまたいつもなしのつぶてであったらしい。「宗《ちすじ》は魯と衛のちかきに均しく、地は燕と呉のとおきには匪《あら》ず。車騎は相い望み、舟艪は朝夕にしていたり、三条のみちは遠からず、五達のみちは難《かた》きに非《あら》ざるに、信《つかい》は乃ち闊然として遂に問《ふみ》を蒙《う》けざりき」。このたびもはたしてどうか。「労《くる》しき懐《おも》いは既に積もりたれば輒《みだ》りに行人《つかいびと》を命《つかわ》せり。弦望《ひとつき》の間に帰翰《たより》を枉《お》られんことを遅《ま》つ。儻《ある》いは二、三の兄弟、能《よ》く昭穆《しょうぼく》の詩に敦《あつ》ければ、我を漳の浜《ほとり》に求《たず》ねて幸《ねが》わくは劉楨の疾《やまい》を問われよ」。「昭穆」とは同族のこと。「漳の浜」および「劉楨の疾」は一〇一ページに既出。

これはもはや使臣としての矜持もくそもかなぐりすてた、なりふりかまわぬ哀願調の文面である。かつては人も羨む時代の寵児として軽艶の詩風をほしいままにした徐陵であったが、なぜかこのころの詩賦は一篇として伝わらない。かならずしもかれがうたわぬ詩人になったというのではない。なにか偶然的な事情で失われたと考えるべきであろう。しかし、そのこととは別に、北土において執筆された数通の書簡が惻々として人の心をうつ沈痛哀切のひびきにみちることを、だれしも否定できないであろう。

梁の元帝政権始末

江陵からの第一回の使臣が到着して以来、北斉朝と湘東王蕭繹との関係は日ごとに緊密の度をくわえた。北斉の天保三年（五五二）、湘東王の用いた年号では太清六年の三月、北斉朝は湘東王を梁主として正式に承認している。太清六年、それは湘東王にとってまことに記念すべき年であった。侯景の勢力を長江下流域から一掃することに成功した年であったからである。だが、徐陵の境遇にはなんの変化もおこらず、かれの心もあいかわらず晴れることはなかった。

太清六年六月五日の日付をともなう徐陵の「梁の太尉王僧弁に与うる書」は、その三月前に湘東王から侯景征討軍の大都督に任ぜられ、侯景駆逐後は瓦礫のまちと化した建康の軍民両政の権を委ねられることとなった王僧弁将軍に宛てたものであるが、「天涯」の「空館」にとどめられたかれの思いは、故国の荒廃とそこにのこしてきた家族のうえを依然としてかけめぐっている。

——忝《かたじけな》くも嘉聘《つかいびと》に膺《あ》てられてより、仍《しき》りに乱離に属し、上下の年尊《よわいたか》きものは偏《ひと》えに此の酷《むご》きに嬰《かか》る。…逆寇は崩騰し、京師のたみは播越《さまよ》いゆき、ちちははの興居動止は長く山河に隔てられ、温清《おんせい》と饘䬶《せんい》は誰か心眼を経《へ》んや。程《てい》（曽《そう》）の粥《かゆ》は継がず、原《げん》（憲《けん》）の粟《ぞく》は何《いず》くにか資《と》らん。風雲を瞻望《のぞみ》ては、朝夕に嗚咽す。固《もと》より乃ち遊魂《たましい》は已にわがみより謝《さ》り、復《もは》や全く生きたるには非《あら》ず。余《のこ》んの息《いき》は空しく留まって、全く死したりとなすに非《あら》ざるのみ。氷にすめる魚のいき絶えざるに同じく、つちに蟄《ひそ》める虫の猶《な》お蘇《いきづ》くに似たり。良《まこと》に哀《かな》しむべきなり。良に哀しむべきなり。

　父ぎみ母ぎみが冬は「温《あたた》」かく夏は「凊《すずし》」くすごせるよう支度をととのえ、また「饘」おかゆ、「䬶」おもゆ、それらを供するのが子としてのあるいは婦《よめ》としてのつとめであると『礼記《らいき》』は記しているけれども、いまや山河はるかへだてられて、孝養をつくしたくとものぞみはかなわない。さて、秦の使者として魏を訪れた王稽《おうけい》は賢才のほまれたかい范雎《はんしょ》をともない帰ったという。あるいはまた楚の声子《せいし》は晋におもむく道中、さきに罪を避けて鄭に逃れていた旧友の椒挙《しょうきょ》が、さらにそこから晋に亡命しようとするのにゆきかい、荊《いばら》をかきわけて坐し、食事をともにしながら、故国にもどるよう説得したという。だがわたしといえば、鄴を訪れた湘東王の聘使がひきあげてゆくとき、「別れの馬のこえを聴きて長号し、帰りゆくくるまの旍《はた》に杖《すが》りて永慟する」ばかりである。亡命先から故国によびもどされた斉の管仲《かんちゅう》、晋の随会《ずいかい》、および魏の管寧《かんねい》、王朗《おうろう》たち、かれらはすべて「物の誉《ほま》れ時の賢、卿門公族」であって、庸賤のわたしに比擬すべくもないけれども、しかしひるがえって考えてみれば、そもそもわたしは亡命者としてこの地にとどまっているのではない。栄えある聘使としてきたったのではなかったか。このような慨きの言葉をながながと書きつらねたあと、書簡はつぎのような文句で結ばれている。

——今日、憔惶は弥《いよい》よ布《し》き、洪《おお》いなる沢は復《めぐみ》すと雖も、孤骸は返らずして方《まさ》に漠北の塵となならんとす。営魄《えいはく》、帰ることを知らば終《つい》に江南の草を結ばん。孤子徐陵頓首。

「営魄」は魂魄のこと。また『左伝』に典拠をもつ「結草」の語は、死者の魂が冥々のうちに恩に報いることをいうのだが、いったい鬼となって王僧弁のいかなる恩に報いようというのであろうか。王僧弁がよく侯景を征討しえたことを、一人の江南の民として恩と感じ、慶賀しうるほど、そのころの徐陵がたかくひらけた境地にたちえていたとはとうてい思えない。「孤骸は返らずして方《まさ》に漠北の塵とならんとす」、そうかれが記しているのは、達観ではなくして、かくあらまほしくないことがらの仮定であり、惻々と訴えられる窮状は、王僧弁に憐愍の念をもよおさせ、そしてあわよくば江南帰還をとりはからってくれんことをねがってのことである。一日もはやく生身のまま江南へ帰りたい。そうかれは哀訴しているのである。とするならば、結びの文句は支離滅裂、自己撞着いがいのなにものでもない。

ところで、北斉朝と梁の湘東王との関係は、侯景が平定されると以前にもましていっそう緊密となり、両地の間を使臣が足しげく往来した。遠くへだたった両勢力が、かくも強く結びついたのはなぜであったか。さきにもふれたとおり、漢水に沿う襄陽に拠った岳陽王は、おじの湘東王にあたるべく、西魏に援軍をこうた。そのとき以来、あいての足もとをみすかした西魏は、思いのままに岳陽王を操縦することとなった。かくして湘東王は、すぐ北方において境を接する岳陽王との関係、といわんよりはむしろその背後にある西魏との関係についてふかく憂慮せざるをえなくなったのである。そのため、かれは北斉と握手することが得策であると判断するにいたったのである。

そして北斉としても、湘東王に接近すべき十分な理由があった。そもそも一つの北魏が東西に分裂して生まれたのが東魏と西魏であり、東魏が発展的解消をとげて成立した北斉は、華北の覇権をめぐって西魏とのあいだにはげしくしのぎをけずったが、もし西魏の勢力が江南に発展すれば、それはそのまま華北における両国の力関係に反映されることとなり、北斉として黙視できるところではなかった。湘東王にてこいれして西魏の南進をくいとめねばならない。北斉朝と湘東王がたがいに接近しあった背景には、かかる事情が存在したのであった。

江南を制覇した湘東王には、即位をすすめる勧進表が四方からあいついで奉呈されたが、そのひとつとして、『梁書《りょうじょ》』元帝紀に太宝三年（五五二）、というのはすなわち太清六年であるが、その八月、「兼通直散騎常侍・聘魏使徐陵、鄴より表を奉じて曰わく」と記されているのは、かかる国際関係を考慮するとき、まことに興味ぶかいものがある。なるほど徐陵は、聘使にあてられる直前まで湘東王の幕府に仕えてはいたけれども、この勧進表は徐陵の個人的意志というより、北斉朝の意志を代弁したものであったと認められる。その一節に、「去月二十日、兼散騎常侍柳暉《りゅうき》等、鄴に至る」とあるのは、湘東王が位に即くべきかどうかを北斉朝に意向打診するためにつかわした使臣であったろう。そして北斉朝は、かれの即位の承認を徐陵の勧進表という形式にかりて伝えたのであろう。そしてそこに「何ぞ必ずしも西のかた虎踞を瞻《み》て乃ち王宮を建て、南のかた牛頭を望みて方《まさ》に天闕と称さんや」と記されてあるのは、とりわけ注意すべきだと思う。諸葛孔明《しょかつこうめい》は建康城西方の要害である石頭城を「石頭は虎踞す」と評したという。また王導《おうどう》は建康南方にうずくまる牛頭山、一名牛首山を指さして「此れは天闕なり」と評したという。つまり勧進表はなにも建康だけが都ときまったわけではない、そのまま江陵に都を置けばよろしいというわけだが、それこそ北斉朝のあからさまなエゴイズムのあらわれであった。いうまでもなく、湘東王をして漢水ぞいに南進する西魏の勢力を江陵において阻止させんとしたのである。

徐陵の勧進表がとどけられてから三月後、十一月丙子（十二日）に、湘東王は北斉朝の希望どおり江陵において即位した。すなわち梁の元帝である。かれは侯景によって位に即けられていた簡文帝を偽政権としてしりぞけ、したがって太宝の年号をも用いず、父武帝の死後にわたってなお太清の年号を用いつづけていたのを、いまやあらたに承聖と改元した。聖天子武帝を継承するとの意である。

だが元帝政権は予想されたとおり、成立のさいしょからはなはだ心もとない存在であった。北方の襄陽には西魏の橋頭堡ともいうべき甥の岳陽王蕭詧があり、西方の蜀には弟の武陵王蕭紀が帝号を僭称して自立し、南方の嶺南には疎族の蕭勃《しょうぼつ》が割拠した。したがって徐陵の勧進表に、湘東王の威令のおよぶ範囲を、「東は玄菟に漸《いた》り、西は白狼を踰《こ》え、高柳の風を生ぜると、扶桑の日を銜《ふく》めると、名を属国に編じ、貢《みつぎもの》を鴻臚に帰し、荒服《ちのはて》より来賓し、遐《とお》きと邇《ちか》きと同《とも》に慶せざるはなし」とおおげさに記しているのはまったく滑稽というほかはない。

はやくも承聖二年（五五三）四月には、武陵王の率いる水軍が江陵をめざして長江を下った。それを硤口《こうこう》に破ることはできたけれども、真空状態となった蜀はたちまちにして西魏の占領するところとなった。かくて北方と西方を西魏に扼せられた元帝は、北斉朝とたえず緊密な連絡をたもちつつ、西魏にたいして表面はつとめて親善をよそおったが、承聖三年（五五四）をむかえるや、国境の画定をめぐって事態はにわかに紛糾した。元帝は使者を長安にやり、「旧図に拠って」境界を定めたいと要求した。およそ襄陽までの領土の返還をもとめたのであろう。しかるに西魏の実権者、宇文泰は、あらぬことか、あいての言辞が悖慢であると烈火のごとく怒った。「天の廃する所、誰か能《よ》くこれを興さんとの古人の言葉は、まこと蕭繹めのことをいったのじゃ」。さっそく、行台僕射・荊州刺史長孫倹《ちょうそんけん》が任地の穣城からよびつけられ、江南経略についての意見をもとめられた。長孫倹はいった。

「江陵は長江の北岸に位置し、ここからさしたる路程ではありませぬ。湘東王は即位以来すでに足かけ三年になりますが、その形勢を観察いたしますところ、建康へ遷都する気配はいっこうにみうけられず、骨肉の相剋にあけくれて、その悽惨さに民はすっかり厭気がさしております。わが荊州の武器糧秣は久しきにわたって備蓄につとめてまいりました。たとい大軍を征討にさしむけようと、補給がつきる心配はありませぬ。かつ弱きあいてを討ちとり、混乱につけこんで攻めこむのは戦《いくさ》の常道と申します。わが国はすでに蜀の地を領有いたしました。いまあらたに江漢方面を平らげたうえ統治をしき、その地方からの税収を軍と政府に供するならば、天下統一もわけないことのように思われます」

江陵城が五万にのぼる西魏軍の攻撃をうけたのは、それからまもない冬十一月のことであった。元帝は敗死し、やがて岳陽王蕭詧が西魏によって梁主に立てられ、襄陽から江陵に入城した。

江南への帰還

梁の元帝政権の壊滅とそれにかわる後梁王朝の成立は、北斉外交の敗北にほかならなかった。急をきいて救援にむかった北斉の西南道大行台・清河王高岳《こうがく》が、義陽において江陵陥落の報に接しながら、なおも南への進軍をつづけて郢州地方を扼したのは、西魏の勢力が江陵からさらに東方へ伸びるのを防がんがためであった。そして北斉は、江南に足場を獲得した西魏に対抗するべく、傀儡政権の樹立を企図するにいたった。白羽の矢をたてられたのは蕭淵明であった。彭城の戦いで東魏に虜《とら》えられ、本来ならば徐陵たちと江南帰還がゆるされるはずのところをそのままずるずると八年におよぶ虜囚の生活を送っていた蕭淵明を、建康へおくりこむこととしたのである。梁武の兄、長沙王蕭懿《しょうい》の子である蕭淵明なら、その毛並のよさは梁武の孫の蕭詧にまさるともおとらないであろう。

そして蕭淵明の随員の一人に、ほかならぬ徐陵がくわえられることが決定された。永年の宿願であった江南帰還が思いがけないかたちでかなえられることとなったのだが、そのとき徐陵の齢はすでに四十九、額にはふかく皺がきざみこまれ、鬚髪には白いものが多くかぞえられた。しかし六年間の拘留生活で帰還をゆるされたことは、まだしも幸運であった。南帰のよろこびを分ちあえぬ人たちが少なからず存在したのである。たとえば尹義尚《いんぎしょう》とよばれる人物であり、がんらい徐陵たち梁朝使臣の一人として鄴を訪れたのであったが、ひきつづき北土滞在を強いられた。徐陵としてもこのようなかたちで南帰がかなえられたことに、運命の不思議をふかく感ぜざるをえなかったであろう。

蕭淵明の一行が鄴を出発したのは、江陵陥落の年があけてまもない五五五年正月辛丑（二十日）のことであった。一行には北斉の都官尚書・兼侍中裴英起《はいえいき》がくわわり、まわりを文宣帝の弟、上党王高渙《こうかん》の率いる兵馬が護衛した。そのころ、かれらがめざす建康およびその周辺の長江下流域を支配する実力者は、一人は建康に鎮する王僧弁であり、さらに一人は王僧弁とならんで侯景征討に大勲をたて、いまは京口に鎮するところの陳覇先《ちんはせん》であったが、かれら二人は北斉の機先を制すべく、協議のうえ元帝の第九子、晋安王蕭方智《しょうほうち》を尋陽から建康にむかえたため、北斉朝のもくろみがはたして達せられるものかどうか、さきゆきはかならずしも楽観的ではなかった。

一行の出発にさきだち、文宣帝がとくに殿中尚書邢子才に託して王僧弁につかわした書状には、蕭方智を評して、「年は甫《はじ》めて十余、極めて沖藐《いとけなき》なり。梁の釁《わざわい》は未だ已《や》まざれば負荷すること諒《まこと》に難し」とのべられ、またしらじらしくもつぎのようにのべられている。「朕は天下を以て家となし、大道もて物《たみ》を済《すく》う。梁国の淪滅するを以て旧好を懐《おも》うこと有り。亡びたるを存し墜《お》ちたるを拯《すく》うは義として今《こ》の辰《ひ》に在り。危うきを扶《たす》け事を嗣がしむるは伊《わ》が徳を長《の》ばすためには非《あら》ず。彼《か》の貞陽侯（蕭淵明）は梁武の猶子《おいぎみ》、長沙（王）の胤《みこ》、年《よわい》を以てし望《ほまれ》を以てしてはるかに金陵（建康）を保つに堪う。故に置きて梁主となし、彼の国に納れんとするなり」。それゆえ汝、王僧弁は、舟艦をととのえて蕭淵明一行を出迎えにまいれ。そのうえであいともに「西羌」、すなわち西魏の侵寇にあたろうではないか、云々。

そして南帰行をつづける一行も、到着したさきざきから王僧弁と陳覇先あいてに、説得と脅迫をおりまぜた折衝をくりかえした。そのための書状を蕭淵明の名のもとに執筆したのが、いな、より正しくいえば執筆を命ぜられたのが、ほかならぬ徐陵であったのである。書状には蕭淵明の署名をそなえはするけれども、そこに記されていることがらがすべて北斉朝の意にでることはいうまでもなかった。北斉は一貫して「大国」と称されている。覇者を盟主にいただいた春秋時代の弱小国は、みずからを「小国」と卑下し、盟主国を「大国」とあがめたという。「大国」北斉によって思いどおりに操られる蕭淵明、そのまた代役をおおせつかるという、まことに奇妙な役目を演じたのが徐陵であった。

二月乙卯（四日）、王僧弁にたいして再度出迎えをもとめる書状がおくられたが、王僧弁はそれを拒絶したうえ、「明公（蕭淵明）儻《ある》いは能《よ》く入朝せば同《とも》に王室（蕭方智）を奨《たす》けまいらせよ」と回答してきた。蕭淵明の建康入城を阻止する姿勢がありありとうかがわれた。一行は同月甲戌（二十三日）には譙郡に進み、さらに寿春に進んで一時そこに逗留した。寿春から王僧弁にあたえられた書状にはつぎのようにいっている。「今や武皇（梁武）の子は復《もは》や一人として無く、藐《いと》けなき是の孤孫（蕭詧）は還《かえ》って三叛に同じ」。周の武王の死後、幼少の成王を輔佐した周公を、簒奪の野心ありと流言飛語した弟の管叔《かんしゅく》と蔡叔《さいしゅく》が、殷の紂《ちゅう》王の子、武《ぶ》庚《こう》とともに乱をおこしたのを三叛とよび、西魏にくみした蕭詧をそれになぞらえたのである。そして一行は南下をつづける道中で、しだいにその数をましていったらしい。おなじくその書状に、湛海珍《たんかいちん》たちが「咸《み》な戎行に預《あず》かり、共に郷国を指《めざ》す」とのべられているからである。湛海珍はもと梁の東徐州刺史であったが、太清三年（五四九）、州をあげて東魏に投降した将軍であり、かれには依然として若干の士卒がつき従っていたのであろう。

　ほぼ同文の書状は陳覇先にもあたえられ、それといれちがいに、王僧弁の使者姜暠《きょうこう》が、一月三十日づけの書簡をたずさえて寿春に到着した。ただちにつぎのような返書がおくられたのは、蕭淵明の一行がものものしい軍勢によって衛られていることにたいするあいての疑念をはらすためであった。すなわち、湛海珍たちは前朝の旧将であって斉人ではなく、配属されている士卒たちもすべて梁人である。上党王高渙はなにごとにも北斉朝の朝旨を奉ぜられるため完全な同意が得られるとはかぎらぬけれども、鄰邦との友好を尊重のうえ、わが意向を黙殺されることはあるまい。なにはともあれ兵馬の数を減ぜよというのであれば、委細は当地にまいっている使臣の張種《ちょうしゅ》に伝えておく。

　一月ちかく寿春に滞在していた一行は、ふたたび南下を開始し、東関にむかった。あらかじめ東関の守備にあたっている裴之《はいし》横《こう》のもとへ使者がたち、無用の抵抗をやめるよう説得がくりかえされたが、しかし説得に応ずる様子がみられないため、上党王高渙は一撃のもとにあいてを敗死させ、数千人を俘獲した。三月丙戌（六日）におこったこの事件は、王僧弁をしておおいに狼狽させた。かれは従来のかんがえをひるがえし、ついに蕭淵明うけいれを認めるにいたった。王僧弁はみずから姑孰におもむくとともに、そこから東関につかわされた姜暠は、「伏して願わくは陛下、便《すなわ》ち江を済《わた》らんことを事とせられよ。仰いで皇斉の威に藉《か》り、陛下至聖の略《はかりごと》に憑《よ》り、君を樹《た》つるに長を以てすれば、（恥を）雪《そそ》ぎ（仇に）報いんこと期すべし。社稷再び輝やかば、死すら且《な》お吝《お》しまざるなり」との啓文をもたらし、そして姜暠に同道した別使の曹冲《そうちゅう》が、北斉朝に恭順の意をつたえるべく遠く鄴にまででかけることとなったのである。

東関の蕭淵明からは日ならずして返書がとどけられた。「姜暠至る。示《ふみ》を枉《お》られ、公の忠義の懐《こころ》を具す。…今且《しば》らく東関に頓《とど》まり、更に来信を待つ。未だ知らず、水陸の何《いず》れの処にて迎えらるるかを。夫《そ》れ国を建て君を立つること布《し》いて方策に在り。入りて盟《ちか》い質《ち》を出だすは自来《いわれ》あり」。入京の道順の指示、ならびに人質をさしだせとの要求である。「若《も》し公の忠節、かみ蒼旻《てん》を感ぜしめ、群帥、謀《はかりごと》を同じくして必ず弐《ふたごころ》を携《いだ》かざれば、則ち斉の師《いくさびと》は旆《はた》を返し、義として江を陵《わた》らざるも、若《も》し言うに爽《たが》うことを致せば、誓うに克《よ》く旗を韜《おさ》むることなきを以てす」。もし二心をいだき、あるいは食言のふるまいがあれば、北斉軍はともに長江を南にわたるであろうと威嚇したのである。

王僧弁は第七子の王顗《おうけん》、顗の子の王劉《おうりゅう》、弟の子の王世珍《おうせいちん》の三人を人質にさしだすこと、および左民尚書周弘正《しゅうこうせい》が歴陽において一行を迎接することを回答した。周弘正は徐陵の長子徐倹の岳父である。とともに王僧弁は、蕭淵明即位後にも蕭方智が皇太子の位にとどまることを要求した。この唯一の要求はいれられ、蕭淵明入京の準備は着々としてすすめられたが、蕭淵明が衛士三千、軍馬二百匹を率いて長江をわたることを知った王僧弁は、その数が不必要に多いことに疑念をいだかざるをえなかった。その点をただされて、蕭淵明は「江東（江南）の凋弊すること累《しき》りに寒暄《としつき》を積《かさ》ねたれば、供膳資儲、理として当《まさ》に多く闕けたるべしと意《おも》謂い、輒《すなわ》ち上党王に白《もう》して止《た》だ三千人、二百匹を請うのみ」と弁解している。しかしけっきょく散卒千人に減ずることが決定された。

五月庚子（二十一日）、竜舟と法駕が歴陽に備えられた。蕭淵明は上党王と盟約をかわしおえると北斉軍と袂を分ち、あくる辛丑（二十二日）、歴陽対岸の采石《さいせき》にわたった。その日、長江に舟をこぎだした王僧弁は、さりとて対岸に近づくでもなく、北斉軍の動静に警戒の目をひからせたという。癸卯（二十四日）、蕭淵明はいよいよ建康に入城し、朱雀門を望んではげしく慟哭した。徐陵とておなじく涙を禁じえなかったであろう。即位の儀式が行なわれたのはその三日後の丙午（二十七日）であった。

陳覇先の登場

蕭淵明が即位すると、王僧弁は大司馬・領太子太傅・揚州牧を授けられて、建康の西のまもり石頭城を居館とした。また徐陵は尚書吏部郎を授けられて、詔誥の起草にあたった。だが蕭淵明政権は、北斉朝の強力な後援にもかかわらず、闇夜にうちあげられた花火のようにつかのまにして光芒を絶った。

司空・南徐州刺史陳覇先は、王僧弁が北斉朝の強要に屈服したことに憤懣やるかたなく、左右のものにこうもらしたという。

「武皇帝陛下の御子、御孫はおおぜいおいでになるなかで、ただ元皇帝陛下だけがよく讎《あだ》にむくい恥をそそぎたもうた。その御子にわたらせられる蕭方智さまは、いったいいかなる罪があって突然廃位させられたもうたのであろうか。自分は王僧弁どのとともに後見役をおおせつかったにもかかわらず、王僧弁どのは手のひらをかえしたように変心し、戎狄の援助のもとに嫡統ならざる蕭淵明を位に即けた。どういうつもりなのであろうか」

その年の九月、かれは突如として京口に兵を挙げた。二、三の腹心の部下をのぞけば、襲うべきあいてがだれであるかも知らされない十万の軍勢は建康にむかった。執務中の王僧弁が気づいたとき、勇士はすでに石頭城北の城壁にとりつき、南の城門も蹴破られていた。狼狽した王僧弁は南門楼にかけのぼって哀れみを乞うた。だが陳覇先はきかず、焼きうちにするぞとおどしたため、楼を下って縛につき、ただちに斬首された。かくして十月己酉（三日）、蕭淵明にかわってふたたび蕭方智が位に即けられた。敬帝である。

　陳覇先は表むき北斉朝にたいして藩臣を称した。しかし、かれと北斉朝との関係が冷却しきったことはいうまでもない。北斉朝は郢州を本拠とする王琳《おうりん》にあらたに梃子いれして、長江中流域に陳覇先の勢力がのびるのを阻止させた。そして呉興に兵を挙げた王僧弁の女婿、杜《と》龕《がん》らを討つべく陳覇先が東南方面へ出撃したすきをうかがうように、譙秦二州刺史徐嗣徽《じょしき》と南徐州刺史任約《じんやく》とが建康を襲撃し、石頭城を占拠した。徐嗣徽は北斉に帰順をもとめた梁の将軍、また任約はがんらい侯景に従って江南にわたってきた武将である。予想されるとおり、二人の挙兵には北斉朝の全面的な援助があった。糧食兵馬の補給はもとよりのこと、北斉の武将がすすんで戦いに加わった。その間いったん和議がなり、徐嗣徽らは兵をまとめて撤退したが、年があらたまった紹泰二年（五五六）、十万の軍勢がふたたび長江を南にわたった。そのときには、かつて蕭淵明の南帰行に随伴した裴英起たちのひきいる北斉軍が正面にたち、徐嗣徽軍ならびに任約軍はもはやほんのおそえものにすぎなかった。

　さてこの混乱の日々を、わが徐陵はいかに処したか。かれは王僧弁が殺されると、「僧弁の旧恩に感じて」、任約の陣営に奔った。だがやがて陳覇先が建康を舞台に戦われた北斉との戦闘に勝利をおさめると、徐陵は敵軍に奔った罪を問われることもなく、陳覇先にむかえられ、貞威将軍・尚書左丞を授かり、文檄軍書の起草を命ぜられたのである。その年の初秋、北斉の広陵城主辛術《しんじゅつ》に停戦をよびかけた書状には、江南が北方の武力によって蹂躙される時代の終結したことがたからかに宣言されている。いかにあたえられた役柄とはいえ、いままでとはまったく立場をことにして文章を書かねばならなくなった運命の皮肉を、かれは痛いほど感ぜぬわけにはいかなかったであろう。

しかもその年、かれはふたたび北斉への使臣にさしむけられている。北斉の事情に明るく、また知己が多く存したことが主な理由であろう。だが陳覇先としては、がんらい北斉朝が蕭淵明の輔臣として送りかえしてきた人間を、わが使臣として北斉へさしむけることに、ひそやかな誇りをおぼえなかったであろうか。徐陵にとってはまことに破廉恥な仕儀といわねばならなかった。『梁書』敬帝紀の太平二年(五五七)四月己卯(十一日)の条に、「斉に使いを遣わして和を請う」と記されている。すなわち陳覇先は、北族の重圧をはねのけたうえ和議をとりつけることに成功したのである。それにあい前後して嶺南の蕭勃をも掃蕩したかれは、ついに十月乙亥(十日)、建康の南郊において位に即いた。すなわちいわゆる陳の武帝であり、この梁陳鼎革にあたって、「禅授の詔策」の起草を命ぜられたのも、やはりまた徐陵であった。

南朝の黄昏

あらたに誕生した陳朝は、従来の南朝諸政権とははなはだ性格をことにしていると感ぜられる。梁と陳とのあいだには、連続よりもむしろ断絶の面がきわだっているように感ぜられる。陳朝は、従来の南朝諸政権のごとく貴族層ではなくして、土豪将帥層に基礎をおく政権であった。土豪将帥とは、『陳書』巻三五の史臣論で、姚思廉《ようしれん》が「梁末の災沴《さいてん》に群凶は競い起《た》ち、郡邑巌穴の長、村屯鄔壁《うへき》の豪、剽掠に資《よ》りて以て強きを致《いた》し、陵侮を恣《ほしい》ままにして大となる」と描写するところの、侯景の乱を契機として、無政府かつ無防備となった江南の各地域に自然発生的に成立した自衛集団、その統領者となった人たちのことである。

　そもそも陳覇先が出自した呉興の陳氏も、ひとつの土豪であったと判断してよいだろう。梁武の泰平の時代に青春をすごしたかれについて、「少《わか》くして俶儻《てきとう》にして大志あり、生産を治めず。既に長ずるや、兵書を読み、武芸多く、明達にして果断、当時の推服する所となる」と記されているのは、泰平に乱世を待望する血気さかんな青年像を彷彿させる。だが、さいしょかれが建康にでかけて手にいれた職が油庫吏であったといえば、その社会的地位ははなはだ微賤であった。陳覇先が、のちの大軍閥に飛躍する第一歩は、太清二年（五四八）、監始興郡であったとき、始興の「豪傑」たちと侯景討伐の「義挙」をあいはかったときにふみだされた。そのさい、侯安都《こうあんと》、張偲《ちょうし》たちが千余人をひきいて来附した。侯安都は「邑里の雄豪」とよばれ、ほかならぬ徐陵の執筆にかかる「司空徐州刺史侯安都徳政碑」にはそのときのありさまをつぎのようにのべる。

——羯虜《けつりょ》の華を侵《おか》し、群蛮の縦軼《しょういつ》せしより、後皐桂部の地、四戦五達の郊、郡境の賢豪は将《まさ》に難を禦《ふせ》がんと謀らんとす。長者は僉《み》な論じ、公（侯安都）を推して盟に主たらしめ、義士雄民は星のごとく羅《つら》なり霧のごとく集まる。

やがて贛水《かんすい》をくだり、太清五年（五五一）八月、湘東王蕭繹の派した侯景征討軍の大都督である王僧弁と長江岸の湓城《ぼんじょう》にあい会したときには、陳覇先にはすでに「杜《と》僧明《そうめい》等の衆軍及び南川の豪帥、合《あわ》せて三万人」が附従していた。杜僧明は陳覇先にはじめから従った武将。南川は贛水流域をいい、陳覇先は贛水をくだる行軍のさきざきで、「豪帥」すなわち土豪将帥を戦列にくわえながら大集団に成長していったのである。陳王朝が発足してからも、土豪層の社会的、政治的進出には目をみはらせるものがあった。

一方、陳覇先のライバルであった王僧弁は、ただたんなる武弁ではなく、名門をうたわれる太原の王氏の出自とつたえられる。かれが侯景を平らげて建康に鎮するや、そこかしこからとなく姿をあらわした「衣冠」たちは、先をあらそって伺候にでかけたという。すなわち、図式化していえば、貴族層は陳覇先ではなく王僧弁を支持したのである。しかしながら、かれらは侯景の乱をさかいとして、旧勢力の地位に転落したといってよいだろう。徐陵は明らかに旧勢力中の人物であった。そしてかれが王僧弁にいかに強く結びついていたかは、陳王朝成立後、王僧弁の「故義」なかま、つまりかつて王僧弁から恩義をうけた人たちをかたらって、王僧弁の葬儀を営んだという逸話によくうかがわれるであろう。またさきにふれた弟徐孝克の落魄ぶりは、程度のちがいこそあれ、すべての貴族に共通したものであった。かれらに支持された王僧弁は、北斉朝の強要のまえに屈服した。北斉朝の干渉を駆逐しえたのは、陳覇先を頂点に結集された土豪将帥層の力であった。

にもかかわらず、徐陵がふたたび陳覇先に登用されたのはなぜか。また、かれにはなお至徳元年（五八三）、七十七歳の死にいたるまでの後半生がのこされており、その間、武帝、文帝、廃帝、宣帝、後主の五代に仕えて、尚書僕射、侍中、中書監等の顕貴の地位を歴任することになるのはなぜか。それはかれの身についた貴族的教養なり、風格なりが、新興の王朝に箔をつけるものとして、まだなにがしか利用価値があると認められたまでのことであったと考えられる。故岡崎文夫博士の『魏晋南北朝通史』に、「従来南朝に於て革命の行はるる毎に、必ず時の名望家が之に声援を与へ、以て新王室の名誉を増す習慣であつたが、陳の革命には、さる事実がないのみならず陳書列伝を通覧するに、只一人北斉に使した徐陵を除くの外、多くは武将より身を抜んでた人物を以て満たされて居る。事実侯景の乱に於て南朝第一の名家王氏の一族全く亡び、其他の名族多く他郷に遁竄した如く、建康に於ける名族の衰亡は、王朝の革命をして最容易ならしめたものと想像せらる」とのべられているのは、いささか度を失し、王氏の一族も他の名家も、なおかなりの人たちが『陳書』に伝を列せられている。しかし大勢としては、博士のいわれるところはただしい。川勝義雄氏の表現をかりれば、陳朝が貴族たちに期待したのはかれらの有職故実の学であった（先掲「南朝貴族制の没落に関する一考察」）。かれらの社会的ないし政治的実力には、もはや昔日のおもかげはない。江南貴族社会の礎をきずいた東晋の謝安《しゃあん》や郗曇《ちどん》の墓がこの時代にしきりにあばかれているのは、はなはだ象徴的である。そしてかれらは、精神の矜恃をさえすでにしばしば失いがちであった。

徐陵が陳朝で貴顕をきわめたのは、かならずしもみずから選びとった人生ではなかった。北斉によって江南に送りこまれ、また王僧弁や任約や陳覇先から重宝されたことが示しているように、おりおりの権力に身をまかせ、利用される人生であったというべきであろう。利用される立場は、ときとして利用するものをあべこべに自在にあやつる強い立場に転じうる場合がある。しかし徐陵にかぎっていえば、人間の主体的努力をこえた運命的なものの力をひしひしと感ぜざるをえなかったかのごとくである。かれが陳朝の吏部尚書であった時代、すなわち天康元年（五六六）から太建元年（五六九）にいたるある時期に書かれた「諸《あらゆ》る官を求むる人に答うる書」につぎのごとく記されているのは、きわめて印象的である。「皇朝の官爵は理として玄天に係《かか》る。内典にはこれを謂《い》いて業《カルマ》となし、外書にはこれを称して命となす。……大位清官に陟《のぼ》るが若《ごと》きは悉く玄命に由る。夫《そ》れ人君に賓用せらるるは並びに是れ前縁なり」。ここには、人間の努力ではいかんともしがたい天命や業縁にたいする信仰が明らかに看取されるではないか。それは南朝の黄昏にたつ一人の貴族の姿であった。

第三章　後梁春秋——ある傀儡王朝の記録

江陵の陥落

西魏の柱国大将軍于謹《うきん》の率いる軍勢は、漢水ぞいにひろがる平原を、梁の元帝蕭繹《しょうえき》が都城とさだめた長江中流の江陵城めざして進んでいた。その数は五万、公称は十万。府兵制とよばれる創設まもない軍隊組織に編成された精鋭軍であり、万紐于《ばんちゅうう》をほんらいの姓とする鮮卑《せんぴ》人の于謹は、府兵組織の頂点に位する六柱国の一人であった。やがて樊城《はんじょう》に到着すると、漢水対岸の襄陽城から蕭詧《しょうさつ》がかけつけ、于謹とのあいだにさいごの談合が行なわれた。蕭詧は西魏朝が梁王の位を認めている人物であった。すでに骰は投げられたのである。すなわち蕭詧は、西魏の援軍を得ていよいよ叔父の元帝を討つこととなったのである。

その日、すなわち西魏の恭帝の元年、梁の元帝の承聖三年（五五四）の冬十月丙寅（十三日）、于謹は元帝の文武百官にむけて檄文を発した。

——梁の文武衆官に告ぐ、夫《そ》れ国を作《おこ》す者は礼信を以て本《もと》と為さざるは罔《な》し。惟《こ》れ爾《なんじ》らが今主（元帝）は往《さ》きに侯景《こうけい》逆乱の始めに遭《あた》り、実《げ》にも我が国家に結びて以て鄰援と為せしに、今《い》ま忽ち徳に背き、賊高洋《こうよう》に党《くみ》す。厥《そ》の使人を引きてこれを堂宇に置き、我が王命を傲《あなど》り、我が辺人を擾《さわ》がす。我が皇帝は天の意を龔《つつし》みて敢えて以て寧《やす》んぜず、衆軍に分命し、廟略を奉揚せしめたまえり。凡そ衆十万、直《ただ》ちに江陵を指《めざ》さん。

高洋は西魏と華北の覇権をあらそう北斉の文宣帝である。これよりさき、西魏の使臣と北斉の使臣とが江陵で鉢あわせをしたとき、元帝には西魏の使臣を疎略にあつかうことがあったという。

そのころ、江陵の元帝はいかにして日々をおくっていたか。梁朝の百官は日ごと竜光殿によび集められ、かれらをまえにして帝はみずから高座にのぼり、『老子』の講義をおこなっていた。執経《しっけい》の役をおおせつかったのは尚書左僕射の王褒《おうほう》であった。「道可道《ダオコダオ》、非常道《フェイチャンダオ》、名可名《ミンコミン》、非常名《フェイチャンミン》」、そのように『老子』の本文をよみあげると、帝が、ここはこういう意味じゃ、と講釈するのである。西魏軍の侵攻にいちはやく気づいた武寧太守宋均《そうきん》は、そのことを江陵に報らせたにもかかわらず、まったくあいてにされないありさまであった。于謹の檄文がとどけられると、さすがに講義はうちきられ、内外に戒厳令が布かれたが、しかしそれもつかの間、石梵《せきぼん》まで偵察にでかけた使者が、「境内はいたって平穏です。さきに取沙汰されておりましたことはすべて児戯にございます」と報告するにおよんで、さっそく講義は再開され、百官たちはいちおう戎服を着けたまま、またまた席に列したのであった。

だが、偵察の使者が石梵へむかったのは、よしんば西魏軍が来襲するとしてもかならず舟艦をつかって漢水をくだるにちがいない、そのような誤った予断にもとづいていた。西魏軍の主力は水軍ではなかった。歩騎の精鋭は襄陽から満目荒涼たる曠野をつっきって進み、武寧を屠ったのち、大将軍の宇文護《うぶんご》とおなじく大将軍の楊忠《ようちゅう》が江陵の東南に位置する江津戍を制圧したのである。元帝と東方、すなわち長江下流域の連絡を断つためであった。もはや元帝も西魏軍の侵攻を重い事実として認めざるをえなかった。領軍将軍胡僧祐《こそうゆう》が都督城東城北諸軍事に、尚書左僕射王褒が都督城西城南諸軍事に任ぜられたのをはじめ、王公以下おのおのが要害のところにおいて守備につくよう命ぜられたのは十一月乙酉（三日）のことである。

翌々日の丁亥（五日）には、西魏軍ははやくも江陵城前面に姿をあらわした。万事は于謹が当初に予想したとおりに運んでいるごとくであった。関中を出発するにあたり、西魏の実権者の宇文泰《うぶんたい》が青泥谷で催した送別の宴において、荊州刺史長孫倹《ちょうそんけん》が、あいて蕭繹の立場にたてばいかにしてわが軍の侵攻を迎えうつべきか、とたずねたことがある。そのとき、于謹はこうこたえたのであった。「漢水・沔水《べんすい》に軍隊を出動させ、その方面を席捲したうえ長江をくだり、ただちに旧都の建康に拠るのが上策。羅郭の市民を移して子城にたてこもり、まもりをかためて援軍の到着を待つのが中策。もし市民を疎開させることをはばかってそのまま羅郭に拠守すれば、それは下策でござろう」。羅郭は外城のこと。子城は内城であり、宮城や官庁の置かれるところである。長孫倹はさらにたずねた。「蕭繹ははたしてどの策に出づると存ぜられる」「まちがいなく下策じゃ」「またなんとして」「わけはこうじゃ。蕭氏は江南に拠ること数十年のながきにおよびながら、わが中原は多事なるにもかかわらず、たえて外征を行なう余裕をもたなかった。そのうえ蕭繹は、わが朝が東方の強敵、北斉をかかえているゆえ、とても力を江南にさきえまいと考えておろう。おまけに蕭繹はぐずで無策、狐疑するばかりで決断力はまるでない。ところで、民は保守的なものときまっている。いままで自分たちが住んでいた町をおいそれと捨てるわけがないではないか。かれらが疎開に反対するかぎり、羅郭にまもりをそなえることはうけあいじゃ」。

はたして江陵城の守備陣形は于謹のいう「下策」そのものであった。外城の四周には蜒々六十里余にもおよぶ矢来が設けられ、おまけに一個の援軍すらいまだ到着せぬためにひろい守備範囲をうけもたねばならぬ梁軍は奔命につかれはて、ただいたずらに戦力を消耗するばかりであったのである。そのうえ、丁酉（十五日）には、城内の一隅から発した火が民家数千と城楼数十を焚焼し、いっそう混乱をました。その夜、元帝は宮城をぬけだして民家に投宿し、以後、祇洹寺、長沙寺、天居寺、また長沙寺と転々と居処をかえることとなったのは、かれの心が極度の不安におびえていたことの証拠である。いまや外部との連絡はまったくとだえ、城外を埋めつくすのは西魏軍の旗幟ばかりであり、そのなかからときおり投降勧告の書札が射こまれたのだから無理もなかった。書札にはたとえばつぎのように記されているのだった。

——今者《このたび》の行兵は城隍土地を貪るにはあらず、子女玉帛を貪るにはあらず。志は弊《まがごと》を救い此の生民を済《たす》けまいらし、広く民人に訪《と》い、善きひとを択んできみに立てんとするに在り。しかるに梁朝の士庶は尚お未だ領解せずして窮城に蟻聚し、寂として問を求むること無し。

西魏軍の総攻撃は月があらたまった十二月甲寅(二日)に開始された。胡僧祐は弱体の軍を率いて督戦中に流矢にあたって死亡。やがて西門からなだれこんだ西魏軍がたちまちにして外城を制圧した。元帝は皇太子や王褒たちとともに内城に退いて金城をまもった。金城はけだし宮城の雅名であろう。とすれば、元帝はいったん捨てた宮城にふたたびもどったのである。破局は確実に刻一刻とちかづいていた。王僧弁《おうそうべん》をよびよせるべく、「吾は死を忍んで公を待つ、以て至るべし」、そのように記された書状をたずさえて使者が建康に急行したが、とても間にあうとは思われず、また北斉の西南道大行台・清河王高岳《こうがく》の率いる援軍もまだ到着しなかった。元帝は東閣竹殿にひきこもったきり姿をあらわさなかった。逡巡する高善宝《こうぜんほう》に命じて、そこに蔵された古今の図書十四万巻に火を放たせたのはその夜のことである。梁朝が前王朝から相続し、あるいはあらたに蒐集した貴重な文化遺産をつつんであかあかと燃えたつ炎は、世界を焼きつくす劫火にもみえたのであろうか。元帝はやにわに火中に身を投げようとした。袖にすがる宮人によっておしとどめられると、こんどは手にした呉越の宝剣を柱にたたきつけてこう叫んだ。「蕭世誠《しょうせいせい》はぶざまをさらすこととなった。文武の道はこの今夜にたえるのだ」。世誠は元帝の字《あざな》である。

しばらくして平静をとりもどした元帝は、いよいよ降伏文書の起草を命じた。近侍の臣のなかには、夜闇にまぎれて包囲網を突破し、江陵城南の馬頭岸に陣を布く任約《じんやく》の援軍に投ずべしとすすめるものもあったが、騎馬を得意とせぬ元帝は、「成功のみこみはない。辱のうわぬりになるだけではないか」ととりあわなかった。降伏文書が送られると、あいてがたから人質の要求があり、王褒が于謹の陣屋におもむくこととなった。そしてそこで紙筆を給せられた王褒は、あろうことか、「柱国常山公の家奴王褒」と書したという。柱国常山公とは于謹のことである。元帝政権下でならぶもののない顕貴をきわめ、しかも詩文のほまれたかい王褒のまことにかんばしからざる逸話である。

やがて元帝も白馬にまたがり、素衣の装束をつけて東門を出た。西魏の兵士がその手綱をとって進み、白馬寺にいたると白馬は奪われて駑馬があたえられ、屈強の胡人によってひきたてられるように于謹のもとへつれてゆかれた。そして于謹にたいして拝礼を行なうよう強いられたうえ、于謹のそばに坐す甥の蕭詧から罵詈雑言をほしいままにされた。あけて乙卯（三日）、その日以来、金城の主衣庫に幽閉の身となった元帝は、量を知らぬ酒と詩作とによって時間をすごしたのであったが、そこで賦された詩はおのずからかれの辞世となった。今日に伝わる四首のうち、たとえばその三にはつぎのようにうたう。

松風侵暁哀　　松風は暁を侵《おか》して哀《かな》しく
霜雰当夜来　　霜雰は夜に当《あた》って来たる
寂寥千載後　　寂寥たり千載の後
誰畏軒轅台　　誰か畏《おそ》れん軒轅（黄帝）の台

元帝の処刑が行なわれたのは、承聖三年もあと数日をのこすのみとなった十二月辛未（十九日）であった。蕭詧は尚書の傅準《ふじゅん》を刑の執行にたちあわせ、土嚢におしつぶされた叔父の屍を、三幅、すなわち六尺六寸幅の帛につつみ、そのうえから蒲の席《むしろ》をまき、白の茅《ちがや》でゆわえ、江陵城南の津陽門外に葬った。

かくして西魏朝は三十六歳の蕭詧をあらためて梁朝の天子の位に即けた。いわゆる後梁王朝はこのようにして誕生したのである。

長子に利あらず

蕭詧、字は理孫《りそん》、は梁の武帝の孫である。そして『文選《もんぜん》』の編者としてきこえる昭明太子蕭統の第三子である。人間は一生のうちに運命を左右する決定的な事件に遭遇するものであるが、蕭詧の場合、それはまちがいなく父の死であったといわねばならない。父の昭明太子が、世人のかぎりない哀惜のうちに三十一歳の夭折の生涯をおえたのは中大通三年（五三一）である。「薨ずるに及び、朝野惋愕《えんがく》す。京師の男女は宮門に奔走し、号泣して路に満つ。四方の氓庶《ぼうしょ》は疆徼《さいはて》の民に及ぶまで喪を聞きて皆な慟哭す」。ときに蕭詧は十三歳。といえばすでにものに感じやすい少年であった。

『梁書《りょうじょ》』昭明太子伝によるかぎり、武帝と太子とのあいだには、太子の死にいたるまで、終始かわることのない美しい父子愛が通いあっていたかのごとくである。自分にまさるともおとることのない好文、それに小字を維摩《ゆいま》とよばれたのにふさわしく仏法への篤い信仰に生きる太子を、武帝はおおいに嘱望した。一方、太子もいたって孝謹であり、臨終をむかえてもなお父帝の心痛をおもんぱかって、そのことを知らせぬよう制したという。ところが思いもかけぬことに、『南史《なんし》』をひもとくと、そこには『梁書』の記述からはおよそ想像もできない、異常でいささか気味のわるい一つの事件が記されている。普通七年（五二六）の丁貴嬪《ていきひん》の死に端を発するその事件のあらましはこうだ。

太子の生母である丁貴嬪が薨ずると、太子はしかるべき場処に墓地をさだめた。ところがちょうどおなじころ、宦者の兪三副《ゆさんふく》に土地売却を依頼したおとこがあった。もし三百万銭で売ってくれるなら、そのなかから百万銭を謝礼として進ぜようというのである。兪三副はねがってもないことと、さっそく武帝に話をもちかけた。「帝の将来に吉事をもたらす点から判断いたしますと、太子がもとめられた土地よりこちらの土地の方がはるかにすぐれていると思われます」。帝の心はすっかり惑わされ、その土地を買いとったうえ、丁貴嬪を埋葬するべく太子にあたえた。ところがここにまた風水の術をうりものにする一人の道士が太子のまえにあらわれて、宣告するようにこういったのである。「この土地には長子に利あらざる相がございます」。「長子に利あらず」というのが、太子についてのことなのか、それとも太子の長子についてのことなのか、術士一流の表現で分明ではなかったが、いずれにせよ不吉な予言であることはまちがいがなかった。太子は道士の指示にしたがい、厭伏《ようふく》、つまり厄よけのまじないの品々を墓の側に埋めた。が、そのことをひそかに聞きおよんだのは、東宮の宮監、鮑邈之《ほうばくし》である。太子の寵愛が同僚の魏雅《ぎが》にうつったことをかねてから怨みに思っていたかれは、つぎのような密啓を武帝にたてまつった。「魏雅は太子の為に厭禱《ようとう》す」。帝がひそかに丁貴嬪の墓を発掘させてみると、はたして蠟づくりの鵝をはじめ、奇怪な品々がつぎつぎに発見された。これは自分をなきものにしようとして太子がたくらんだいわゆる巫蠱《ふこ》のしわざではないか。帝はおおいに驚き、事件の徹底究明を思いたったが、固諫するものがあっためめ、道士を誅するだけにとどめたというのである。

『宋書《そうじょ》』『斉書《せいじょ》』『梁　書《りょうじょ》』『陳書《ちんじょ》』など南朝四王朝それぞれの断代史とはことなって、南朝の通史である『南史』は、この種の秘事秘話の類を記録することに熱心である。『南史』がより多く稗史小説に取材することがひとつの理由であろう。右の事件も、外部からは容易に真偽のほどをたしかめようのない宮闈の秘事に属している。とともに『南史』の撰者たる李延《りえん》寿《じゅ》が南朝ではなくして北朝に系統をひく人であり、そのため梁朝にたいする遠慮のまったくなかったことが、かかる話をもあえて書きとどめさせたのではないかと考えられる。それはともあれ、李延寿は右の事件の結果、「太子は終《みま》かるに迄《いた》るまで此を以て慚慨す」、太子の晩年には父帝とのあいだに感情のゆきちがいが生じたといい、さらに筆をついで、「故に其の嗣（世子）は立たず」としめくくっているが、このさいごに記すところはまぎれもない事実であった。すなわち、太子が薨去すると、太子の嫡長子であり蕭詧の長兄である南徐州刺史蕭　歓《しょうかん》は国都の建康へよびもどされた。かれがあらたな皇位継承者に指名されることはおおかたの予想するところであったし、また本人もかたくそのように信じて疑わなかったであろう。だが、蕭歓は数ヶ月の国都滞在ののち任地の京口へおいかえされ、そして皇太子に指名されたのは、昭明太子の同母弟、晋安王蕭　綱《しょうこう》であった。「長子に利あらず」といった道士の予言は、太子の夭折と蕭歓の抑黜《よくちゅつ》をあわせて含意していたのであろうか。太子の死からこの決定がくだされるまでに一月以上の日子を要していることは、武帝にもそれなりのふかい懊悩があったように思わせるのだが、しかしこの決定は世人のきびしい批判をあびねばならなかった。いくらかでも批判をやわらげるべく、武帝は昭明太子の諸皇子たちすべてを封戸三千の大郡の王に封ずる異例の措置をとった。すなわち蕭歓は華容県公からいっきょに予章郡王に、蕭誉《しょうよ》は枝江県公から河東郡王に、そして蕭詧は曲江県公から岳陽郡王に改封されるなどしたのである。改封の勅書をうけとったとき、蕭詧は「流涕して拝受し、累日食らわなかった」という。もって少年の心中を察すべきであろう。

　その後、大同四年（五三八）、蕭詧は東揚州刺史を授かった。会稽《かいけい》の民政長官である。「難治の区」として名だかい会稽の長官には、人にぬきんでた手腕とゆたかな経験が必要とされたのであったが、元服をおえたばかりのわかものにたいするこの超擢は、やはり武帝の心づかいのあらわれであった。しかし、子供心にうえつけられた祖父への不信の念はかたいしこりとなって心底に巣くい、いかなる超擢をこうむろうとも癒やされるものではなかったかのごとくである。そのうえ武帝の治世はすでに四十年になんなんとし、かつての清新の気風は失われてしだいに廃頽の影がさしそめ、そしてそれは会稽地方にも忍び足でかけよっていた。会稽の蕭詧はなにごとかがおこることを期待するもののようであった。「梁の武帝は衰老し、朝に秕政《ひせい》多く、敗亡の漸《きざし》有り。遂に貨財を蓄聚し、賓客と交通し、軽侠を召募し、節を折ってこれに下る。其の勇敢なる者は多く帰附し、左右は遂に数千人に至るも皆な厚く資給を加う」。軽侠無頼の徒によって形成される集団、かれらはいうまでもなく「知己の為に死す」ことを期待された私兵集団である。しかしながら、かれらが活躍すべき機会は会稽においてはついにめぐってこなかった。いつしか八年の歳月が流れて、中大同元年（五四六）、蕭詧は持節都督雍州等諸軍事・西中郎将・寧蛮校尉・雍州刺史への転任を命ぜられた。かれは軽侠無頼の徒輩をともなって漢水の中流、襄陽の新任地へとむかったのである。

竜躍の基趾

漢水を溯るとただちに関中に通ずることのできる襄陽は、北朝にたいする侵略と防衛の第一線におかれた軍事都市であった。そこには精鋭の軍団が配備されるとともに、長江および漢水をつかって武器糧食の補給がたえまなくつづけられた。蕭詧の前任者の時代のこととして、「雍（襄陽）は辺鎮たるを以て、数州の粟《ぞく》（穀物）を運んで以て儲倉を実たせり」（『梁書』蕭恭伝）と記録されている。襄陽からはそれまでに幾度となく遠征軍が異域の北方めざして進発していった。またそこはしばしば叛乱の温床となり、野心にみちた軍勢が都の建康へと進発していった。半世紀のむかし、蕭衍《しょうえん》、すなわち梁の武帝が南斉王朝を倒して新王朝を創業すべくさいしょの行動をおこしたのも、そもそもここ襄陽であった。蕭詧本人の表現にしたがえば、「既に川岳《せんがく》の形勝にして、復《ま》た竜躍《りゅうやく》の基趾」（「愍時賦」）なる襄陽、そこに赴任することをえて、かれの心はおどったにちがいない。かれの胸中にたくわえられた野心はしだいに明確なかたちをとり、そしておおきくふくらんだことであろう。きたるべき日にそなえて、なによりも大切なのは、民心の掌握であった。着任後まなしに発せられた教令には、世論を尊重のうえ悪政のいっさいを一掃し、またわが政治姿勢をきびしく律してゆきたい決意のほどが、二十八歳のわかさにはおよそ似つかわしくない謙虚さでかたられている。

――吾は陋識を以て来たりて盛藩に牧《つかさ》となりぬ。毎《つね》に慮《おそ》るるは、徳の民に被《こうむ》らず、政道の或いは紊《みだ》れんことなり。かくして中宵《よふけ》に枕を撫し、案《つくえ》に対《むか》いて饑えを忘る。良《すぐ》れし謨《はかりごと》を納《い》れ、以てわが逮《およ》ばざるところを匡《ただ》さんと思う。雍州部内にもし民に便ならず、政に利あらず、長吏にして貪残、戎将《じゅしょう》にして懦弱《だじゃく》、関市のおさにしてその裒刻《ほうこく》を恣《ほし》いままにし、豪猾にして苞蔵する所多きもの有れば、並びに密《ひそ》かに名を以て聞《しら》しめよ。当《まさ》に釐正を加うべし。若《も》し刺史治道の要、弛張、未だ允《よろ》しからず、循酷、理に乖《そむ》き、任用は才に違《たが》い、或いは邪佞を愛狎《あいこう》し、或いは忠謇《ちゅうけん》を斥廃することあれば、弥《いよい》よ啓《ふみ》もて告げられんことを思う。用《も》って未だ悟らざるところを祛《のぞ》かん。……幷《なら》びに広く郷閭に示し、その款《まこと》の意《こころ》を知らしめよ。

「関市」、すなわち税関や市場、の支配人の剝削を密告せよとのべているのは、つまりいわば商人保護政策を標榜しているのは、襄陽が軍事都市であるのみならず、当時有数の商業都市でもあったことと関係があろう。軍需品調達の必要のために、また四通八達の水陸の要衝に位置して物資の一大集散地であったために、そこには各地の商人があつまり、にぎわいを示したのである。民間歌謡の「楽府《がふ》」のなかで「襄陽楽」とよばれる一連のものは、襄陽を舞台に活躍する商人たちの生活と感情をうたうものであった。たとえばその一首。

朝発襄陽城　　朝に襄陽の城《まち》を発《た》ち
暮至大堤宿　　暮に大堤に至りて宿る
大堤諸女児　　大堤の諸々の女児《あそびめ》は
花艶驚郎目　　花のごとく艶《あだ》っぽくして郎《おとこ》の目を驚かす

商人のなかには北朝との貿易に従事するものもすくなくなかった。そして蕭詧も異域との通商に熱心であったらしい。五四八年から五五〇年まで西魏の荊州刺史として穣城《じょうじょう》にあった賀蘭祥《がらんしょう》の伝記につぎのようにみえている。「州境、南は襄陽に接し、西は岷蜀（四川）に通ず。物産の出ずる所、諸々の珍異多し。時に既に梁と通好すれば、行李は往来するも、公私の贈遺、一として受くる所無し。梁の雍州刺史・岳陽王蕭詧はその節倹を欽《め》で、乃ち竹屏風、絺《ち》綌《げき》の属、及び経史を以てこれに贈る」。襄陽と穣城のあいだには国境が存するとはいえ、両者の距離はわずか七〇キロ前後にすぎない。ともかく、商業を保護し、あるいは北朝との通商を奨励することによって商人から献納される冥加金は、会稽から帯同し、また襄陽においてもあらたに召募されたであろう「賓客」や「軽俠」を養ってゆくうえにかかせぬ資金であったにちがいない。

太清二年（五四八）の冬十月、江南の風雲はにわかに急をつげた。突如として叛旗をひるがえした侯景の軍勢が建康に攻めこみ、武帝以下、百官や国都の民を台城に包囲したのである。江陵に治する武帝の第七王子、湘東王・荊州刺史蕭繹は、かれが帯領する使持節都督荊雍湘司郢寧梁南北秦九州諸軍事の肩書によって配下の諸州に出兵を命じた。軍事上は叔父蕭繹の指揮に属すべき蕭詧も、司馬の劉方貴《りゅうほうき》に水軍を託して漢口にむかわせることを回答した。しかるに蕭繹はそれでは納得せず、二度三度となく使者を襄陽にやって蕭詧みずから出陣するよう促したが、そのたびに蕭詧はにべない返事をくりかえすばかりであった。かれには江南がいまや確実に乱世に突入したという実感があった。乱世の到来をひそかに期待していたかれにとって、つたえられる祖父武帝と侯景との攻防も他人の喧嘩ほどの重みしかもたなかったのである。それよりなにより、きたるべき明日にそなえて、一兵一馬の損失すらおしまねばならぬ。かく勢力の温存につとめるだけではない。かれみずから襄陽にとどまって勢力をいっそう堅固にきずきあげねばならぬ。いまやかれにとってもっとも警戒すべきあいては、ほかならぬ蕭繹であった。江陵へ使者にたった諮議参軍の蔡大宝《さいだいほう》は、襄陽にもどってくると、

「湘東王が異心をいだいていることはまちがいございませぬ。いまに禍乱がおこりましょう。まかりまちがっても建康へ援軍をおくってはなりませぬ」、そのようにいい、いっそう蕭詧をあおったのである。

そして勿論、蕭繹も蕭詧にたいする警戒心をつよめた。荊州は長江中流の大藩であり、その治所の江陵は西府軍団の駐屯地でもあるため、蕭繹の声威は他をしのぐものがあったが、荊州の北方に隣接して勢力の扶植に余念のない雍州刺史蕭詧は、蕭繹にとってまことに不気味な存在であった。しかも荊州南方の湘州の刺史として長沙にあるのは、蕭詧の次兄、河東王蕭誉である。蕭繹の有する肩書はかれら二人が軍事上の指揮に属すべきことを示してはいるけれども、しかしそれは王朝体制が堅持されているかぎりのことであって、蕭詧が出陣の要請を拒絶したことがなによりの証拠に、もはやなにほどもの実質をともなわなくなっていた。もし蕭誉と蕭詧の二人が協同して行動をおこせば、まず第一の攻撃の照準が江陵に定められることは十分に予測されるところであった。したがって蕭繹も、蕭詧同様に鎮所の江陵を離れることにははなはだ気がすすまなかったのである。かれはしかたなく江陵を離れはしたものの、しかし郢州の武城にとどまったまま形勢を観望し、あえて建康へむかおうとはし

なかった。そこへ一通の書状がまいこんできた。張纉《ちょうさん》からの書状であり、それにははたしてつぎのように認められてあった。

――河東（蕭誉）は兵を起こし、岳陽（蕭詧）は米を聚《あつ》め、共に不逞を謀《たくら》んで将《まさ》に江陵を襲わんとす。

これよりさき、湘州刺史であった張纉は雍州刺史への転任の辞令をうけとり、かれの後任として長沙にやってきたのが河東王蕭誉であったが、張纉はあいてが弱輩であることをみくびって、新旧交代の儀にはなはだしく礼をかくところがあった。蕭誉はおおいに憤激した。そのため、事務ひきつぎを口実に張纉をいつまでも湘州にひきとどめておきながら、その間一度として面会をもとめなかった。このようにして数ヶ月がすぎ、やがて侯景挙兵の報がつたえられると、蕭誉の態度はにわかに高圧的となった。身の危険を感じた張纉は、それからまた数ヶ月が経過したある夜、闇にまぎれてようやくのことで城外に脱出することに成功し、いったん雍州へ歩をむけたが、しかしそこの長官はほかでもない蕭誉の弟の蕭詧である。かれが刺史の交代を肯んずるはずはない。かくして張纉は江陵へむけて長江上に軽舟をはしらせ、蕭繹の出陣先へ書状をつかわしたのである。それとあい前後して、蕭繹は江陵遊軍主の朱栄《しゅえい》からもつぎのような報告をうけとった。

――桂陽は此の地に住《とど》まり、誉と詧に応ぜんと欲す。

桂陽とは桂陽王・信州刺史蕭慥《しょうぞう》のこと。そのころ、侯景征討軍に加わるべく、いくばくかの水軍をしたがえて江陵郊外の江津に停泊中であった。

それはちょうど台城を包囲した侯景軍と建康政府とのあいだに和議が成立した太清三年（五四九）三月ごろのことである。和議はまもなく侯景によって一方的に破棄されることになるのだが、それはともかく、建康の応援にむかう義務から解放された蕭繹は、船底に穴をうがって兵糧を沈めたうえ、あたふたと江陵へとってかえした。蕭慥はうむをいわさず斬りすてられた。そして蕭誉にたいしては、「糧衆」つまり糧穀と兵員の管理権を江陵からつかわす諮議参軍周弘直《しゅうこうちょく》にゆだねることをもとめた。が、蕭誉は「めいめい各人の軍府でござる。無用の口だしはご遠慮ねがおう」といってはねつけた。蕭繹の肩書の実質をともなわぬことがまたしても確認されたのである。

その年の七月、蕭繹はいよいよ軍勢を長沙にさしむけた。蕭誉は蕭詧に急をつげ、かくして長江をなかにはさむ漢水と湘水の一帯は諸王子たちの血族相剋の舞台となった。そのときすでに台城は陥落し、武帝は崩じ、かわって簡文帝蕭綱が侯景によって位に即けられ、梁王朝は瓦解同然の状態にあった。

附庸

これよりさき蕭詧が水軍をあたえて漢口にむかわせた司馬の劉方貴は、かねてより主人とそりがあわず、ひそかに蕭繹と連絡をとったうえ、襄陽城を襲うことを約した。そうとは露知らぬ蕭詧が帰還命令をくだすと、劉方貴はさだめて謀がもれたものと疑い、にわかに襄陽対岸の樊城《はんじょう》に拠って叛旗をひるがえした。蕭詧はこれを攻め、劉方貴は江陵に援助をもとめた。蕭繹は張纉を襄陽におくった。表むきは雍州刺史として赴任するもののごとくにしたが、かれに大量の兵士と武器と糧穀とがあたえられたことはいうまでもない。しかし襄陽南方の大隄まですすんだとき、樊城はすでに陥ち、劉方貴は斬られた。それにもかかわらず張纉は、大胆というべきか、それとも浅慮というべきか、そのまま襄陽に入城し、蕭詧と会見のうえ、一年前に拝領した辞令をあいてに示した。蕭詧が雍州の軍民の政をゆずらなかったこと、もとよりである。梁朝が有名無実化したいま、かかる辞令が一枚の紙きれ以上の価値をまだもちうると考えていたのならばまことに滑稽である。蕭詧はかたちだけは礼を厚くして張纉を城西の白馬寺においたが、蕭繹からの身柄ひきわたしの要求にはまったく応じなかった。

一日、張纉は一人のおとこの訪問をうけた。おとこは助防の杜岸《とがん》と名のった。杜氏といえば襄陽で一、二をきそう名族である。ひと通りの挨拶がすむと、あいてはつぎのようにきりだした。

「岳陽王殿下（蕭詧）が閣下をおゆるしになるとは思えませぬ。ひとまず西山に禍を避けられるのが得策かと存じます。そのうえで義衆を召募すれば、閣下の声望をおしたいしているものはたくさんおりますゆえ、遠近からわれもわれもと馳せ参じてまいりましょう」

張纉は一も二もなく応諾した。約束の日がおとずれ、闇があたりをつつむと、女性のすがたに変装した張纉は、青布で覆われた輿《こし》に乗って西山にむかった。もうどれほどの道程をきたことであろう、不意に杜岸の軍影を闇ごしに見いだしてほっとしたのもつかのま、輿からひきずりおろされたかれの手足には枷がはめられ、蕭詧のまえにひきたてられた。かれは泣いて生命ごいし、その場は頭をまるめることで延命をゆるされた。

そのころ襄陽には蕭繹軍の攻撃にくるしむ湘州の蕭誉のもとから、応援をもとめる急使が連日のごとくに到着した。侯景征討にさいしては出陣をしぶった蕭詧であったが、蔡大宝に襄陽の留守を命じたうえ、蕭繹の本拠をいっきょに壊滅させるべく、歩兵二万、騎馬千匹を率いて江陵にむかった。僧形の張纘も軍後に従えられた。蕭詧軍は木柵がまだ施されていない江陵城の北面から攻撃をしかけ、おおいにおそれた蕭繹は使者をつかわして、姪《おい》が叔《おじ》を攻めることの逆順の理を説いてきかせた。しかし、蕭詧もまけずにやりかえした。

「兄上はなんら罪なきにもかかわらず、きりもない攻囲にくるしんでおられる。兄弟の情として勝敗を観望しているにしのびない。叔父ぎみが先帝陛下からうけた慈しみをいささかなりとも顧みられるならば、一族にたいしてかかるしうちを加えることはできぬはずだ。もし湘水から軍を撤退することを約されるなら、わが軍も襄陽に撤退しよう」

蕭繹軍の応戦もなかなかにてごわく、そのため蕭詧はいったん数舎をしりぞいて営を張り、陣容のたてなおしをはかった。が、神に見はなされたのか、時ならぬ大雨に見舞われ、平地四尺に達する水は蕭詧軍の行動の自由をうばい、士気はおおいににぶらざるをえなかった。さらに致命的であったのは、将軍の杜岸、さらに弟の杜幼安《とようあん》、甥の杜龕《とがん》たちがそろって蕭繹に投降したことである。返り忠の杜岸はただちに五百騎を率い、急遽間道より襄陽をついた。留守をあずかっていた蔡大宝は、蕭詧の生母の龔《きょう》氏を奉じて応戦する一方、急使を主人の出陣先に派した。もはや退去もやむをえまい。蕭詧は兵をまとめて北にひきあげ、その道中、糧穀、金帛、兵仗のいっさいを漣水になげすて、また張纘をもえい面倒とばかりに斬ってすてた。蕭詧の帰来を知った杜岸は兄の杜巘《とけん》がいる東方の広平へはしったが、蕭詧軍はそのあとをおい、広平を抜くと、捕えた杜巘、杜岸、その母、妻、子女たちのすべてを襄陽城北門において朱に染めた。とりわけ杜岸にたいしては、舌を抜き、面皮に鞭を加え、手足をばらばらにきりおとしたうえで釜ゆでにするという、悽惨きわまりない刑をほどこしたのである。また、杜岸と血のつながりの濃い親族はすべて誅殺、幼少者や疎属は腐刑に処したほか、父祖の墓まであばいて遺骸を焚き、その灰をばらまいた。襄陽の名族杜氏に加えられたかかる凌辱は、しかし蕭詧の声威をますどころか、それによってかれが失ったものはまことにおおきかったといわねばならない。かれの声望はおおいにきずつき、またこれまでにきずきあげた勢力の内部に亀裂を生じたからである。杜氏一族の杜叔毗《としゅくひ》、その兄の君錫《くんしゃく》、従子の映《えい》、晰《せき》たちはいずれも「部曲」、すなわち私兵数百人を領したといわれる。杜岸にしてもおそらくはかかる「部曲」の統領者として、蕭詧から将軍の資格をあたえられていたのにちがいない。これら「部曲」の統領者たる土豪将帥と蕭詧を結びつけていた絆はおたがいの信義のほかにはなかったはずであるが、いまや蕭詧はその絆をみずからの手で絶ちきったのである。

おりしも蕭繹は柳仲礼《りゅうちゅうれい》に襄陽の襲撃を命じ、一万の軍勢は北上を開始しつつあった。柳氏もまた杜氏にまさるともおとらぬ襄陽の名族であった。柳仲礼の一族で襄陽の幕府に籍をおくものはかぞえきれず、もしかれらがいっせいに離反し、柳仲礼に呼応すれば、蕭詧の勢力がその内部から瓦解することは火を見るよりも明らかであった。蕭繹が襄陽襲撃の総督にわざわざ柳仲礼をえらんだのは、杜氏殲滅後の内部の動揺に乗ずるかんがえであったのかもしれない。たいした戦果をあげることはできなかったとはいえ、建康における侯景軍との戦いで援軍の都督をつとめたこともあるあいての柳仲礼を自力でうち破る自信は、蕭詧にはなかった。かれは胸をたたき、髪をかきむしって、長時間の煩悶をつづけた。その間にも、危機は刻一刻と確実に近づいていた。かれはようやくひとつの結論に達した。それはまことにおおいなる賭けであった。異域の西魏朝に援軍をもとめることを決意したのである。

要請にこたえて宇文泰の使者栄権《えいけん》が襄陽にきたり、協議はたちどころにまとまった。夫人の王《おう》氏と世子の蕭嶚《しょうりょう》が長安におくられると、西魏の開府儀同三司楊忠の軍勢が国境を南にこえた。楊忠はのちに隋朝の創業者となる楊堅《ようけん》の父である。しかるに蕭詧の胸中にはかえってしだいに不安がつのり、またまた煩悶にくるしまねばならなかった。この出兵要請が西魏軍に江南侵略のよい口実をあたえることになりはしまいか。かれがこのように危惧したのはまことに当然である。そしてこのような危惧は、叔父の邵陵王蕭綸《しょうりん》がつとに抱くところでもあった。蕭繹軍が蕭誉を長沙に囲んだとき、その事態を憂えた蕭綸は弟の蕭繹に書状をあたえ、ただちに停戦することをうったえてこうのべたことがある。

——弟若《も》し洞庭（蕭誉）を苦陥し、兵戈を戢《おさ》めずんば、雍州（蕭詧）は疑迫せられて何を以てか安んぜん。必ず魏軍を引《みちび》き進めて以て形援を求むるならん。侯景は事、内なる癰《できもの》に等しく、西秦（西魏）は外、瘤腫《はれもの》に同じ。直《た》だ関中に置くとも已に咽《いきぐるしき》気もの為《た》り。況んや復《ま》た貪狼測《はか》り難《がた》く、勢として必ず侵呑せんをや。

すなわち、叔姪のあらそいがやがて蕭詧をして西魏の援助をもとめしめ、さらに西魏軍の「侵呑」をまねくことをはやく憂慮したのであった。

楊忠の軍勢はせいぜい騎兵二千にすぎなかったが、樊城に到着すると、それからさきは軍旗をとりかえつつ進軍したため、襄陽の城楼にたってこれを望見した蕭詧は総勢三万はくだるまいとかんがえた。かれは度肝をぬかれた。それまでのかれは将来の不安をおもって、西魏軍をだまし討ちにしようか、そのようなかんがえがふっと心をかすめることがあったが、それもいまでは西魏軍の軍容にすっかり圧倒されてどこかへふっとんでしまったかのようである。

二千の騎兵はすこぶる剽悍であった。まずてはじめに襄陽東南の随郡を抜き、ついで諸城戍をつぎつぎに席捲しながら安陸にむかった。そこには柳仲礼から家族を託せられた副軍主の馬岫《ばしゅう》が守備していた。部下のなかには柳仲礼が軍をかえすまでに安陸城を速攻しようと主張するものが少なくなかったが、楊忠はかれらを制してつぎのようにいった。

「攻守の勢はおのずからことなるゆえ、安陸を抜くことはいうほどたやすくはないと思われる。もし攻撃に手間どって兵を疲らすならば、腹背に敵をうけることとなる。南人は舟戦にたけているが、野戦にはふなれだ。柳仲礼が軍をかえして近くにせまったところを、わが軍はその不意をつき、奇兵をもって急襲する。あいてはたじろぎ、わが軍は奮いたって、いっきょに殲滅できよう。されば安陸ごときは攻めずしておのずから抜かれ、諸城は檄文を伝えるだけで降るであろう」

馬に枚をふくませ、月明をたよりに進んだ精鋭の騎兵は安陸の西北二十里の淙頭《そうとう》において柳仲礼軍と遭遇した。先頭にたって督戦する楊忠は柳仲礼以下、士卒にいたるまでのことごとくを俘囚にした。そしてつづく数日の間に、楊忠の言葉どおり、安陸や竟陵《きょうりょう》の諸城はつぎつぎに投降した。ただしそれらの諸城は、蕭詧にあらずして、すべて西魏朝の領有に帰したことをことわっておかねばならぬ。楊忠軍はさらに南下をつづけ、江陵城をめざした。狼狽した蕭繹は、「載書《さいしょ》」すなわち盟約書をおくって、西魏は石城を南界とし、梁は安陸を北界とする国境の画定をおこなうとともに、王子の蕭方略《しょうほうりゃく》を人質にさしだすなど、卑遜の態度につとめたため、楊忠はようやく漣水から軍をかえした。

　西魏内部で蕭詧に梁王の位をあたえようとの議がもちあがったのは、それからまもなくのことであった。傀儡《パペット》として利用しようという西魏朝の魂胆は、底がすいてみえた。蕭詧は婉曲に辞退した。襄陽に逗留をつづけていた西魏の使者、栄権は長安にもどって蕭詧の意向をつたえたが、あいてのこころを斟酌する宇文泰ではなかった。栄権は節を持してふたたび襄陽に使いし、蕭詧を梁王とする策命の儀がうむをいわさずにとり行なわれた。かたちばかりの百官の組織もととのえられた。西魏の年号にしたがえば、ときに大統十六年（五五〇）の三月ないし四月。これより以後、蕭詧は圧倒的に優勢な西魏軍の武力によって衛られ、いな衛られるというよりもその監視のもとにおかれ、みずからの意志にもとづく行動はいっさいゆるされなくなったのである。

　その年の五月、兄の蕭誉は蕭繹軍に攻められてついに敗死したが、蕭詧には一兵をおくる自由さえ与えられなかった。西魏朝にとって利益にならない行動はゆるされるはずもなかったのである。そして、さいしょの朝貢使が長安におもむく道中、西魏の荊州の治所、穣城でつぎのようなできごとがあった。儀仗のたちならぶ衙門に戎服をつけてあらわれた刺史の長孫倹は、容貌はすこぶる魁偉、おまけに破れ鐘のような大声で鮮卑語をあやつったのである。中国人の耳には鮮卑語はただ「楼羅《ローラ》、楼羅《ローラ》」としかきこえぬという。「楼羅」は「鳥語」、鳥の言葉の擬態語《オノマトペア》でもあり、「鳥語」はまたわけのわからぬ言葉を意味しもするのだが、まったく意味不通の言葉を大声でまくしたてられて、使臣はすっかりちぢみあがり、まともに面をあげることさえできなかった。そしてその夜、別斎で催された宴に帬襦と紗帽のいでたちで登場した長孫倹は、梁朝の喪乱と西魏朝の招携の意を滔々とのべたという。長孫倹のがんらいの姓は跋跋《ばつばつ》、北魏王室拓跋《たくばつ》氏の枝族といわれるから、もとより鮮卑人ではあるけれども、かれとて日常の会話には中国語を用いていたのである。しかるにわざわざ鮮卑語を用いたのは、みごとな演出であった。長孫倹が使臣にしめしたこの応接ぶりは西魏朝の蕭詧にたいする態度の象徴であり、ちぢみあがった使臣のすがたは蕭詧のカリカチュアであったというべきであろう。

あけて大統十七年（五五一）には、蕭詧みずから長安に足を運んだ。西魏の文帝は形だけの天子にすぎず、もとより実権者の宇文泰に伺候するためであった。宇文泰はいった。「王が当地にみえることになったのは栄権の功績である。会ってみられるか」「幸甚に存じます」。やがて席にあらわれた栄権をまえにして、宇文泰はさらにいった。「栄権はりっぱなおとこじゃ。わしはこやつとともに仕事をして、信義を失したのをみたためしがない」「まことに仰せのとおり、栄常侍どのは魏梁両国のあいだをとりもたれて一点の私心もございません。それゆえわたくしも魏闕に誠款をいたすことをえたのでございます」。

ところで蕭詧が敵対した叔父の蕭繹は、その後、侯景の勢力を長江下流域から駆逐したことでにわかに声望がたかまり、五五二年の十一月、江陵において梁朝の帝位を継承し、承聖と改元した。元帝である。蕭詧が西魏朝の後援をえて、というよりはむしろその強要によって梁王の位にあったのとはことなり、いちおう江南の諸勢力に推戴されたのではあったが、しかし元帝政権は成立のはじめからまことにこころもとない存在であった。西魏朝の圧力が重くのしかかったからである。蕭詧はすでにその附庸となり、さらに五五二年には今日の湖北省と陝西省の省境ちかくに存在した上津と魏興が攻められて西魏朝はそこに東梁州をおき、ひきつづいて漢中の南鄭も陥ち、五五三年には蜀の全域がその領有に帰した。そして承聖三年(五五四)、元帝が旧図による国境の画定を要求したことから事態はにわかに紛糾し、先述したとおり、于謹の率いる西魏軍が江陵を制圧することをもって最終的な破局がおとずれたのであった。

壮心いまだ已まず

蕭詧はいまや江陵を都とする梁朝の天子である。かれの胸中に去来するものは何であったか。江陵はまことにあっけなく落城したため、戦いによる破壊の跡を見いだすこともむつかしいほど、ほとんど無傷のままにのこされたのであったが、しかし戦いがおわると、そこには西魏軍の蛮行と掠奪の嵐があれくるった。宋朝の制作にかかる渾天儀《こんてんぎ》や梁朝の日晷《にっき》銅表《どうひょう》など、南朝諸王朝の宝物のかずかずが関中に運ばれたほか、尚書僕射王褒をはじめとする元帝政府の百官たちは北方に拉致された。さきに王褒は塞北苦寒の情景を想像裡に楽府《がふ》体の「燕《えん》歌行《かこう》」にうたい、元帝以下、あまたの文人がそれに和した諸作品はいずれも凄切をきわめたといわれるが、かれらのうたったところは、いまやかれらをとりまく現実とかわったのである。『顔氏家訓』の著者、顔之推《がんしすい》も俘囚となり、「観我生賦《かんがせいふ》」に「痾疻《やまい》を牽《ひきず》りて路に就き、駑《ど》蹇《けん》に策《むち》うちて以て関に入る」とうたうのは、まさしくそのときのことである。自注によれば、「時に脚気を患《わず》らい」、それゆえに特別のはからいとして「疲驢瘦馬を官給」されたのだという。西魏軍の蛮行はとどまるところを知らなかった。百官のほか、数万とも十数万ともいわれる男女の民があたかも家畜かなにかのように鞭でおいたてられ、その列は絡繹として数百里につらなり、やがて長安に到着すると奴婢として惜しげもなく将士たちに分ちあたえられたのであった。幼弱者だけは労働力として益にたたぬために奴婢となることをまぬがれたけれども、それは西魏朝の寛仁を示すことではなんらなかった。かれらはことごとく斬り殺されたのである。

　蕭詧は西魏軍の所業をだまってみているよりほかはなかった。そのようなかれに、臣下の一人の尹徳毅《いんとくき》は激しい口調でつめよった。

「人主の行ないは匹夫とはことなると申します。匹夫は小行を飾り、小慮を競って名声をもとめるものですが、人主は天下を定め社稷を安んじて大功をなしとげねばなりません。ところでいま貪婪なる魏虜めは、生民を憐れんで背徳の君を討伐するという大義をまるでかえりみることなく、残忍のかぎりをつくし、はかり知れぬ民を誅殺し、士人といわず庶民といわず、かたっぱしから俘囚にして戦利品とこころえているしまつです。幸いに江南にとどまることをえたものも、親兄弟が豺狼の餌食とされ、異域に拘留されていることを思うと、一日として心痛と懊悩から解放される日はありません。陛下はいまや天下を清め、梁朝を継がれることとなりましたが、民の一人一人を戸ごとに訪ねて事情を説明してまわるわけにもゆかず、かれらはかかる塗炭の苦しみの責任をすべて陛下に帰しております。つまり陛下は民の父兄を殺し、民の子弟を孤児となさったわけですから、民はすべて敵対者です。これではだれとともに国づくりができましょうか。ところで西魏の精鋭軍はただいま当地に集結しております。軍隊を慰撫する儀は先例のないことではありません。もし陛下が一席の宴を設けられ、于謹たちを招待して歓をつくされるならば、きやつらはすっかり警戒をおこたっておりますゆえ、そろってやってまいりましょう。そこをあらかじめしのばせておいた武士に討ちとらせるのです。そして決死隊に命じて営塁を急襲させ、一網打尽に醜類の首をはねます。しかるのち江陵の民を安撫し、文武の官僚を選叙なさい。かくて蘇生の恩をこうむったならば、聖明のきみと仰載しないものがありましょうか。魏人はちぢみあがって、あえて死地に就くものはありますまい。古人の語にもいうではありませんか。天与《あた》うるも取らざれば反《かえ》ってその咎《とがめ》を受け、時至るも行なわざれば反《かえ》ってその殃《わざわい》を受く、と。陛下が遠大な計略をおもちになることを、そして匹夫の行ないをいだかれざることを願ってやみません」

しかし、蕭詧はまったくにえきらぬ態度で、つぶやくようにこう答えるのであった。

「おまえの謀《はかりごと》がよくないとはいわぬ。だが魏人はわしをきわめて丁重に遇してくれている。背徳の行ないはできぬ。もしにわかにおまえの謀を用いるならば、それこそ鄧《とう》の祁侯《きこう》の言ではないが、人はわしのあまりものを食べなくなるであろう」

楚の文王が鄧にたちよったとき、やがて鄧を亡ぼすのはきっとこのおとこです、いっそひと思いに殺してしまいましょう、そのようにいきりたつ家老たちを制して、鄧の祁侯は「人は将《まさ》に吾《わ》が余《あま》りを食らわざらん」といったという（『左伝』荘公六年）。人びとからあいてにされなくなろうというのがその意味である。

　なるほど蕭詧はいまでは梁朝の天子であり、年号も大定とさだめられ、生母の龔氏は皇太后に、夫人の王氏は皇后に、第三王子の蕭巋《しょうき》は皇太子に立てられるなど、形式はまことにりっぱにととのったのだが、しかしもしそれをかれが本心から西魏朝の殊遇とかんがえたとすれば、浅見もはなはだしいものであった。尹徳毅にあたえた言葉は、おそらくかれの本心を伝えるものではなかったであろう。手も足もでなくなったおのれにたいする自嘲か、ないしは諦念の言葉であったろう。なんとなれば、西魏朝にたいして「臣」と称し、またその正朔を奉ずることを強いられたほか、かれは江陵東城におかれて、西城には江陵防主の指揮に属する西魏の「助防」軍が駐留することとなったからである。「助防」とは、「外は詧を助けて備禦せんことを示すも、内は実は詧を防ぐことを兼ねる」意であった。数年後、江陵防主は江陵総管と改称される。さらにまた蕭詧が襄陽から江陵への移転を命ぜられたのは、かれが数年にわたって営々と勢力を扶植してきた襄陽の土着勢力との分断をはかる西魏朝の意図にもとづいていた。いわばかれは流浪の公子であった。たとえば襄陽の名族であり、かつては蕭詧の有力な腹心の一人であった柳霞《りゅうか》は、江陵への同行を体よくことわってつぎのようにいっている。

「陛下は王業を再興し、旧楚の地江陵に竜飛せられることとなりました。辱《かたじけな》くもわかくより陛下に名節を奉ずることをえた臣は、わが一生を国家にささげるのが本来と存じます。ただ晋室の南渡以来、臣の宗族はいたって少のうございます。かてて加えて、位望たかまりし従祖父の太尉元景《げんけい》一家、世父の儀同慶遠《けいえん》一家、従父の司空世隆《せいりゅう》一家はそろって建康に本拠を遷しましたるゆえ、ひとりわが父を当地にとどめて墳墓を守らせることといたしました。父はこの素志に違わぬよういつも戒めたものでございます。いまや襄陽は北朝に帰属し、たとい臣が鑾蹕《らんぴつ》に扈従いたしましたとて、なんのお益にもたたぬばかりか、父の遺訓をそこなうこととなりましょう。どうかまげて昭覧を垂れたまい、臣の胸中をご賢察いただきとう存じます」

かくして柳霞はそのまま襄陽にとどまったが、まもなく王朝革命が行なわれて、西魏朝が宇文氏の北周朝とあらたまると、ふたたび冠の塵をはらい、印綬を佩したのであった。もっともかれが十子のうちの一人、柳荘《りゅうそう》を後梁朝に仕えさせたのは、明日には運命の女神がいずれに微笑むかさだかならぬ乱世、そのただなかを生きぬくための処世の智慧というべきであった。

ともかく、蕭詧は自分がますますもって傀儡《パペット》にすぎなくなったことを思い知らねばならなかったであろう。「尹徳毅の言を用いなかったばっかりに、こんなことになったのが口惜しい」。ときとしてこのようなつぶやきがかれの口からもれるようにもなり、また酔いがまわると、眉をつりあげ腕をふりあげていつも歌うのは曹操《そうそう》の雄渾の歌行であった。

老驥伏櫪　老いたる驥《うま》は櫪《うまや》に伏せど
志在千里　志は千里のかなたに在り

烈士暮年　烈《たけ》き士《おのこ》は暮《お》いにし年にも
壮心不已　壮《さか》んなる心は已《とど》めあえず
（「歩出東西門行」）

そのかみ、東晋朝に叛逆した将軍王敦《おうとん》も、いよいよ死のおとずれを自覚すると、痰壺をたたきつつこの句を誦してわが憂さをはらしたという。ただし王敦の場合にはさいごの勝利をにぎることはできなかったとはいえ、しかしともかくも「壮心」を十分に燃焼しつくすことができた。だが蕭詧の場合はどうか。「壮心」はただいたずらに空転をくりかえすばかりで、憂悶と焦躁はおりのように重く心底に沈澱し、そして神経だけが異常にたかぶるのであった。数歩さきからも女の体臭が鼻についていて嘔吐をもよおし、ひとたび衾をともにすれば病臥すること累旬におよんだという。またむきだしの頭髪をみるとわけもなく腹がたった。このようなかれの憂悶と焦躁は、「愍時賦―時を愍れむ賦《ながうた》」によくうかがうことができるであろう。

「邑居の残毀し、干戈の日々に用いらるるを見て、其の威略の振わざるを恥じ、常に憂憤を懐《いだ》く。乃ち愍時賦を著わして以て意を見《しめ》す」、かく創作の動機が説明されるその賦は、

――嗟《ああ》、余《わ》が命の舛《ちぐは》ぐにして薄きことよ、実《げ》にも賦《あた》えられし運は屯《わだか》まりに逢《あ》えり。既に殷《おも》き憂いはいく歳《とせ》にも弥《わた》り、復《ま》た坎壈《くるしみ》は以て相い隣りす。昼は営々として晩《くれ》に至り、夜は耿々《こうこう》として晨《あした》に通ず。否《ふさが》ること極《きわ》まって云《ここ》に泰《ひら》けんことを望めども、何ぞ杳々《ようよう》として津《きさし》無きや。

とうたいだされ、あたえられし運命の薄幸を慨嘆することに終始するのだが、その終着点としていまかれがたつ情況はつぎのごとくであった。

――昔は方千《ほうせん》にして畿甸《きてん》なるも、今は七里にして磐縈《とりまか》れたり。田邑《はたけまち》の賦す可《べ》きは寡《とぼ》しく、丘井《むらざと》の兵を求むるを闕《か》く。河内《かだい》の資の待は無く、滎陽《けいよう》の未だ平らがざるに同じ。夜には騒々《そうそう》として柝《たく》を撃ち、昼には孑々《げつげつ》として旌《はた》を揚《あ》げ、烽《のろし》は雲を凌《しの》いで迥《はる》かに照らし、馬は櫪《うまや》に伏せて悲しげに鳴く。既に斯《こ》の日に懐《おも》うこと有り、亦た焉《な》んぞ云《ここ》に寧《やす》らぐを得んや。

古の王者は王城を中心とする千里四方の地を王畿とよび、あるいは甸服《てんふく》ともよんだものだが、いま自分をとりまくのはただの七里の城郭。七里というのは故事にもとづく詩的誇張ではあったが、実際においてもかれが支配しうるのは、せいぜい江陵城周辺の三百里の地にすぎなかった。また税を課し兵を徴すべき田土も村落もいたってとぼしい。後漢の光武帝にとってのヒンター・ランドであった河内郡、それに比すべき地域はなく、楚漢の戦いのさいに、楚軍に糧道を絶たれて崩壊の危機にたった滎陽城にもひとしい。日がおちると気ざわしくたたかれる夜警の拍子木、昼は昼でたかだかとかかげられる軍旗。烽火は雲をしのいであかあかとあたりをてらし、厩舎につながれた馬は悲しげに鳴く。かかる日々に感懐はこみあげ、心の平静をうることなどとうていありえない。このようにかれの心は激昂し、その激昂のなかで王者たる事業が夢想されることがないではなかった。が、それはたちまちにしてみじめな敗北感にうちくだかれるのであった。

――余《わ》が家国の一たびあめがもとを匡《ただ》さんことあらば、庶《こいねが》わくは周を興《おこ》して夏《か》を祀《まつ》らんも、しかるに忽ち憂いに縈《まと》われて北《やぶ》れ屈《くじ》かる、豈《あ》に年華《よわい》をば天は仮《か》したまわんや。

かくして、蕭詧は荒涼索漠たるわが魂を仏教にたいする信仰でいくらかでも鎮めようとしたもののごとくである。かれには『華厳経』『般若経』『法華経』『金光明経』の義疏あわせて四十六巻の著作があったといえば、祖父の武帝、父の昭明太子からうけついだ血筋はやはりあらそえない。仏教への関心ははやくからのものであり、会稽時代にすでに長篇の「七山寺に遊ぶの賦」をものしているが、晩年のかれがとくに諷誦したのは『法華経』であった。ある日、度支尚書の宗如周《そうじょしゅう》をつかまえて、だしぬけに「おまえはまたどうして経文を誹謗するのだ」といい、なんのことやらわけのわからぬあいてはただどぎまぎするばかりであったというのは、『法華経』随喜功徳品に、この経を聞いて随喜するものは「面色黒からず、亦た狭長ならず」とあるのをつかって、馬面の宗如周をからかったまでの他愛もない話にすぎないけれども、しかしかれにとって『法華経』はただたんなる知的興味の対象にとどまったのではない。かれには明確な『法華経』信仰があった。『法華経』は日々の生活の心の支えであった。たとえば蕭繹に内通した一人の臣、甄玄成《しんげんせい》の罪が露見したとき、とくにあいてをゆるしたのは、あいてがふだんから『法華経』を誦し、そのように『法華経』を誦する人間を殺さざることを信条としたからであるという。

北周の保定二年（五六二）、みずからの年号によれば大定八年の二月、蕭詧は崩じた。「遂に憂憤を以て、背にはれものを発して殂《し》す」。宣帝と謚《おくりな》されるその人の死を『周書《しゅうじょ》』はかくつたえている。かわって皇太子の蕭巋《しょうき》が即位し、天保と改元された。

百獣率舞

陳朝が西方のまもりとたのんでいた安西将軍・湘州刺史華皎《かこう》が突如として蕭巋に内附をもとめてきたのは、天保六年（五六七）四月のことである。陳朝はそれにさきだつこと十年、五五七年に侯景乱後の混乱のただなかにある長江下流域を本拠として誕生した南朝第四代の王朝であった。蕭巋は「臣」としてのつとめをおこたることなく、ただちにそのことを北周朝に報告した。北周の武帝は華皎を応援することを決定し、荊州総管、すなわち江陵総管の権《けん》景宣《けいせん》に水軍を率いて長江をくだることを命じたほか、柱国陸通《りくつう》、大将軍田弘《でんこう》、おなじく元定《げんてい》に陸軍を率いしめ、それらの総指揮を襄州総管・衛国公宇文直《うぶんちょく》にゆだねた。蕭巋も柱国の王《おう》操《そう》に水軍二万をあたえて、華皎と巴陵においてあい会せしめた。だが漢口にちかい沌口における戦いで陳軍に大敗を喫し、華皎もそして宇文直も、倉皇として江陵にはしったのであった。敗戦の責はすべて権景宣が負うべきであった。なんとなれば、かれの驕慢が北周将士のサボタージュをまねいたからである。しかるに権景宣は荊州総管を解任されるにとどまり、後梁の柱国殷亮《いんりょう》一人に罪は帰せられた。蕭巋は異議を申したてることもならず、涙をのんで殷亮を斬らねばならなかった。

その翌年の天保七年（五六八）には、勝ちに乗じた陳軍が江陵に迫り、長江の水を引いて水攻めにした。そのため蕭巋は江陵副総管高琳《こうりん》と王操に留守を託したうえ、権景宣にかわって江陵総管となっていた田弘とともに江陵城北十里余の紀南城に難を避けた。さらに天保九年(五七〇)にも、章昭達《しょうしょうたつ》の率いる陳軍の襲撃をうけた。青泥に繋留されていた多数の舟艦は焼きうちにあい、北周軍は江陵よりもはるかに長江を遡った西陵峡南岸の安蜀城に陣を布いた。兵糧を運ぶべく江上にロープをわたし、葦を編んで吊り橋がかけられたが、陳軍は舟やぐらの上にほどこした長戟によってロープを切断したため、糧道を絶たれた安蜀城はたちまちにして落城した。蕭巋と江陵総管陸騰《りくとう》は襄州総管宇文直に急をつげ、江陵につかわされた大将軍李遷哲《りせんてつ》軍がようやくにして陳軍を撃退した。

天保十年(五七二)、いまでは後梁朝の司空となっていた華皎は、北周への入朝の途次、襄陽にたちより、宇文直と会見のうえつぎのように説いた。「梁主蕭巋どのには江南の諸郡を失われて、民は少なく国は貧しくおわせられる。もし貴朝が存亡継絶―亡びたるを存し絶えたるを継がしめる覇者の立場を自覚されるのならば、何分の援助をおねがいしたい。斉の桓公、楚の荘王にのみ衛国を救い陳国を復した美名を帰せしめてよいものだろうか。どうか数州を拝借のうえ梁朝に資したく存ずる」。このねがいは思いのほかあっさりとききとどけられ、江陵の北につらなる基州、平州、鄀州の三州が後梁王朝にあたえられることとなった。それは北周朝の覇者たる自覚にもとづいてのことであったのだろうか。あるいは陳軍の攻撃によくたえたことにたいする褒賞であったのだろうか。いな、むしろ北周朝としては、江南の統治と防衛の一部分を後梁朝に移譲し、みずからの負担をいくらかでも軽減しようとしたのではなかったか。そのころ、北周の武帝の心をおおきく領していたのは、江南問題よりもむしろ東方の北斉問題であった。

北斉朝は第五代の後主高緯《こうい》の即位をさかいとして、とみに衰亡のきざしをみせはじめていた。士大夫たちは政治から疎んぜられて、佞倖、宦官、それに西域出身の商胡たちが政権の中枢をむしばみ、やる気のない後主は一戯の費が巨万にのぼる享楽の日々にうつつをぬかした。そのうえ、梁末の混乱に乗じて獲得した江淮の領土は、陳軍の大反攻を支えきれずにすべて放棄された。佞倖者たちは、「がんらいかれら江南人の所有であったものがもっていかれただけのことさ」とうそぶき、不安の表情をかくしきれない後主にむかってさえ、「たとい黄河以南の地を失ったところで、一亀茲《クチャ》国ほどの体面を保つことはできます。江淮地方を失ったことなど、なにをくよくよ心配することがありましょう。人生はいくばくもありません。ひたすら歓楽をつくすべきです。心配するのはむだなことです」というのであった。亀茲は西域の一小国。佞倖者のなかにも西域出身の胡人が多かったのであろう。かくて後主はいっそう酒色に沈湎し、胡琵琶を弾いてうたうのは「無《む》愁《しゅう》曲」であった。そのため、世間ではかれのことを無愁天子とあだ名した。当然、帑蔵は空竭をきたし、それをおぎなうべく政府が窓口となってさかんに売官をおこなったが、その結果、州郡県の長官から属僚にいたるまでおおむねが富商大賈によってしめられるにいたった。民心の離反はすでに明らかであった。

　これらの情報は密偵によって確実に北周の武帝のもとへもたらされた。そしてなによりもかれをよろこばせたのは、敵国の内部を攪乱する古典的な計略がまんまと図にあたり、北斉の名将、トルコ人出身の斛律光《こくりつこう》が政争の犠牲にたおれたことである。すなわち、斛律光からさんざん痛い目にあわされてきた北周の将軍、韋孝寛《いこうかん》はつぎのような歌謡をひそかに間諜に託し、北斉の鄴におくりこんだのである。「百升は飛んで天に上り、明月は長安を照らす」。また、「高山は推《お》さずして自ずから崩れ、槲樹《こくじゅ》は扶《たす》けずして自ずから竪《た》つ」。どういうわけか、鄴のまちではこの歌謡が爆発的に流行した。そして人々はさらにつぎのようにうたいついだ。「盲眼の老公は背上に大斧を下《くだ》され、饒舌の老母は語ることを得ず」。意味もない歌詞の羅列としか思えないこの歌謡は、しかし斛律光の政敵たちにとってあいてを陥れるかっこうの材料となったのである。「百升」は一斛《こく》であるから斛律光のことをいったと解される。その証拠に「明月」はかれの字《あざな》である。「高山」はいうまでもなく北斉の王室高氏を、「槲樹」は斛律氏を、「盲眼老公」は盲目の宰相、祖珽《そてい》のことを、また「饒舌老母」は、後主の乳母であったためいまや女侍中の位をあたえられて宮廷に威福をほしいままにする陸令萱《りくれいけん》のことをさすのにちがいない。つまり歌謡の意味するところは、斛律光が高氏をたおして天子の位にのぼり、その威光は都にてりわたり、そして祖珽や陸令萱が除かれるというのだ。斛律光はただちに捕えられ、処刑された。「斛律明月は斉朝折衝の臣なるに、罪無くして誅せられ、将士は解体し、周人は始めて斉を呑《あわ》せん志を有《いだ》く」とは『顔氏家訓』慕賢篇の記すところであるが、建徳四年（五七五）、北周の武帝はついに北斉親征の詔をくだしたのであった。

ただそのときには途中で疾いをえたためいったん軍をかえさねばならなかったが、一年をおいてふたたび十万の大軍が東方にむかった。黄河から汾水ぞいに進んだ軍勢は、まず晋州をおとし、ついで北斉最大の軍事都市である晋陽をおとすと、東南にむきをかえ、鄴に迫った。後主はわずか八歳の長子に位を譲ってみずからは太上皇を称したうえ、山東方面へ逃れ、さらに陳朝への亡命をくわだてたが、北周軍の急追をまぬがれることはできなかった。鄴に入城した北周の武帝は斛律光に上柱国の位を追贈し、「この人が健在であったならば、朕は鄴にのりこむことはできなかったであろう」といったという。ときに建徳六年（五七七）二月。北斉を併合した北周は、あらたに五五州、一六二郡、三八五県、三三二、五八二戸、二、〇〇六、六八六口を獲得した。

捷報は、江陵にもとどけられ、蕭巋はただちに祝賀のため遠路はるばる鄴におもむいた。だが、いまや華北の覇者となった北周の武帝には、江南の一附庸国の君主をあいてとして、あなどりの色がありありとうかがわれた。一日、蕭巋は父の蕭詧が武帝の父宇文泰からあたえられたかずかぎりない恩情と今日にいたるまでの周梁両王朝の緊密な関係をしみじみとかたった。かたりおえると、かれの眼には大粒の涙があふれた。武帝もまた歔欷《きょき》した。その日以来、二人のあいだには、友情に似た熱いものが通いあったかのようである。数日後に催された酒宴では、武帝が同席したもとの北斉の侍中、叱列長乂《しつれつちょうがい》を指さしつつ、「こいつめは城上から朕をさんざんに罵倒しおったやつじゃ」というと、蕭巋はこうこたえるのであった。「長乂は桀《けつ》王を輔けることもならず、かえって堯《ぎょう》帝に吠えついたというわけでございましょう」。北斉の後主を桀王に、北周の武帝を堯帝にたとえたのである。武帝は声をあげて笑った。宴もたけなわとなると、武帝は琵琶をとりよせさせたうえ、「梁主のために歓をつくしたいと思うぞ」、そのようにいい、みずから一曲を弾じはじめた。蕭巋はただちに起って舞わんことを請うた。「梁主が朕のために舞ってくれるとな」、武帝は弾く手をやめてそういった。「陛下お手みずから五絃の琴を撫したまうのですから、臣が百獣の役をつとめぬわけにはまいりますまい」

武帝はいっそう相好をくずした。『礼記《らいき》』楽記篇に「舜《しゅん》は五絃の琴を作りて以て南風のうたを歌う」という。また『尚書』舜典篇には、舜帝の音楽官であった夔《き》の言葉として、「於《ああ》、予《わ》れ石を撃《う》ち石を拊《たた》けば、百獣は率《うちつ》れて舞う」と記されている。石は石製の楽器の磬《けい》のこと。聖王の堯舜になぞらえられて、武帝の機嫌が悪かろうはずはなかった。鄴をたち去る蕭巋には、雑繒一万段、良馬数十匹のほか、北斉の後主が畜《やしな》った妓妾、ならびにかれがつねに騎乗した駿馬が下賜された。江陵への帰途、蕭巋は古跡を通るたびに馬を駐めて詩を賦し、感懐をのべた。その数は三十首にのぼったというが、いま一首として伝わらないのは残念である。

松筠の節

北斉をあわせた北周の武帝は、いまや天下統一を夢みる人であった。だが北斉平定の翌年、すなわち宣政元年（五七八）、江南の陳朝征服にさきだち、モンゴル平原の覇者突厥《とっくつ》の征服におもむく途上においてはからずも病いにたおれ、長安にひきかえした。そして治療のかいもなく三十六歳の生涯をおえた。かれの遺詔には、

——将《まさ》に六合《りくごう》を包挙し、文軌を混同せんと欲せしも、今《い》ま疾いに遘《かか》りて大いに漸《すす》み、気力は稍《ようや》く微《おとろ》えたり。志有るも伸《の》びず、此を以て嘆息す。

と、業なかばにしてたおれた無念のおもいがのべられている。「六合」は天地ならびに四方で宇宙のこと。「文軌」は文字と車軌。「文軌を混同する」とは天下統一を意味する常套的

表現である。『周書』武帝紀の記すところもまたつぎのようである。

——斉を破りし後、遂に兵を窮《つ》くし武を極めて突厥を平らげ、江南を定め、一、二年の間に必ず天下をして一統せしめんと欲すること、此れ其の志なり。

志をとげずして逝った武帝をついだのは宣帝宇文贇《うぶんいん》であったが、宣帝は社稷の安泰よりもむしろ個人の快楽を、また実際よりもむしろ形式を尊重する天子であった。はやくも即位の翌年には、二十一歳のわかさで七歳の皇太子宇文衍《うぶんえん》、すなわち静帝に帝位を譲り、みずからは天元皇帝を称した。そのうえ皇后はあくまで一人という礼制を無視して、五人の皇后を立てるという奇想天外のことをやってのけた。かれはその翌年、大象二年（五八〇）の五月にあっけなく崩ずるのだが、そのとき側近の臣たちは帝の喪をかたく秘し、そして天元皇帝の名によって、隋国公・大前疑楊堅に朝政をすべしめ、かつ内外の諸軍事を都督せしめよとの詔があたえられたのであった。楊堅は楊忠の子、また五后の一人、楊皇后の父である。かれにあたえられた詔の虚偽であることは、やがて明らかとならぬはずがなかった。楊堅の北周朝簒奪の野心は朝野の知るところとなり、かれのあまりにも強引なやりかたに非難が集中した。はやくも六月には、相州総管尉遅迥《うっちけい》が鄴に叛旗をひるがえした。尉遅迥の母は宇文泰の姉、昌楽大長公主であるから北周王室の姻戚につらなる。挙兵にさいして将士に発せられた檄文にはこうのべられている。

――楊堅は凡庸の才を以て后父の勢に藉《か》り、幼主を挾《さしはさ》みて天下に令す。威礼は己《おの》れ自《よ》りし、賞罰は章《あき》らかなること無し。不臣の迹は行路に暴《あらわ》れたり。吾は将相のくらいに居り、国と舅甥なり。休《よろこ》びを同《とも》にし戚《かなし》みを共にすること、義は由《な》お一体のごとし。先帝（宣帝）の吾を此に処《お》きたまいしは本《もと》より寄するに安危を以てせんと欲すればなり。今《い》ま卿等と義勇を糾合し、国を匡《ただ》し人を庇《かば》わんと欲す。進んでは以て栄名を享《う》く可《べ》く、退いては以て臣節を終《と》ぐ可し。卿等以て何如《いかん》と為す。

将士たちは感涙にむせび、協力をちかった。尉遅迥の甥の青州総管尉遅《うつち》勤《きん》も伯父に加担した。その衆はあわせて十万。相州総管と青州総管の威令のおよぶ範囲は旧北斉領の中枢をしめ、したがってこの挙兵は、尉遅迥らの反楊堅の志向と新征服地の人びとの長安にたいするレジスタンスとが一致したのである。尉遅迥の参謀をつとめたのは北斉の高官であった崔暹《さいせん》の子、崔達拏《さいたつど》であったし、そのほかにも多くの斉人が起用されたという。しかも尉遅迥は北は突厥と通じ、南は陳朝と連絡をとったため、楊堅にとっては手ごわいあいてであった。尉遅迥に刺戟されて、七月には静帝の皇后の父、鄖州総管司馬《しば》消難《しょうなん》が、つづいて八月には武都の益州総管王謙《おうけん》があいついで兵を挙げた。とりわけ司馬消難の本拠地と江陵とは至近の距離にある。蕭巋の周辺もにわかにあわただしさをますこととなった。

江陵の将軍たちのあいだでは、この機会に北朝の羈絆を脱し、「山南」を席捲して屈辱の歴史に終止符をうつべきだ、そのような主張が沸騰した。「山南」とは終南山、太華山の南方にひろがる漢水流域である。かかる江陵の消息を楊堅はいちはやく察知した。たまたま後梁の遣使として長安を訪れていた柳荘は、その帰国にあたり、楊堅からわざわざ面会をもとめられた。楊堅はいった。「わしはかつて江陵に従軍のおり、梁主から殊遇を辱《かたじけな》くしたことがある。ところでいま天子は幼少にあらせられ、また時世のけわしきにあたって、はからずも顧命を託せられることとなった。ひそかに省《かえ》りみれば、まことに慙懼にたえない次第である。梁主は父子二代にわたってわが朝に誠をつくしてまいられたが、松や筠《たけ》のようにすがすがしい節義はいまこそ示されるべきであろう。ご帰国のうえは、ぜひともこのように伝えていただきたい」。そういいおわると、あいての手をかたく握りしめた。さきにも述べたとおり、柳荘は柳霞の子。そもそも柳氏は後梁朝と北朝との双方を等分にみわたすこと鵺《ぬえ》のごとき存在であったのだが、やがて江陵にもどった柳荘は、楊堅の伝言を忠実に、いなよりいっそうの粉飾をまじえて伝えたのであった。

「魏の武帝曹操《そうそう》にたてついた袁紹《えんしょう》や劉 表《りゅうひょう》、また晋の司馬《しば》氏に抵抗した王淩《おうりょう》や諸葛誕《しょかつたん》たちはいずれおとらぬ一世の雄傑でありました。かれらは要害の地に拠り、勇猛の士をかかえながら、しかし功業はついにならず、たちまちにして禍がおとずれました。それと申すのも、魏武、司馬氏はそれぞれ漢、魏の天子を擁して京都を保ち、それゆえ大義名分をかち得たために覇者たりえたのであります。今日の情勢について申せば、尉遅迥はなるほど旧将とはいえ、耄碌もはなはだしく、司馬消難と王謙にいたっては、その識見人物、常人にもおとっております。天下統一の才などかれらに望むべくもございません。まして山東ならびに蜀の地は周朝に帰属してからなおまだ日は浅く、恩徳は十分に浸透しておりません。在朝の将相たちはかかる情勢をみきわめ、あらそって楊氏に忠節を示しております。臣のみるところ、尉遅迥たちはやがては滅び、隋公楊堅がきっと周室を奪います。境を保ち民をいこわせ、なりゆきを静観しているのが最良の策と存じます」

蕭巋はふかくうなずき、将軍たちの唱える冒険主義は排せられた。その後の情勢は、まこと柳荘の言葉どおりに展開した。まず司馬消難は陳朝に亡命し、尉遅迥も楊堅がさしむけた精強の軍を支えきれずに挙兵から六十八日にして潰滅した。つづいて王謙も滅んだ。反対勢力を一掃した楊堅、すなわち隋の文帝が北周朝を奪ったのは、年があらたまった五八一年の二月である。蕭巋は柳荘にむかって、「もし衆人の言にしたがっておれば、いまごろ社稷は滅んでいたであろう」とのべたという。

吾が君は反らず

隋朝成立の当初、隋朝と後梁朝との関係は前代にくらべていくらか改善されたかのごとくにみえる。文帝即位の開皇元年（五八一）には、蕭巋にたいして金五百両、銀千両、布帛一万匹、馬五百匹が下賜された。蕭巋は答礼のためにただちに長安におもむいたが、端麗な衣裳といい、閑雅なたちいふるまいといい、かれのすべてに南朝文化の粋をみるおもいのした文帝は、熱っぽい視線をそそいだ。蕭巋の位は王にまさること一等とさだめられたうえ、月余の滞在をおえて帰国するにあたってはわざわざ滻水のほとりまで見送りをうけ、またまた億をもって計る賞賜をくだされたのである。そしてその翌年には、蕭巋の一皇女が文帝の第二王子、晋王楊広《ようこう》すなわちのちの煬帝の妃に迎えられることとなった。このことがきまると、独孤《どくこ》皇后は「梁主は信頼のおける親戚でございます。なにを警戒することがございましょう」と文帝にいい、その結果、江陵総管が廃されて蕭巋が後梁朝に「専制」することをゆるされたのであった。両朝の縁組のとりまとめに奔走したのはまたしても柳荘であり、長安と江陵を往復すること四、五反、文帝からあまたの褒美にあずかったという。

開皇四年（五八四）、蕭巋はふたたび長安を訪れた。そのときにも灞水まで見送った文帝はあいての手をしっかりと握りしめ、そしてつぎのようにかたった。「梁主は久しく荊楚の地に蹈踏し、旧都建康の恢復はいまだならず、故郷を思う心はさぞ深いことであろう。朕はきっと長江に遠征し、貴殿をおくりとどけたうえでひきあげることとしたい」。それはいうまでもなく陳朝の征服を意味していたのだが、しかし蕭巋は文帝が「長江に振旅する」のを目にすることなく、天保二十四年、すなわち開皇五年（五八五）の五月、四十四歳の生涯をおえた。そして明帝と諡《おくりな》された。かれがつねに佩していた金装剣とともに隋の文帝に奏呈した臨終の上表には、隋朝にたいする感謝の念が縷々としてのべられ、そのさいごは、

――遺嗣は孤藐《いとけな》ければ、特に乞うらくは慈《いつく》しみを降《くだ》されんことを。伏して願わくは聖躬の山岳と同《とも》に固く、皇基の天日と倶に永《ひさ》しからんことを。臣は九泉にありと雖も実《まこと》に遺恨無からん。

と結ばれている。

蕭巋のねがいどおり、隋朝は孤藐の遺嗣、蕭琮《しょうそう》を即位させ、年号も広運と改まった。そして隋の文帝はつぎのような璽書をあたえた。

——伝統をになって立つことはたいへんな仕事である。心痛苦労がかさなろうとも、不断に努力をかさねねばならぬ。内外をあいととのえ、才良の士を信任して累代の事業を継承するようにとくと希望する。そちの国は陳人とあい接しているゆえ、増水期にはとくに警備を厳重にするように。陳朝は近年しきりに聘使をつかわしてはくるが、国境方面はまだまだ平静とはいえぬ。わがくににだけをたのみとおもえ。けっして侵犯してはならぬぞ。ゆめあいてを甘くみて防備を設けざることのなきように。朕と梁国とは古くからの相識だ。そのうえ姻戚のあいだがらでもあり、情義はいっそう厚い。江陵の地に寄せる期待はなみなみならぬものがある。国のため民のためを思って、父帝の喪もほどほどにひかえるがよい。食事に気をつけて、礼のさだめをまもるように。

あたかも父がわが子をさとすような文面ではある。けれどもただそれだけのものでないことは、容易に察せられる。ことに陳朝にたいする防備が力説されているのは、隋の文帝の頭のなかで、長江への遠征、すなわち陳朝の討伐がしだいに具体化しはじめていたからにほかならない。江陵は江南征服のまことに重要な足がかりであった。「江陵の地、朝寄は軽からず」というとおりである。それゆえそこは陳朝にたいする防衛の橋頭堡たるにとどまらず、攻撃の第一線の基地としてますます重要性をまし、かく重要性をましたのに正比例して、隋朝の後梁朝にたいする態度にも変化があらわれはじめた。すなわち、後梁朝にたいする圧力はふたたび強化され、直接支配の志向があらわにされはじめたのである。はやくも蕭琮即位の年には、叔父の太尉蕭岑《しょうしん》が不法おおきことを理由に長安への入朝を命ぜられ、二度とふたたび江陵へもどることをゆるされなかった。そして四年ぶりに江陵総管が復置された。後梁の大将軍許世武《きょせいぶ》はひそかに陳の荊州刺史陳慧紀《ちんけいき》と連絡のうえ叛乱を計画したが、ことはもれて斬られた。

開皇七年（五八七）、後梁の仁寿宮内に祀られる銅の仏像がおおいに流汗する異変があった。光背に梵文で「阿育《アショカ》王造」の銘をもつこの仏像は、光を放てば吉兆、流汗すれば凶兆、といい伝えられた。蕭琮に入朝の命がくだったのはその年の八月である。蕭琮は臣下二百余名とともに長安にむかった。江陵の父老—民間の有力者たちは、「吾が君は其れ反《かえ》らざらん—天子さまはおもどりになるまい」といい、一様に涙を流したという。主なき江陵の総管には、膂力は人を絶し、儀貌は魁岸、「むしろ三升の酢を飲むとも、やつの顔はみたくもない」とまでおそれられた、血も涙もない崔弘度《さいこうど》が任ぜられることがきまった。そのことを知った蕭琮の叔父の蕭巌《しょうがん》と弟の蕭瓛《しょうけん》は、都官尚書沈君公《しんくんこう》を使者として陳慧紀に応援をもとめ、文武の臣、男女の民あわせて十万口とともに陳朝に亡命した。隋の文帝は激怒した。いなむしろ激怒するふりをよそおった、というのがただしいであろう。なんとなれば、後梁滅国のねがってもない口実をかれはあたえられたからである。その翌月、つまり蕭琮の用いた年号によると広運二年九月、かねて広運の「運」の字義について、「軍走るなり。吾が君は将《まさ》に奔走せんとするか」と穿鑿するむきがあったが、はたして後梁王朝は廃せられ、ちょうど三分の一世紀、三十三年におよんだ歴史の幕を閉じたのであった。

後梁の併合、それは隋の江南征服の確実な第一歩であった。あくる開皇八年（五八八）には、いよいよ「陳を伐《う》つ詔」が発せられた。陳朝の罪状をかぞえあげたその詔には、「有梁の国は我が南藩なり。其の君は入朝せるに、潜《ひそ》かに相い招誘せり」との言葉がみえている。蕭巌、蕭瓛の亡命に陳朝が手をかしたことをいうのである。そして蕭琮の義兄、晋王楊広を総指揮官とする陳討伐軍は、江陵を重要な基地のひとつとして江南へと進発したのであった。

結び

隋の開皇七年をまつまでもなく、北朝の圧倒的に優勢な軍事力もってすれば、一握りの後梁王朝をとりつぶすことなどわけもないことであっただろう。それにもかかわらず、後梁王朝は西魏、北周、隋の三代にわたる北朝の附庸として、三分の一世紀の歴史をたもった。それは民間に根強く存在する貴種崇拝の感情を利用して、しばらくは梁朝蕭氏の一族を天子とする王朝をたてることによって、新占領地の抵抗を緩和する欺瞞的なやりかたが有利であると考えられたからではなかったか。私は貴種崇拝といったのだが、蕭氏にたいする声望がのちのちまできわめてたかかったことの明証は、蕭巌と蕭瓛についてみとめられるように思う。すなわち、開皇九年（五八九）の春正月、南朝の旧都の建康は隋軍の攻撃を支えきれずに陥落し、陳の後主は隋の軍門にくだったのであるが、東南の呉会地方では、隋軍にたいしてなおはげしい抵抗がくりかえされた。抵抗の指導者に推されたのは、陳朝への亡命後、東揚州刺史に任ぜられていた蕭巌と呉州刺史に任ぜられていた蕭瓛であった。二人についてそれぞれ、「陳の亡ぶに及んで、百姓は巌を推して主と為し以て隋師を禦《ふせ》ぐ」、「陳の亡ぶに及んで、呉人は（瓛を）推して主と為し以て隋師を禦ぐ」と伝えられているように、江南人がかれらを「主に推し」たのは輝かしい梁朝の血をひく貴種なるがゆえであったと解される。それだけではない。はるかに時代がくだって煬帝の末年、中国全土が未曾有の民衆叛乱の波につつみこまれたとき、巴陵ならびに江陵を本拠とした叛乱集団の盟主、蕭銑《しょうせん》は、実に蕭詧の曾孫、そして蕭巌の孫であったが、かれの場合にもまた「隋氏の冠帯（貴族）は尽《ことご》く梁を起さんと号する」情況が江南に生じ、そのなかで「衆望」をになうかれが王に推されたのであった。蕭詧からすでに半世紀以上をけみした時代のことである。

かく北朝諸政権はなによりも新占領地の間接支配の具として後梁王朝を必要としたのであったが、それはまた陳朝にたいする外交上のかけひきの具としてもまことに有用な存在であった。陳朝の領土はがんらい梁朝のものであり、したがってその領有権はわが保護国の後梁朝に帰属すべきである。ひいてはわが北朝に帰属すべきである。北朝がわは陳朝にたいしてしばしばこのような論法を用いたのであった。一例を示そう。陳の文帝の弟の陳頊《ちんぎょく》——のちの陳の宣帝ははやく五五四年の梁の元帝政権の崩壊にさいして、他の百官同様、関中に拉致されたが、五六二年にいたり、江南に送還されることがきまった。交換条件として、陳朝は魯山の地を北周朝に割譲することとなった。そのとき、陳頊の身柄ひきわたしのため建康をおとずれた北周の使節杜杲《とこう》に、陳の文帝が「魯山を割譲しなかったら、弟の帰国は実現しなかったであろう」となきごとをいったところ、あいてはこうこたえたものである。「魯山は梁の旧領土であります。後梁は本朝の藩臣であります。筋合から申して、魯山はわが国に帰属するのが当然であります」。

かく後梁王朝は北朝の附庸に終始し、北朝に利用されるにすぎない存在であった。すくなくとも政治史的には、負の存在理由しかもちえなかったといってよさそうである。だが、五五四年の梁の元帝政権の崩壊から五八九年の隋の江南統一にいたる期間、南北両朝のはざまに位置した後梁王朝の文化史上に占める位置はけっして過小評価されるべきではないと思う。王朝の規模の小なるにもかかわらず、その文化の水準は、北朝はおろか、南朝の正統の継承者をもって任じた陳朝にもひけをとるものではなかった。梁朝文化の伝統は脈々として後梁朝に伝えられたのであった。たとえば、「溺仏」と評せられたほどの梁の武帝の治世下にさかえた仏教である。後梁第一代の宣帝蕭詧が仏義にひいでたことは先述したが、第二代明帝蕭巋も法名を等観《とうかん》と称して僧遷《そうせん》や法京《ほうけい》に敬事し、『大小乗幽微』の著述があったという。そして唐初の有名な排仏論者である傅奕《ふえき》に対抗して、「仏は聖人なるに、傅(奕)は此の議を為す。聖人を非《そし》る者は法を無《な》みするなり。請う厳刑に寘《お》け」と、仏教擁護の論陣を張った蕭瑀《しょうう》は、後梁の明帝の子であり、したがって梁武からかぞえれば五世の孫にあたった。後梁の仏教にかんしては、『歴代名画記』にみえるひとつの話が注意をひく。すなわち、当時に画名のたかかった張僧繇《ちょうそうよう》は、蕭巋が江陵に創建した天皇寺の栢堂に、盧《る》舎那《しゃな》仏の図にあわせて仲尼十哲の図を画いた。孔子の高弟十人の図である。寺院の壁画にしてはまたこれはどうしたことじゃ、といぶかる蕭巋に、張僧繇はこうこたえたという。「将来きっとこれが役にたちます」。はたしてその数年後、北周の武帝は廃仏を断行し、天下の寺塔は焼きつくされたにもかかわらず、天皇寺は仲尼十哲図のおかげで破壊をまぬがれたというのである。これはあくまでひとつの寓話とみなければならぬ。たとい仲尼十哲図がなくとも、長安から遠隔の距離にある江陵の寺院は、廃仏の嵐をまともにうけることはなかったであろう。廃仏に遭遇して僻遠の地に逃れた沙門はすくなくなかったのであって、周武の廃仏はむしろ北朝の仏教が後梁王朝に伝えられ、そして江南の仏教との融合がうながされる一機縁となったと考えるべきではあるまいか。後梁王朝滅亡後のことではあるけれども、天台の智者大師、智《ち》顗《ぎ》が一時しばらく江陵の玉泉寺に錫をとどめたこともこのような文脈のもとに想起されるべきであろう。

かく仏教にかんするかぎり、北から南への流れがあったと想像されるのだが、しかし後梁王朝の主要な役割は、江南の文化を北朝に伝え、あるいは次の時代にひきつぐチャンネルとなった点に存したというべきであろう。たとえば、『漢書』『後漢書』に精通したため「漢聖」の異名をとり、その学統の由緒ただしきことが『顔氏家訓』書証篇にひとつの挿話をもって証明せられている劉臻《りゅうしん》は、梁、後梁、北周、隋と仕えた人物であった。これは史学にかんする事例だが、文学にかんしては柳䛒《りゅうべん》をあげることができよう。後梁王朝の三代の天子に仕え、その滅亡後、隋の晋王楊広の幕府に招聘された柳䛒は、百余名の学士の筆頭に位していつも王から自作の詩文の潤色を依頼された。かくてそれまで庾信《ゆしん》体をならっていた王の詩文にもしだいに変化があらわれはじめたという。

春鳥一囀有千声　　春鳥一《ひと》たび囀《さえず》って千の声有り
春花一叢千種名　　春花の一叢《ひとむら》は千種の名
旅人無語坐簷楹　　旅人は語無《ことばな》くして簷《のき》の楹《はしら》に坐し
思郷懐土志難平　　郷を思い土《くに》を懐《しの》べば志は平らかなり難《がた》し

唯当文共酒　　唯だ当《まさ》に文と酒と
暫与興相迎　　暫らく興と相《あ》い迎うべし

これは「陽春歌」と題される柳䛒の一作品だが、かれの文学には一代の文宗、庾信の指導のもとに創出され、そして時代をリードした文芸思潮に変改をせまるほどのなにものかが存したのであろうか。それはまた柳䛒個人にとどまらず、後梁王朝の文芸的伝統であったとしてよいのであろうか。

経学の分野においても、後梁朝にはなかなかの偉材が存在した。蕭詧が「謀主」としてもっとも信頼し、二人の関係は劉備《りゅうび》と諸葛孔明《しょかつこうめい》のそれに擬せられた蔡大宝は『尚書』の一流の学者であった。孔穎達《くようだつ》が唐の太宗の命を奉じてなった『尚書正義』は、『尚書』にたいする注釈『尚書孔安国伝』、いわゆる『偽孔伝』、それをさらに詳密に注釈した六朝人のもろもろの義疏を整理したものであるが、その序に『孔安国伝』の歴史をのべきたってつぎのようにいう。

——江左の学者は咸《み》なこれを祖述し、近く隋初に至って河朔に流る。其の正義（義疏）を為《つく》る者、蔡大宝、巣猗《そうい》、費甝《ひかん》、顧彪《こひょう》、劉綽《りゅうしゃく》、劉炫《りゅうげん》等あり。

「江左」は江南におなじ。「河朔」は華北のこと。華北の『尚書』学者はがんらい鄭玄《じょうげん》の注釈を依拠としたのにたいして、『孔安国伝』は江南の学者の祖述するところであったためにかくいうのである。巣猗ならびに費彪は梁の国子助教であり（『隋書』経籍志）、北斉の武平末に北方の学者であった劉綽と劉炫が費彪の義疏を手にいれたという（『北史』儒林伝）。このように、また他にも明証があるように、『孔安国伝』の華北への流伝は隋初にさきだつ事実であり、その点にかんしては孔穎達の序はいささかの修正を必要とするのだけれども、それはさておき、費彪の義疏と同様に、蔡大宝の義疏もまた宗主国の北周に伝えられ、そして彼地の学者を刺戟したものと想像される。ちなみにいう。蔡大宝の甥の蔡允恭《さいいんきょう》に後梁朝一代の歴史、『後梁春秋』十巻があったといわれるが、佚して伝わらない。今おなじ書名のもとに存在するのは、はるか時代のおくれる明の姚士粦《ようしりん》が、『周書《しゅうじょ》』『隋書《ずいしょ》』『北史《ほくし》』その他にもとづいて編年体にまとめた小冊子である。

後梁朝にはまた『詩』『礼』『左伝』の専家であり、そのほか陰陽、図緯、道経、釈典にいたるまで通ぜざるはなかった沈重《しんじゅう》が存在した。わかくして梁の武帝にみとめられて五経博士となったこの俊秀は、のち梁の元帝に仕え、江陵陥落後もそのままその地にとどまって蕭詧に仕えていたところ、北周の武帝からねんごろな招請状をうけとったのである。かくして長安に滞在することとなったおよそ十年の間、五経の討論や鍾律の校訂に参画したのをはじめとして、とりわけ廃仏にさきだって天和四年（五六九）に催された儒仏道三教の討論会では、儒教側の代表としてみごとな活躍を示した。『周書』儒林伝にはいう。「復《ま》た紫極殿に於いて三教の義を講ぜしむ。朝士、儒生、桑門（沙門）、道士の至る者は二千余人なり。重は辞義は優洽、枢機は明弁なれば、凡《およ》そ解釈する所、咸《すべ》て諸儒の推す所と為る」。いわば北周の武帝の文教顧問、それがかれにあたえられた役割であったのだが、われわれはこの沈重のすがたに、政治的には北朝の圧政に呻吟しながらも文化的にはかえってあいてを圧倒しえた後梁王朝のひとつの象徴をみいだしうるように思う。

補篇　史家范曄の謀反

一

宋の文帝の元嘉二十二年（四四五）十二月乙未《いつび》（二十三日）、もとの太子《たいし》詹事《せんじ》范曄《はんよう》にたいする刑が執行された。ことわるまでもなく范曄は、司馬遷《しばせん》の『史記』、班固《はんこ》の『漢書』につぐ『後《ご》漢書《かんじょ》』の著者である。罪名は「大逆謀反」。ともに刑戮を加えられたのは、范氏だけでも藹《あい》、遥《よう》、叔蔞《しゅくろう》の三子をはじめとする十二人の多きをかぞえ、范氏以外では范曄の姉の子の謝綜《しゃそう》と約《やく》の二兄弟、また孔熙先《こうきせん》、休先《きゅうせん》、景先《けいせん》、思先《しせん》の四兄弟、熙先の子の桂甫《けいほ》、桂甫の子の白《はく》民《みん》、それに仲承祖《ちゅうしょうそ》、許耀《きょよう》たちであった。謀反罪の場合の常として、処刑は人が集まる市場において行なわれた。いわゆる「棄市《きし》」の刑である。南朝の都城、建康城《けんこうじょう》（江蘇省南京）の南部を東から西に向かって流れ、長江に注ぎこむ秦淮水《しんわいすい》、その秦淮水にかかる朱雀航《すざくこう》の近くにあって、長江上流や東南の三呉地方から運ばれてくる物資の集積地として殷賑をきわめた大市が、おそらく処刑の地であったろう。それまで拘置されていた廷尉獄のある宮城、一般に台城《だいじょう》とよばれた宮城からまっすぐ南にのびる御道《ぎょどう》は、二里にして都城の宣陽門に達し、さらに五里にして朱雀航に達する。あわせて七里。今日流にいえばおよそ三キロの距離である。槐《えんじゅ》と柳の並木がつづき、富室の櫛比する御道は、その日、つい先日まで廟堂の臣の一人でありながら、おそろしい謀反をくわだてた范曄とその党与たちを一目見ようとする人の波でうずまっていた。かれらは一様に、ひきまわしの罪人にいつもつきものの羞恥、畏怖、悔恨、失意、落胆、そのようなものを目にし、それにたいするいささかの憐愍、憐愍にともなうくすぐったいような優越の感情をもとめて集まってきていたのにちがいない。ところがかれらが目にしたのは、およそ場ちがいの、異常ともいうべき情景であった。罪人たちのあいだからおしゃべりのたえることはなく、ときとして笑声すら聞かれるのである。少なくとも、はために映じた情景はそのようであった。

だがこの奇妙な罪人の列の内部は、やはりけっしてはなやいだものではなかった。それぞれの感情がむきだしに対立し、とりわけ先頭を歩む范曄と謝綜とのあいだの会話には、そのようなふしがありありとうかがわれた。真顔で語りかけるおじに甥の謝綜はいつもなげやりな調子でこたえ、ときには明らかに毒を含んだ。獄門を出て、いざ大市にむかおうとするはじめからしてそうであった。

「今日の行進もやはり位階の順序に従うのだろうか」

「首謀者が先頭になるのです」

そして二人のやりとりのたびに後につづくものはどっとわき、そのことが見物の群衆たちに、あたかも三月三日の禊祓《けいふつ》の祭礼か、九月九日の重陽節《ちょうようせつ》に郊外へ出かける貴人の行楽のごとく錯覚させたのである。罪人それぞれのあいだの対立というよりも、そのなかで范曄一人が孤立していたのだ。大市に到着してからも范曄と謝綜の対立はつづいた。

「そろそろ時間だろうか」

「そうながくはないにきまっています」

やがて最後の食事がはじまり、范曄は謝綜にも箸をつけるようすすめたが、「臨終のさいでもあるまいし、無理に食べることはありません」とはねつけるのであった。気まずさをまぎらすため范曄はしきりに酒杯を重ね、そして刑吏が家族たちとの面会を告げしらせたとき、二人の意見はまたまた対立した。世間体をはばかった謝綜の母、つまり范曄の姉をのぞくと、范曄の妻や生母たちが大市にかけつけていたのだ。

「家のものがやってきている。会わしてくれるそうだ。別れをしようではないか」

「別れをしてもしなくてもなんということはありません。やってくれば泣きだすにきまっています。気持ちが乱されるだけです」

「泣きだしたって平気だ。さっき人垣のなかから家族のものがわしらを見つめていたぞ。やはり会わんよりはいい。わしはどうしても会いたい」

范曄のまえに家族たちがよばれ、はじめのうちはだれしも貝のごとくおし黙ったままであったが、息のつまりそうな沈黙をさいしょに破ったのは范曄の妻であった。妻は藹、遥、叔蔓の三人の子供をしっかり胸にだきしめると、夫にむかってヒステリックな言葉をなげつけた。

「あなたはとんでもないお父さんです。天子さまの恩遇に感ずることもなく、死んだところで罪のつぐないになりません。どうしてまた子供たちまでまきぞえにしたのですか」

范曄は無理に笑顔をつくりながら、「できてしまったことじゃ」とこたえるだけであった。

つづいて年老いた母親が、やはりからだをふるわせながら、

「主上さまはこのうえもなく目をかけてくださっていたのに、おまえはまるでご恩に感じず、しかも年よりのわたしのことを考えてはくれなかったね。このざまはなんだい」

そう叫ぶなり、范曄の首や頬に平手うちをくらわせた。このような妻や母親の狂乱にもほとんど表情を動かさなかった范曄だが、さいごに妹や妓妾たちが別れを告げにやってくると、彼の眼にどっと涙があふれた。それまで一場のなりゆきを見まもっていた謝綜は、その気配をすばやく見とがめて冷やかにいった。

「おじうえはやはり、夏侯《かこう》の色に同じくせん、というわけにはゆきませんでしたね」

その数日まえ、獄中の范曄はつぎのような辞世を賦していたのである。

禍福本無兆
性命帰有極
必至定前期
誰能延一息
在生已可知
来縁懵無識
好醜共一丘
何足異枉直

禍福は本《もと》より兆《きざし》無く
性命は帰《つい》に極《きわ》まること有り
必至は前期に定《さだ》まり
誰か能く一息を延《よ》ばさんや
在生は已《すで》に知る可きも
来縁は懵《おぼろげ》にして識《し》る無し
好醜《こうしゅう》は共に一丘
何ぞ枉直《おうちょく》を異なれりとするに足《た》らんや

豈論東陵上
寧弁首山側
雖無嵆生琴
庶同夏侯色
寄言生存子
此路行復即

豈《あ》に論ぜん東陵の上
寧《なん》ぞ弁ぜん首山の側《かたわら》
嵆生《けいせい》の琴は無きと雖《いえど》も
庶《ねが》わくは夏侯《かこう》の色に同じくせん
言を寄す生存子よ
此の路行《ゆ》くゆく復《ま》た即《つ》かん

たしかな手ごたえのあるのはただ命あるかぎりのこと、死んでしまえば美も醜も、枉も直もあったものではない。東陵山に死んだ大泥棒の盗跖《とうせき》、首陽山に餓死した義士のほまれたかい伯夷《はくい》と叔斉《しゅくせい》の兄弟。『荘子』に「伯夷は名（名節のため）に首陽の下に死し、盗跖は利（利益のため）に東陵の上に死す。二人は死する所は同じからざるも其の生を残《そこ》ない性を傷《やぶ》るにおいては均しきなり。奚《なん》ぞ必ずしも伯夷の是にして盗跖の非ならんや」というとおり、生前の両者の枉直はことなるけれども、死がいっさいを無に帰せしめたではないか。曹魏を奪おうとする司馬氏に抵抗して洛陽の東市に刑死した嵆康《けいこう》と夏侯玄《かこうげん》。話はいずれも『世説新語《せせつしんご》』にみえるが、広陵散《こうりょうさん》の琴曲をつまびきおわると従容《しょうよう》として死に就いた嵆康の風懐はかなわぬとも、せめて刑に臨んで「顔色異《こと》ならず」と伝えられる夏侯玄のようではありたい。

謝綜にとがめられて范曄はあわてて涙をおさめたが、そのときすでにかれの肉体にはしたたかに酔いがまわり、あいての揶揄に思いきりやりかえしてやりたいと思いながらも、「姉上がやってこなかったのはかしこかったね」、ただそう一言語るのがせいいっぱいであった。

二十歳になったばかりの長男の范藹も酔っぱらっていた。藹は土くれや地面いっぱいに散乱した果物の皮を手あたりしだいに父になげつけながら、「別駕《べつが》、別駕」と数十回たてつづけに叫んだ。范曄は荊州別駕従事史であったことがあり、家庭内では「別駕」の愛称でよばれていたのであろう。

「おまえはわしのことを怒っているのか」

「いまさらもうなにを怒りましょうか。ただ父子ともども刑死するのが悲しくてたまらぬのです」

范曄たちにたいする刑が執行されたのは、かかる狂乱と狼藉の数刻後のことであった。ときに范曄四十八歳。『宋書《そうじょ》』范曄伝は范曄最後の日の情景をあらましの以上のように描写している。

二

范曄、字《あざな》は蔚宗《うつそう》、の謀反事件は、簒奪のあいついだ南朝の歴史のなかでは例外的に、梁の武帝の治世とあいならんで、「元嘉の治」とよばれる宋の文帝の盛世のできごとであった。倭《わ》の五王のうち、讃《さん》、珍《ちん》、済《せい》の三人があいついで使者を派し、冊封をうけたのは、この元嘉時代のことである。

それは六朝の貴族社会がひとつの頂点に達した時代であった。五胡擾乱の華北をすてて江南に新天地をもとめた貴族社会は、苦渋にみちたおよそ百年の歴史をけみしたのち、宋の第三代皇帝の文帝のもとにようやく安定した地歩をきずきあげたかのごとくである。『宋書』良吏伝の序は、元嘉時代を「蓋《けだ》し宋世の極盛なり」と評している。いな、「宋世の極盛」であっただけではない。『宋書』文帝紀の論賛によれば、それは後漢以来まれにみる盛世であった。「綱維は備《つぶ》さに挙《あ》がり、条禁は明密、罰に恒科あり、爵に濫品なし。故に能《よ》く内は清く外は晏《やす》らかに、四海は謐如《ひつじょ》たり。昔、漢氏の東京（後漢）には常に建武（光武帝時代。二五—五七）・永平（明帝時代。五八—七五）の故事《ふるごと》を称《たた》う。茲《こ》れより厥《そ》の後は亦《ま》た毎《つね》に元嘉をもって言と為す。斯れ固《まこと》に盛んなり矣」。

いまもし貴族社会のしくみをごく簡単に素描するとすれば、およそつぎのようなことになるであろうか。社会は士および庶民、賤民の身分から成りたち、士はさまざまの特典にめぐまれ、士と庶民とのあいだは「士庶の際は天隔す」という言葉に示されるほどに懸絶した。ましてや賤民は人間以下の存在でしかなかった。士というのは主として徭役免除の特典をあたえられた者を総括してよぶ法制上の名辞であり、その内部はさらに重層的なヒエラルキーにこまかく分れた。士のなかで最上位をしめたのが、つまり社会の最上位をしめたのが、いわゆる貴族であるが、内藤湖南がこの時代の貴族について、「制度として天子から領土人民を与へられたといふのではなく、其家柄が自然に地方の名望家として永続したる関係から生じた」と説明しているのはさすがに的確である（「概括的唐宋時代観」）。貴族はおおむね古代帝国崩壊期の後漢末に系譜し、ながい歴史の堆積が形成した門地のうえにたつ存在であった。そしてこの時代にきわめて特殊な官吏任用制度、すなわち九品官人法ないし九品中正法とよばれる制度によって、かれらは門地にあい応じた官職をほとんど自動的に獲得した。「当時の政治は貴族全体の専有ともいふべきものであつて、貴族でなければ官職に就く事が出来なかつた」と内藤が述べているのはそのことをさしている。政治だけではない。社会全体からみればひと握りにすぎない貴族が、時代のすべての上に君臨した。経済的にあるいは文化的にいかに優れようとも、もし庶民である場合には「寒人」と排斥され、また法制的にはおなじ士身分のものでさえ、下級士族は「寒門」といやしめられた。寒人や寒門がときとして天子の近習に起用されることがあったが、貴族たちにとってかれらは貴族社会の秩序破壊者であるがゆえに、「恩倖《おんこう》」とよばれた。恩倖とは、歴史的背景によってではなく、ただ天子から頂戴した恩遇によって生きる僥倖者という、さげすみの色あいを濃厚に賦与された言葉である。出る釘はすべて打たれなければないのだ。

貴族のまえでは、恩倖は腰かけることさえゆるされず、立ったままでいなければならなかった。一人の恩倖が、天子から、「おまえはかねてから士人として認められたいと念願しているが、王球《おうきゅう》のところにでかけたうえ、腰かけさせてもらえるかどうかできまるであろう。王球のところにでかけたなら、勅許をえているといってさっさと腰かけるがよい」とおしえられ、さておしえられたとおりに着席しようとすると、主人は扇をかざしつつ、「ならぬ」との一言。すごすごとひきあげてきたおとこにむかって、「朕とてもいかんともすることはできぬのだ」と天子が嘆いたというのは、けっして笑話ではない。しかもその天子こそ実は宋の文帝なのである。

文帝の治世が「元嘉の治」とたたえられたのは、貴族社会のルールを承認し尊重する政治姿勢が貴族たちからむかえられたことによるところが大きい。貴族のなかでも琅邪《ろうや》の王氏と陳《ちん》郡の謝氏がとくにきわだった存在であったが、范曄が属する順陽《じゅんよう》の范氏もけっして王氏と謝氏にひけをとらぬ名門であり、しかも范氏の時の棟梁ともいうべき范曄による謀反は、「元嘉の治」さなかの事件であっただけに、世間からきわめてセンセーショナルなあつかいをうけた。分別ざかりのこのおとこを謀反へとかりたてた動機はいったいなにであったのか。

『宋書』の著者の沈約《しんやく》は、謀反におわった范曄の生涯をつづるにあたって、謀反がおこるべくしておこったことを理由づけ、かつ印象づけるために、范曄を尋常ならざる人間、不道徳にして放埒、常識をわきまえぬ支離滅裂な人間、に形象化している。いってみれば、処刑の日の描写も、そのような道具立てのひとつにすぎないのである。范曄の容貌風姿について沈約がつたえるところも、つぎのごとくである。「長《たけ》は七尺に満たず、肥黒にして眉鬢は禿《は》ぐ」。身長七尺というのが当時の標準であって、標準にみたぬ短軀、しかも肥りじしで肌はあくまで浅黒く、眉と鬚《ひげ》があるかなし、しかも額には母が厠《かわや》で生みおとしたためにできた塼《れんが》による傷痕があり、そのため「塼《せん》」を幼名としたのだという。

くわえて范曄にはつぎのようなかずかずの奇行があった。

元嘉八年（四三一）、三十四歳、征南大将軍・江州刺史檀道済《たんどうせい》の属官である司馬・領新蔡太守であったとき、河南に侵寇した北魏軍を討つべく府主の檀道済に北征の命令がくだった。司馬は長史とともに軍府の事務の宰領を職務とするのだが、范曄は脚疾といつわって随行を拒否した。しかし文帝は許さず、水路による武器兵員の輸送の監督にあたらしめた。

同九年（四三二）、三十五歳、尚書吏部郎であったとき、彭城《ほうじょう》太妃《たいひ》、すなわち司徒録尚書事・

彭城王劉《りゅうぎ》義康《こう》の母親、さらに詳しくいえば宋の武帝の側室の一人であった王修《おうしゅうよう》容が薨じた。葬送の儀が行なわれる前夜、通夜の客の一人として東府城に参集した范曄は、司徒左西属王深《しん》とつれだって、たまたま当直にあたっていた弟の司徒祭酒范広淵《はんこうえん》の部屋におしかけ、北の牖《まど》をあけはなって夜風にのってつたわる挽歌をさかなに痛飲した。当時、葬送とかかわりなく挽歌が奏せられることはめずらしくなかった。たとえば高名の詩人の顔延之《がんえんし》は酒肆において裸身にして挽歌をうたった。それはまさしく「デスパレートな風流」と評すべきものであるが（一海知義「文選挽歌詩考」、『中国文学報』十二冊）、葬送とかかわりのある場での范曄の行為はかえっていっそうデスパレートである。劉義康はおおいに立腹し、宣城太守に左遷した。のちに説くごとく、『後漢書』が執筆されたのは宣城郡においてのことである。

同十六年（四三九）、四十二歳、領軍将軍・予州刺史・長沙王劉《りゅうぎ》義欣《きん》の長史であったとき、兄の宜都太守范暠《はんこう》の任地において嫡母が危篤におちいった。しらせをうけた范曄は、しかしただちに奔赴せず、でかけるにおよんで妓妾を同行した。御史中丞劉《りゅうそん》損の弾劾するところとなったが、文帝は彼の才をおしみ、罪せられずにおわった。

同十九年（四四二）、四十五歳にして左衛将軍、二十一年（四四四）、四十七歳にして太子詹事を授かるが、そのときまたつぎのようなことがあった。范曄はかねてから琵琶の名手としてきこえ、ことに「新声」にひいでた。のちに獄中で執筆した「諸々の甥姪《せいてつ》に与うるの書」に、「吾の音楽に於《お》けるや、聴功（鑑賞）は自揮（演奏）に及ばず、但だ精《くわ》しき所、雅声に非ざるを恨むべしと為す」と記していて、「新声」とは「雅声」の反義語《アントニム》であるにちがいなく、おそらくは艶歌の類であろう。文帝はかれの演奏を一度ききたいものと、それとなくさそいをかけるのだが、范曄はいつも空とぼけるのであった。一日、宴もたけなわのおり、帝はいった。「おれは歌いたくなった。一曲ひいてくれ」。帝が歌い、范曄は伴奏をはじめたが、帝の歌がおわると范曄もぷつりと手をやめた。

『宋書』范曄伝は、このように異様な逸話をおりまぜつつ范曄の経歴を記し、そしていよいよ謀反へと叙述の筆をすすめてゆく。その舞台まわしの役をつとめるのは、孔熙先《こうきせん》なる人物である。

三

孔熙先は、「博学にして縦横《しょうおう》の才志あり、文史星算、兼ねて善くせざるはなし」と評せられるひとかどの人物でありながら、いつまでも閑職の員外散騎侍郎にとどめおかれたままであった。そのため、かれの心底にはそこばくの鬱屈が堆積されていたごとくである。かれがながらく調任をえられなかったのには、それなりの理由があった。広州刺史であった父の孔黙之《こうもくし》が贓罪に問われたとき、彭城王劉義康《りゅうぎこう》の口ききで罪を赦されることをえ、それ以来、父のうけた恩遇にいたく感じいっていたのだが、その劉義康が中央政界から放逐されるという事件が、元嘉十七年（四四〇）に発生したのである。

宋王朝の創業者である武帝の第四皇子であり、文帝の次弟である劉義康は、元嘉六年（四二九）、侍中・司徒・録尚書事に就任して以来、失脚にいたる十一年間、ともに輔政するいま一人の王弘《おうこう》の謙譲と老齢のために、また文帝の病身のために、ほとんど一人で内外の衆務を総攬した。しかも煩雑な政務をいとうこともなく、エネルギッシュにことにあたったため、いきおい権力はかれに集中した。

——性として吏職を好み、文案に鋭意す。是非を糾剔《きゅうてき》するに精尽ならざるは莫《な》し。既に専ら朝権を総《す》ぶるや、事を決すること己《おの》れ自《よ》りし、生殺の大事は録命を以てこれを断ず。凡そ陳奏する所、入りて可《き》かれざるはなく、方伯以下、並びに義康の授用に委《ゆだ》ねらる。是《これ》に由《よ》って朝野輻湊し、勢いは天下を傾く。義康も亦《ま》た自強して息《や》まず、懈倦《かいけん》あることなし。

孔黙之の釈放も、「録命」すなわち録尚書事の肩書のもとに出される命令にもとづくものであったと思われる。それだけではない。「方伯」の語は、このころでは本義の封王諸侯をはなれて州の長官である刺史と郡の長官である太守をもっぱらさすのだから、そもそも孔黙之の広州刺史任用もかれの方寸に出るものであったろう。ともかく、劉義康の居館である東府城の門前には、毎朝数百乗の車が列をなし、順番さえまてば微官卑賤のものにいたるまで面謁がかなった。しかも一度でも面識のあるものにたいしては、満座のなかであいてについての記憶をひとつひとつよびおこす強記ぶりを示したため、あいては感心するとともにすっかり恐縮した。そしてどこか見どころのある人物とみこめばわが幕府に起用し、役たたずの人間や自分の意向にさからう人間は台官、つまり朝廷勤務の役人にふりむけた。このようにして劉義康の権勢は文帝を凌駕せんばかりであり、揚州刺史、大将軍などの肩書がつぎつぎにつけ加わった。東府城には朝廷への報告なしに六千余人にのぼる「僮部」が配置された。賤民によって構成される私兵の類であろうか。また文帝が地方から献上された蜜柑の、形といい味といい例年になく不出来なのを嘆じたところ、居あわせた義康が東府城からとりよせさせたものは径三寸にもおよぶみごとなものであったというのは、二人の権勢のちがいを示す一話柄である。

ただ劉義康には、がんらい兄をだしぬいてやろうという下心は必ずしも存しなかったごとくである。「兄弟は至親」なるがゆえに兄文帝にたいして君臣の礼をとらず、「心に率《したが》いて逕行し曾《か》つて猜防《さいぼう》するところがなかった」。『宋書』はそう記し、その証拠として、心臓病の発作のため文帝が何度か死に瀕するたびに、義康は看護に心をくだき、飲食の品はすべてみずから毒見したうえで文帝にすすめ、「夕《よ》を連ねて寐《い》ねず、日を弥《かさ》ねて衣を解《と》かざる」有様であったという。しかしながら本人の意思とはかかわりなく、蜜にむらがる蟻の群にもにて、権力の所在に人は集まり、義康を頭にあおぐ朋党がしだいに形成されていったことは否定しがたい事実であった。僮部のごとき卑賤の者から、義康の辟召にかかる掾属はもとよりのこと、朝臣のなかにもおのずから義康につらなるかしからざるかの人脈ができあがり、それぞれの思惑のもとに行動した。そしてそれら朝臣のなかで、太子詹事劉湛《りゅうたん》と文帝の信任あつい中書令・護軍将軍・尚書僕射殷景仁《いんけいじん》の対立が情勢を深刻にした。

そもそも劉湛が中央政界に登場したのは殷景仁のひきによるものであったが、しかし気位のたかい劉湛は殷景仁が位階においてつねに一歩先んずることに我慢ならず、しだいに対立の溝をふかめた。そして劉湛は相手を失脚させたい一心から劉義康に接近した。そのようなしうちを、殷景仁は「これを引きて入らしむるに、入れば便《すなわ》ち人を噬《か》む」と評したという。ある日、文帝が危篤におちいり、枕頭にまねかれた義康に臨終の遺詔である「顧命詔」起草の命がくだった。尚書省にもどった義康が、熱い涙を流しながら、その旨を劉湛と殷景仁に告げると、劉湛は「天下の艱難は幼主ではのりきれません」ときっぱりいった。文帝の遺志をよそおって義康が即位すべきだというのである。義康と景仁は一言も意見を述べなかったが、劉湛は腹心の部下を尚書儀曹におもむかせ、むかし東晋成帝の咸康《かんこう》末年、成帝の同母弟の康帝を登極させた旧事をひそかに調査させた。それは義康のまったく関知せぬところであった。だが、やがて病い癒えた文帝がこのことを知ってこころよく思わなかったのは当然であろう。劉義康、劉湛につらなる人脈はいまや明らかに文帝に対立する朋党であった。文帝はとりわけ劉湛を蛇蝎のごとくにいみきらい、「劉班《りゅうはん》が江陵からもどってきた当初には、話をするたびにいつも日がかたむくのを気にかけ、もう退出する時刻ではないかとおそれたものだ。ところがどうであろう、近ごろでは、やはり日がかたむくのが気にかかるが、いつまでも退出しないのではないかと、そのことばかりをおそれるのだ」ともらしたという。劉湛の幼名は班虎《はんこ》、それで劉班とよんだのである。また義康に接する文帝の態度も、以前のようではなくなった。自分を輔佐してくれる心づよい弟ではもはやなく、わが帝位をうかがう無気味な存在となったのである。義康が劉湛の一族でわが司徒府の左長史をつとめる劉斌《りゅうひん》を丹陽《たんよう》の尹《いん》、今でいえばさしずめ東京都知事に相当する地位に抜擢せんとしてその名を奏上したとき、文帝は相手がまだすっかり説明しおわらぬさきから、「呉郡太守に任ぜよ」と命じた。

その後、会稽太守羊玄保《ようげんほ》が中央に復帰することがきまり、後任にふたたび劉斌を推すべく、「羊玄保は中央にもどりたい意向だそうですが、その後任にだれをあてられるおつもりですか」となぞをかけたときにも、文帝に腹案があったわけではなかったが、「すでに王鴻《おうこう》を任用することにしておる」とこたえた。「方伯」の授用はもはや義康に委ねられなくなったのだ。このようにして、義康の居館である東府城への行幸も、元嘉十六年（四三九）の秋以来すっかりとりやめとなった。

　その後も、劉湛は殷景仁の失政を執拗にあげつらい、その失脚を画策した。また劉義康や劉湛のとりまきたちは、今後いっさい殷景仁のところに出入りしないことを約束しあった。劉湛のとりまきの一人の父親が、そうとは知らず、殷景仁に太守の地位をもとめたとき、そのおとこはあわてて劉湛にわびをいれた。「おやじは耄碌のせいで殷鉄《いんてつ》に就職の依頼をしました。わたくしのいたらぬため、上は生成の徳にそむき、身のおきどころもない一門の慚懼《ざんく》とこころえております」。殷鉄は殷景仁をその幼名でよんだのだが、「上、生成に負《そむ》く」とは天子にむかってこそ用いられるべき言葉であろう。

　劉義康と劉湛にたいする警戒心に反比例して、殷景仁にたいする文帝の寵遇はたかまったが、劉湛のやり口にすっかり嫌気のさした殷景仁は、免職を願いで、その結果、官爵は保留のまま自宅療養をゆるされることとなった。それでもなお劉湛は刺客を放ち、あたかも劫盗に襲われたかのようによそおってあいてを路上において刺殺せんことを計画したが、計画をもれきいた文帝が、台城の西面、西掖門外にあるもとの晋の鄱陽《はよう》公主の屋敷に殷景仁を遷したためにことなきをえた。このようにして五年の歳月が流れ、その間、殷景仁は一度として拝謁の機会に恵まれなかったが、文帝とのあいだには一日に数十回となく密使の往来があり、緊密な連絡がたもたれた。そして元嘉十七年（四四〇）の十月戊午《ぼご》（三日）、それまでずっとベッドに臥していた殷景仁は左右のものに衣冠の塵をはらうよう命じた。夜になって、用意をととのえてまつ彼のもとに参内の沙汰がくだった。殷景仁はなおも脚疾と称してベッドをそなえた輿の小牀輿《こししょうしょうよ》にかつがれたまま、文帝がまつ華林園の延賢堂にかけつけた。そのころ、台城内の各要所は手まわしよく禁軍によって固められ、おりしも母親の喪に服すため私邸に退いていた劉湛は廷尉獄に連行されたうえただちに斬首、その三子および朋党中の重要人物は死罪ないし流罪となった。また中書省に入宿するよう命ぜられていた劉義康は、劉湛らの粛清を告げられると、上表して位をゆずり、侍中・大将軍の肩書はもとのまま、都督江州諸軍事・江州刺史として予章（江西省南昌）に赴くこととなったのである。

劉義康にかわって執政の地位についたのは、いうまでもなく殷景仁であった。だがかれは、実にあっけなく、わずか一ヶ月あまりで他界した。劉湛の祟りだ、と世間ではもっぱら噂したという。

殷景仁なきあと、文帝の第二皇子である始興王劉濬《りゅうしゅん》が後軍将軍・南予州刺史から揚州刺史に迎えられる。都の建康を治所とし、王朝の心臓部を治める揚州刺史は、宰相の兼務すべき重要な地位なのだが、劉濬は齢《よわい》わずか十二歳の少年にすぎず、そのため州事を代行したのが、ほかでもなく後軍長史・領南下邳《なんかひ》太守から府主の劉濬とともに京師に遷った范曄であったのである。そして、元嘉十九年（四四二）には宿営の衛兵を統領する左衛将軍に、二十一年（四四四）には東宮の衆務を総攬する太子詹事に昇進し、庾炳之《ゆへいし》、沈演之《しんえんし》たちとともに政務の機密に参与するにいたった。ここで注目されるのは、庾、沈いずれも天下を騒がせた朋党の外に位置した人物であったことであろう。劉湛と殷景仁の反目が熾烈をきわめたなかで、庾炳之だけは例外的に両人と自由につきあい、殷景仁が朝見がかなわなかった五年の間、文帝の使命をたずさえてしばしば殷景仁をおとずれながら、劉湛すら疑いをもつことがなかった。それゆえ庾炳之のとりえといえば、「ただ当《まさ》に殷景仁とその旧《よしみ》を失せず、劉湛と亦《ま》た復《ま》た疎ならず云うべきのみ」といわれたほどである。また沈演之も、劉義康から目をかけられながら、劉湛が殷景仁を排斥するにおよんで、「正義に仗《よ》って」劉湛に同調しなかった。おそらく范曄も、朋党事件後の気風刷新をはかった政権の廟堂の臣の一人として期待をよせられたのであったろう。太子詹事拝命のさいの詔文には、「才の応ずること通敏、理懐は清要」とその資質がたたえられている。

四

都から予章に南下した劉義康には、「左右の愛念する者」、といえばとくに親しいとりまき数人の随行がゆるされた。范曄の外甥の謝綜が記室参軍として同行したのはその一例である。また劉義康の身のうえをいたくあわれんだ長姉の会稽《かいけい》長公主は、文帝がおとずれての宴席で、文帝に再拝稽首したうえ、義康をその幼名でよびながら、「車子《しゃし》の晩年はきっと陛下にいれられなくなることと思います。今このさい、とくにかれの命をお願いしたいのです」というなり、どっと泣きくずれた。文帝も流涕しつつ、かなたにのぞまれる蔣山《しょうざん》を指さしつつ、「そのご心配は無用です。もし約束にたがえば初寧陵《しょねいりょう》に顔向けができません」と誓った。初寧陵は蔣山《しょうざん》に営まれた父武帝の陵墓である。そして一通の書状とともに、口のきられたばかりの酒樽をあらためて封をしたうえ予章に送りとどけさせた。

――会稽姉、飲宴に弟を憶《おも》わる。余《あま》す所の酒、今ここに封送す。

かくして劉義康は、「資奉は優厚、信賜は相い係《つ》ぎ、朝廷の大事は皆な報示す」といわれるほど、ともかく表面的には手あついあつかいをうけた。とはいえ、予章南下がかれの本意であったはずはない。しかも予章に到着して早々に江州刺史の位を退いている。いや、退かされているといった方がただしいであろう。それでも義康はまだよい。かれが権勢の地位にあった時代、かれのまわりに蝟集していた人間はどうなるのか。義康の失脚とともにかれらの将来の道はひとしく閉ざされてしまった。うたがいもなく孔熙先もそうした一人であった。かつては劉義康の一人のとりまきの息子として、名家の子弟に伍しつつ員外散騎侍郎にとりたてられ、その前途はおそらくバラ色に染まっていたのだが、しかし時代がかわれば、きまった職務をもたぬ員外官なるがゆえに、いっそう将来の栄達を断念しなければならなかったであろう。それだけではない。劉湛の党与として刑戮せられたもののなかに、孔文秀《こうぶんしゅう》、孔邵秀《こうしょうしゅう》、孔胤秀《こういんしゅう》三兄弟の名があり、孔熙先とおなじく魯《ろ》郡の出身といえば、同族であったにちがいない。わが父にたいする劉義康の恩遇にむくいたいという心情と、さらに加えて右のような事情から、かれはついに「密《ひそ》かに報効を懐《おも》う」に至ったのである。「星算」を善くしたと伝えられるように、占星術にもたけた孔熙先は、天体の運行を観察した結果、「太祖（文帝）は必ず非道を以て晏駕《あんが》せん。当《まさ》に骨肉の相い残《そこ》なうに由《よ》るべし。江州応《まさ》に天子を出だすべし」、いつか将来、非道にたおれる文帝にかわって劉義康が即位するであろう、とひそかに口にしていたという。そして劉義康とともに予章に赴いたもののなかにも、熙先とおなじ思いをいだくものが少なからず存在した。

謀反の計画をねりはじめた孔熙先は、政権をその内部から動揺させるためには、ぜひとも朝臣をだきこまねばならぬと考えた。そしてながい熟慮のすえ、ついに范曄に目をつけたのである。「曄の意志満たざるを以てこれを引かんと欲す」。沈約はそのように記しているが、「意志満たず」とは、『宋書』の記述からはいちおうつぎのような事実をさしているのだと考えられる。范曄が弱年の揚州刺史劉濬にかわって州事を代行したことは先述した。だが実際は、范曄をあやつる影の黒子が存在したのだ。主簿の沈璞《しんはく》であり、文帝は沈璞を召してつぎのようにいったという。「神畿（揚州）の政《まつりごと》、既に理《おさ》むるに易《やす》からず。濬は弱年を以て州に臨みたれば、万物（万民）は皆な耳目を属《そそ》ぐ。賞罰得失は特に宜《よろ》しく詳慎なるべきも、范曄は性疎なれば必ず多く同じからざらん。卿《そち》は腹心の寄す所、当《まさ》に密《ひそ》かに以て意に在《と》めるべし。彼は事を行なうと雖も、その実は卿に委ぬるなり」。ただし沈璞は実は沈約の父なのであって、『宋書』自序篇にかく述べているのは父への過褒なしとはせぬけれども、この記事によるかぎり、范曄は表むきは文帝から丁重に遇されながらも、賞罰得失に詳慎ならざる、「疎」なる人物と目されていたこととなる。

そして政務の機密にあずかることとなって以後にもまたつぎのようなことがあった。文帝から引見を賜わるたびにいつも同輩の沈演之《しんえんし》とつれだって参内するのを常としたが、あるとき沈演之が范曄をだしぬいたことから二人のあいだに齟齬が生じた。「意志満たず」とは、このように自分ひとりが疎外されていると感ずる被害者意識をさしていうのであろう。世にすねたとしかいいようのないさまざまの奇行もおそらくそこに根があるのであろう。

ところで孔熙先は范曄に目をつけたものの、つきあいがあるわけではなかった。ただ范曄の外甥の謝綜とは面識があった。謝綜の父の謝述《しゃじゅつ》がむかし劉義康からもっとも信頼された部下であった関係によるものと思われる。かくして熙先は、謝綜が予章から都にもどるたびにかれのところにおしかけて博奕をうつようになった。そしてわざと博奕に負けては勝ちを譲るのだった。なにか魂胆があるとにらんだ弟の謝約《しゃやく》は、深くつきあってはならぬと忠告したけれども、いったん甘い汁を吸った兄はもはやきく耳をもたなかった。熙先の博奕の資金には父黙之の広州刺史時代の蓄財がつぎこまれた。南海から崑崙船《こんろんせん》が入港し、また付近の山岳地帯からかり集められた奴隷を売買する基地として繁昌した広州。そこの刺史は、「但《た》だ城門を経《くぐ》ること一過《ひとたび》にして便《すなわ》ち三千万（銭）を得るなり」といわれるほどに実入りがよかった。刺史は崑崙船がもたらした珍奇な物資を市価の半値で買いたたき、買うとすぐに売りにだすことによって莫大な利益をあげることができたからである。やがてそのうちに孔熙先の思惑どおり、はたして范曄も博奕の仲間に加わるようになった。范曄はよい小遣いかせぎになることでもあり、またあいてのなみなみならぬ「文芸の才」にひかれて、孔熙先との仲は急速にふかまった。そしてある日、ついに熙先は范曄に計画をうちあけたのである。

「大将軍劉義康殿下におかれては英断聡敏、人神ともに嘱望するところでありましたのに、南方の辺陲へ放逐になられ、天下のものは憤懣やるかたなき思いをしております。やつがれは父の遺命をうけ、死をもって大将軍の恩徳にむくいる覚悟であります。近年、世情はとみに騒がしく、天文にも異常現象があらわれ、これこそ時運の至るや先延ばしにすべからず、というものです。もし天の心、民の心にしたがい、英豪の士を結集し、内外あい呼応してここ天子のお膝元の地において反乱をおこし、そのうえで同調せぬものを誅除し、明聖の君を奉戴し、天下に号令するならば、だれが従わぬことがありましょうか。やつがれはこの七尺の軀《からだ》と三寸の舌をもってことを成しとげ、そして成しとげたうえは、それを君子に託したく思っています。旦那のお考えはいかがでしょうか」

突然の相談に范曄はただあいての顔をまじまじと見つめるだけであった。熙先はなおも語りつづけた。

「かつて毛玠《もうかい》は魏の武帝曹操《そうそう》に忠節をつくし、張温《ちょうおん》は呉の孫権《そんけん》に歯に衣《きぬ》きせず意見を述べたものです。かれら二人はいずれも国家の俊才であったが、言行にかける点があったためにけっきょく禍辱におちいったのでしょうか。そうではありません。いずれも廉直剛正であったため、いつまでもいれられるわけにいかなかったのです。ところで旦那と天子との関係は、毛玠と張温の曹操と孫権におけるほどにはふかくありません。しかるに世間の評判はかえって二人をしのぐほどのものがあり、そのため讒言の徒はまえまえから隙《すき》あらばとつけねらっています。貴顕と肩をならべて伍してゆくことがいつまでつづくでしょうか。近くしては殷鉄（殷景仁）の一言によって劉班（劉湛）が斬首された例もあります。父兄の讐《あだ》、百世の怨み、というわけではありませんでした。栄名勢利のほんのちょっとした先後から争いがおこっただけなのです。それが最後には、どこまでもあいてを陥れねばやまず、一日もはやくあいてを告発せねばすまされぬ、一家を全滅させてもまだものたりぬ、そのような有様でした。かくもおぞけだつほど恐ろしいできごとは、書物に記された遠い過去のできごとではないのです。いま大功をたてて賢哲の君を奉戴するならば、難事を易きにはかり、安泰をもって危難にかえ、厚利を享受し、高名をせしめる。このようなことすべてが一挙にしてころがりこむというのに、みすみすなおざりにするてがありますかい」

あらましこのような孔熙先の言葉を記すのは『資治通鑑《しじつがん》』であり、正史の『宋書』と『南史』にはない。『資治通鑑』がもとづくのは今日では散佚してしまった六世紀梁の裴子野《はいしや》の『宋略《そうりゃく》』であろう。ともかく、孔熙先がここまで語りつづけても、范曄はなかなか首をたてにふらなかった。だが熙先はしたたかもの、あいての恥部をぬけめなくつかんでいた。

以下の言葉は『宋書』も記すところである。

「これよりもっとひどい事実がありますぜ。わっしはまだいわないだけだが」

「何のことだ」

「旦那、もし朝廷から手あつく遇されていると考えておられるのなら、なぜ旦那の家と婚儀がととのわないのですかね。犬や豚同然のあつかいをうけながら、そのために死をもいとわぬというのはおかしいじゃありませんか」

熙先はそこまで語りおえ、二人のあいだにしばしの沈黙の時が流れ、そのうえでようやく范曄は意を決したという。そして熙先の右の言葉のコメントとして、「曄は素《か》ねて閨庭《けいてい》の論議あり、朝野の知る所。故に門冑《もんちゅう》（家柄）は華なりと雖も国家はともに姻娶《いんしゅ》せず」と沈約は記している。

「閨庭の論議」とは、言葉の表面は家庭問題にかんする風説、というほどの意味である。だが実は、表面の意味にとどまらず、きわめて深刻で陰険な意味がそのうらにかくされている。『宋書』の王准之《おうじゅんし》伝が伝えるところの范曄の父范泰《はんたい》と王准之との対話がそのことを暗示する。王准之は曾祖父以来四代にわたって御史中丞に就任したが、貴族社会の常識では、官人の監察弾劾を任務とする御史中丞をおよそ風雅と縁のない濁官と考えたため、准之が五言詩を賦したとき、「卿《きみ》は唯だ弾事を解するのみ」、そう范泰がからかった。すると相手は色をただして、「猶お卿《きみ》の世々雄狐《ゆうこ》を載《の》すに差《まさ》れり」とやりかえしたのであった。『詩経』の斉風「南《なん》山《ざん》」の詩の一章に、「南山は崔崔《さいさい》、雄狐は綏綏《すいすい》、魯《ろ》の道は有《げ》にも蕩《たい》らかに、斉《せい》の子《むすめ》は由《よ》りて帰《とつ》ぐ、既に曰《か》くて帰《とつ》ぎしに、曷《なん》ぞ又《ま》た懐《おも》うや——南の山は高々、雄の狐は連れあいもとめてのそりのそり。魯へと通ずる街道は平坦そのもの、斉のむすめが嫁いりした道。ちゃんとお嫁に行ったというのに、どうしてまたおしたいやる——」とうたわれており、この詩は斉の襄《じょう》公と妹の文姜《ぶんきょう》との兄妹相姦をそしったものとされているのである。ことがらは『左《さ》伝《でん》』すなわち『春秋左氏伝』に詳しく、兄妹の不義の関係は、文姜が隣国の魯の桓《かん》公に嫁いでからのちもなお継続し、最後に魯の桓公は斉の襄公の饗宴の席で殺害される。桓公はかねてから、あとをついで立つ荘公子《そうこうし》同《どう》を「同は吾が子にあらず」と疑っていたという。

「雄狐」の言葉によって暗示される范氏にまつわる近親相姦の事実について、その具体的なことを明らかにするすべはもはやない。しかし「世々雄狐を載す」といわれ、「人は犬豕《けんし》と作《な》して相い遇す」といわれれば、愕然として沈黙せざるをえない恥部を范氏がもっていたことは疑いようがない。たとい朝野に知られた事実であったとしても、あらためてふれられたくはない恥部である。東晋王朝の東方方面軍総司令官ともいうべき京口《けいこう》軍団長をつとめたこともある曾祖父の汪《おう》、『穀梁伝《こくりょうでん》集解』の著者として著聞する祖父の寧《ねい》、宋王朝創業の元勲かつ仏教界の大パトロンであった父の泰《たい》、このように順陽の范氏は「門冑は華」といわれるほどに名声嘖々たるものがあり、貴族社会に確固たる地歩を築きあげていたにもかかわらず、どうしようもないこの醜聞のゆえに帝室との婚姻がかなわないのだと指摘されたとき、范曄の血は逆流し、謀反へと深く足をふみいれたのである。長子の范藹《はんあい》は武帝の次女である呉興《ごこう》昭公主の娘をめとっていたのだから、相手の言葉のすべてがすべて真実であったわけではないけれども、そのことに思いいたるだけの冷静さはもはや失われていたものとみえる。

顕官のなかから、范曄のほかさらに丹陽尹徐湛之《じょたんし》が謀反に加わることを約した。徐湛之の母は会稽長公主。したがって文帝、また劉義康とはおじおいの間柄であり、とりわけ劉義康からかわいがられた。かれはこわいもの知らずの、まったくのおぼっちゃん育ちであった。元嘉十七年（四四〇）、劉湛事件に連坐していったんは死罪をいいわたされながら、そのとき、気丈の母は錦の袋にもられた上下の納衣を弟の文帝のまえに投げだして号泣した。納衣とは粗末な布を縫いあわせた着物のことだが、それは一家のくらしをささえるべく長江の中洲で荻を刈る若き日の父の作業衣にとその妻が手ずから縫った衫《シャツ》と褌《ズボン》であり、やがて最高の富貴をきわめた父、すなわち宋王朝の創業者となった武帝から、「将来もしわが一家から贅沢者がでたときには、この衣を見せてやるがよい」と託されていたものであった。「おまえの家ははじめ貧乏ぐらしだった。これは母上が父上のために縫われた納衣です。生活に不自由がなくなったとなれば、わたしの息子を残害しても平気なのですか」。文帝も号泣し、かくして徐湛之の罪はゆるされたのだが、その徐湛之を謀反に加わるよう誘ったのは、劉義康の使者として予章と都建康の間を往復するうちに孔熙先と肝胆相い照らす仲となった仲承祖《ちゅうしょうそ》であった。

孔熙先、仲承祖、それに范曄、徐湛之、謝綜のほか、この謀反事件に関係した人物を列挙すればつぎのごとくである。

法略《ほうりゃく》道人。もと劉義康の供養をうけた沙門。孔熙先に説得されて還俗し、孫景玄《そんけいげん》と名のったうえ、寧遠将軍・徐兗《じょえん》二州刺史臧質《ぞうしつ》の参軍として彭城で勤務するようになった。

法静尼《ほうじょうに》。やはり劉義康の屋敷に出入りしていた王国寺《おうこくじ》の尼僧。梁の宝唱《ほうしょう》の『比丘尼《びくに》伝』は、王国寺がそもそも元嘉七年（四三〇）、カシミールの僧求那跋摩《ぐなばつま》と劉義康が建康城東部の枳園《きおん》寺の北に営んだ尼寺であったことを伝えたうえ、さらにいう。「二十二年（四四五）に至り、同寺の尼法浄《ほうじょう》と曇覧《どんらん》は孔熙先の謀に染まり、人身は法を窮む。寺舎は毀壊せられ、諸尼は離散す」。とするならば、法浄すなわち法静尼のほか、曇覧尼も計画に加わっていたことがわかる。

許耀《きょよう》。法静尼の妹婿。殿省宿衛兵の隊長。法静尼の口ぎきによって、医術にもたけた孔熙先に病気の治療をたのみ、その調剤にかかる湯薬を服用したところただちに平癒した。礼におとずれた許耀の胆力に熙先はすっかりほれこみ、謀反の計画をうちあけると内応を約した。

胡遵世《こじゅんせい》。宋王朝創業をたすけた将軍胡藩《こはん》の息子。もと臧質の参軍。当時は職を退き、法略と昵懇であった。

以上のように、法略や法静、曇覧などの僧尼が関係しているが、しかしこの事件に仏教徒の反乱の性格をもとめようとするのは誤りである。梁の陶弘景《とうこうけい》の『真誥《しんこう》』は、首謀者格の孔熙先が仏教ではなく道教とのかかわりのふかかったことを伝えており、かれの天文学、暦算、医学などの知識も、往々にしてそれぞれの時代の自然科学の成果を吸収した道教経典に由来するものであったように思われる。したがって、むしろさまざまの立場の人間が劉義康のまわりに集まっていたこと、そして劉義康の失脚後、かれとの個人的なつながりのもとにさまざまの人間が立場の相違をこえてひとつの謀反に結集したこと、にこの事件の特色が認められるであろう。

建康と予章との密使の往来は日ましに頻繁となった。その役にはおもに仲承祖があたり、ときには法静尼が予章におもむいた。法静尼が予言記の図讖《としん》について説く孔熙先の書状を予章にとどけ、劉義康から銅製の匙《さじ》および鑷《けぬき》、袍段《じゅばん》、棊奩《ごいしばこ》などの品が熙先に贈られたさいには、同行した婢の口からことのもれるのをおそれて婢を酖殺《ちんさつ》したことがあったという。そのころには、彭城太妃の通夜の日の一件以来、疎遠になっていた范曄とよりをもどしたいとの意が劉義康から伝えられもした。仲承祖がもたらした書状に、「范とは本《も》と情薄からざるも、中つ間《ころ》相い失せるは傍人これを為すのみ」、第三者の中傷によるものだと記されていたのである。范曄はわかきころ、劉義康の部下として冠軍参軍、右軍参軍、司徒従事中郎などをつとめたことがあり、もともと因縁あさからざるものがあったのだった。

決起に必要な兵力は、范曄や徐湛之と親交があり、かつ会稽長公主の従弟にあたる臧質、また臧質とつきあいのあった蕭思話《しょうしわ》が準備してくれるであろうことがみこまれた。臧質は使持節・都督徐兗二州諸軍事・寧遠将軍・徐兗二州刺史、すなわち彭城（江蘇省徐州）に駐する軍民両政の長官であり、蕭思話は持節・監雍州等諸軍事・雍州刺史・襄陽太守、すなわちこれまた襄陽（湖北省襄陽）に駐する軍民両政の長官である。ある日、徐湛之は范曄につぎのように語った。

「臧質とはとりわけ心をゆるしあっている。年内に都にもどるにあたり、門生義故をすべて引きつれてくるそうだ。こちらの意向を了解してくれているのにちがいない。健児数百人を得られることは確実だ。蕭思話は臧質と昵懇だし、そちらもあてにできる。要するに、二人は大將軍どの（劉義康）の眷遇をうけているのだから、きっと異存はあるまい。蕭思話が支配する雍、梁、秦三州に散在する義故は、臧質のそれにもおとらぬ勢力であるうえ、襄陽郡の文官武官、また各地に配置された偵邏《パトロール》をあわせると千人をくだるまい。兵力の不足は心配ない。機を逸せぬこと、ただそれだけが大切だ」

「門生」の本義は、いうまでもなく師に仕える門弟であるが、それだけではなく、仕官のつてをもとめ、ないしは特権の庇護下に入るべく顕官の門に走ってなにがしかの束脩を納める、そのような学問とは無縁の門生も存在した。むしろ後者の方がより一般であった。また「義故」ないし「故義」は、もと恩義をうけしもの、というほどの意味である。もしこれだけのものが参加すれば、たしかに兵力に不足はなかった。だがそれはあくまで范曄や徐湛之の心づもりにすぎなかった。臧質と蕭思話がみずからすすんで謀反に加わった形跡はないのである。また孔熙先はかねてから家兵を養っている広州の周霊甫《しゅうれいほ》なるものに六十万銭をわたして兵を集めさせたが、周霊甫はそれっきり姿をくらましてしまったという。この計画は肝心のところで大きな風穴がぬけていたというほかはない。

五

ある日、文帝に拝謁した范曄はさりげない体をつくろってつぎのように言上した。

「前史に記された前後両漢の故事にあたってみますと、妖言呪詛《ようげんじゅそ》によって禍をねがった藩王にはただちに大逆の罪が加えられておりまず。まして義康の奸悪な心事と行動は周知の事実でございます。しかるに今日に至るまでお目こぼしにあずかっておりますのは、内心、理解に苦しむところでございます。かつ大逆の心を常にいだき、ふたたび乱を起こそうとたくらんでおります。骨肉のあいだがらに他人がとやかく口だしできぬものではございますが、臣は恩遇を賜わること深重なるゆえ、不敬をもかえりみず敢えて意見を述べさせていただいた次第です」

万が一計画がもれていはしまいか、そのことをおそれて文帝の心中をさぐってみたのだが、文帝の口から気にかかるようなことはなにも聞かれなかった。そのことに力をえて、いまや謀反が成功したあかつきの新政権、すなわち劉義康を天子にあおぐ新政権の人事リストまで作成された。それによると、徐湛之は撫軍将軍・揚州刺史に、范曄は中軍将軍・南徐州刺史に、孔熙先は左衛将軍に任ぜられる予定であった。一方、かねて不和のあいだがらの者たちはすべて「死目」、すなわち処刑者リストにのせられていた。さらに孔熙先は弟の休先に檄文の起草を命じた。檄文には、まず文帝の登極がそもそも正道をふまざるものであったことが強調されている。

　宋王朝の創業者である武帝劉裕《りゅうゆう》のあとを襲ったのは皇太子劉義符《りゅうぎふ》、すなわち少帝であったが、顧命の臣の徐羨之《じょせんし》、傅亮《ふりょう》、檀道済《たんどうせい》、謝晦《しゃかい》たちは少帝に失徳多きことを理由に即位わずか二年にして退位をせまった。順序としては第二皇子劉義真《りゅうぎしん》をつぎに立てるべきところを、義真があまりにも聡明にすぎていささか軽躁、あるときの言葉のはずみに、志を得たあかつきにはとりまきの文人の謝霊運《しゃれいうん》と顔延之《がんえんし》を宰相に、沙門の慧琳《えりん》道人を西予州都督に任じようといったのがたたって、これまた庶人の身分におとされ、劉義符、劉義真ともども殺害された。そしてあらたに荊州から迎えられた第三皇子の宜都王劉義隆《りゅうぎりゅう》、その人こそがすなわち文帝であったのである。檄文はさらにつづけて、范曄、徐湛之、孔熙先以下、新政権下における肩書を加えた行中領軍将軍蕭思話、行護軍将軍臧質、行建威将軍孔休先たちが、いまし彭城王劉義康を奉戴せんことを述べてつぎのようにいう。

　――彭城王、体は高祖（武帝）自《よ》りし、聖明は躬《み》に在《そな》わり、徳は天地に格《いた》り、勲《いさおし》は区宇に溢《あふ》る。世路は威夷《うねうね》として南の服《かた》なるおおきみ（彭城王）を用うる勿《な》く、竜《たつ》のごとく潜《ひそ》み鳳《おおとり》のごとく棲《す》まうこと茲《ここ》に六稔《むとせ》。蒼生は徳に饑《う》え、億兆のたみは化に渇《かわ》く。豈《あ》に唯だ東征に鴟鴞《よたか》の歌あり、陝西に翦《き》ること勿《な》かれの思いあるのみならんや。

周の成王を輔佐する周《しゅう》公をねたんだ弟の管叔《かんしゅく》と蔡叔《さいしゅく》の二人は、周公には簒奪の野心ありとの流言を放ち、反乱を起こした。周公は東征して反乱を鎮圧したが、なお流言にまどう成王をさとすべく、王朝の危機を悪鳥の鴟鴞《しきょう》にたとえてうたった。また陝西の地域を統治する召《しょう》公は村々を巡回するにあたって、人民に迷惑をかけまいと棠《かたなし》の木の下で野宿した。村人たちはその徳をしのび、「蔽芾《へいはい》たる甘棠《かんとう》、翦《き》ること勿《な》かれ伐《か》ること勿《な》かれ（こんもりと茂るかたなしの木、枝をはらうではないぞ、切り倒すではないぞ）」とうたった。周代の周公と召公についてこのように伝えられているけれども、劉義康の徳と教化に人民が期待することは周公と召公にもまさるのだ。

——霊祇《れいぎ》（神々）は徴祥の応を告げ、讖記《しんき》（予言記）は帝者の符《しるし》を表《あら》わし、上は天心に答え、下は民望に愜《かな》う。位を辰極（皇帝の位置）に正すもの、王に非ずして誰ぞや。今、行護軍将軍臧質等を遣わして皇帝の璽綬《じじゅ》（玉璽）を齎《もたら》し、星馳《せいち》して奉迎せしむ。百官は礼を備え、駱駅《らくえき》として継ぎ進み、並びに群帥に命じて鎮戍すること常あらしむ。若《も》し義徒を干し撓《みだ》せば犯《つみ》あって貸《ゆる》すことなからん……。

また范曄は、孔熙先の依頼によって、劉義康から徐湛之にあたえられる書状を代作した。それを党与一同に宣示して士気を鼓舞せよというのである。すっかり劉義康になりかわった范曄は、わが身がなんら忠節にかけるところがなかったにもかかわらず、奔放の性のゆえに讒言をうけ、失脚するにいたった事情をまず述べていう。

――わしは凡人短才でありながら富貴の一家にひととなったため、思いのままに振る舞い、過ちを犯しても忠告に耳をかさず、人とのつきあいに平常心を失い、喜怒常ならざる点があった。それゆえ小人の怨みをかい、士類からそっぽをむかれる結果となった。禍敗はすでに熟していながらそのことに気づかず、退いて反省を加え、みずから招いた罪だとやっと知った次第であって、肌骨を切り刻まれてもはや修復不可能といった有様である。しかしながら、ひたむきに主上につかえ、陰日向《かげひなた》となく謹慎にこれつとめ、及ばざる点なきかとただそのことばかりを恐れたものである。恩寵をたのんで驕慢であったかもしれぬが、ことさらに欺妄しようなどとは思いもしなかった。ましてや逆心をたくわえて破滅を招くようなことをするであろうか。それゆえ誠実をつらぬきおのれを信じ、反対意見にたいする警戒をおこたり、わが信念信条のままに行動して世間の風評を気にとめず、そのためおぞましい讒言がかげで行なわれ、衆悪が一身に集まることとなったのである。たとえば甲は奸険にして利にさとく、わしにたいしてひどい裏切りをしおった。乙は凶悪暗愚なることただならず、無頼の徒を煽動した。丙と丁は走り使いの小僧といったところで、ごますりばかりしている。かれらはわしのあら探しをし、よってたかって虚説をでっちあげ、ついに骨肉の親を禍におとしいれ、罪なきものを殺戮するにいたった。およそわが罪にいかなる証拠があるというのであろうか。しかるに刑罰が加えられること、大悪党にたいするのと同然であった。和気を傷つけ天理をまげること、天地をも怒らすほどである。

甲、乙、丙、丁のところは適当におぎなって読むがよいというのであろう。つづけて、今やいよいよ「時運の会」、すなわち挙兵の機会の熟したことが説かれるが、しかし孔休先の執筆にかかる檄文のはげしい調子とは対照的に、挙兵があくまで「君側の悪」を除き、社稷を安泰にせんがために行なわれるのであって、天子に弓を引くものではないことが強調されている。「君側の悪」というのは、つまるところ甲、乙、丙、丁のことなのであろうが、それらが固有名詞をもってうずめられなかったのは、その当時、世人から佞臣、邪臣と後指をさされるような人物が必ずしも君側に存在しなかったからである。もし本心から「時運の会」と思っていたのなら、はなはだしい情勢判断の誤りであったといわねばならない。

——わしは幽囚の生活に日々苦しみ、余命いくばくもないが、義憤の士からときおり寄せられる音信によって、天文にも人事にも、また世間の風説にも、天下の土崩瓦解が旦夕にせまっているのが示されていることをいつも知らされている。禍は群賢にはじまり、ひいては国家におよぶのであって、夙夜に慷慨しては心胆を寒からしめている。在朝の君子、また士と庶、出家と在家のいかんを問わず、義理をわきまえるほどのものならば、この時運の会の到来に気づかずに坐して破滅を待ってよかろうか。君側の悪を除くことは一代にかぎったことではない。ましてやこれら狂乱の徒の罪悪は過去に存在しなかったところであり、かれらを殺戮することなど朽木をくだくよりもたやすいであろう。わが意を衆賢たちに宣示せられるがよい。もし一致協力して奮いたち、逆党を族滅しうるならば、功勲は創業にもひとしく、宋王室を再興することになるのではあるまいか。ただ兵は凶事、戦《いくさ》は危事なれば、常軌を逸するおそれなしとはせぬ。もし一毫たりとも正道を犯した場合には、誅滅は九族におよぶであろう。事を進める手はずについての要目は群賢に一任するが、おのがじし謹んで朝廷を奉戴し、行動について啓聞するように。過去の怨恨がいっきょに晴らされたうえで、わしは宮廷において謝罪し、司直の手によって刑戮に就くであろう。いやしくも社稷を安んじうるならば、瞑目しても恨むところはない。努力せよ。

六

元嘉二十二年（四四五）の九月癸酉《きゆう》（十七日）、文帝は征北将軍・衡陽王劉義季《りゅうぎき》と右将軍・南平王劉鑠《りゅうしゃく》がそれぞれの鎮所に出発するのを広莫門《こうばくもん》外の武帳岡《ぶちょうこう》に見送った。范曄も扈従し、そこで文帝を襲撃する手はずであった。しかしその日、内外を騒がすような事件はなにもおこらなかった。「許耀《きょよう》は上（天子）に侍し、刀を扣《ひか》えて（刀に手をかけて）以て曄に目くばせするも、曄は敢えて視《み》ず。俄《にわ》かにして坐散じ、差互《さご》して発することを得ざりき（行きちがって行動をおこすことができなかった）」。『南史』は『宋書』にはないそのような叙述をほどこす。そして『資治通鑑』は、おそらくは『宋略』にもとづいて、およそ謀反とは関係のない話柄をその日の記事とする。それによると、武帳岡において衡陽王義季たちを見送ることとなった文帝は、出かけるにあたって随行する皇子たちにいいわたした。「ひとまず食事をひかえるように。武帳岡で酒食がサービスされるから」。だが、日がかたむくころになっても食事は提供されず、ひもじくてたまらぬ。すると文帝はこういったのだった。「汝曹《ら》は少《わか》くして豊佚に長《ひと》となり、百姓（人民）の艱難を見ざれば、今、汝曹をして飢えの苦しみあるを識《し》り、節倹を以て物《たみ》を御《おさ》むるを知らしむるのみ」。

その日、文帝の身辺は危険を予想するのもおろかしいほどに平穏であったのだ。ところがそれから二ヶ月後の十一月になって、謀反の計画は思わぬところからほころびが生じた。党与中の重要人物である徐湛之が密告におよんだのである。文帝にしてみれば、まったく信じられないことがらであった。そのため文帝は証拠を取りそろえたうえであらためて上奏せよと命じた。徐湛之はつぎのように上奏した。

――臣は范曄ともともと旧知のあいだがらであったわけではございません。後に近侍の臣となって役所が隣りあわせとなりましてから、しばしば訪問をうけるようになり、次第に昵懇の仲となりました。ところが近年来、異常ぶりが目だちはじめました。上っ調子でしかも陰険、富貴へのあくなき執着から任遇いまだ高からずと思いこみ、怨望をいだくに至ったのでございます。朝臣を攻撃し、聖明の御世を誹謗するだけではありません。なんと上は朝廷から下は藩輔に至るまで批判を加え、あることないことを煽りたてること、口からの出まかせ、また心に思うがまま、これらのことは先日の書面に詳しく述べたとおりでございます。

近ごろ、員外散騎侍郎の孔熙先なるものが、突然のこと大将軍府の吏員の仲承祖を使者として、范曄および謝綜たちが不逞の輩を結集し、廃立をくわだてようとしていることを伝えてまいりました。臣はむかし劉義康からかわいがられたことがあり、また先年、くだらぬ連中からあらぬ風説をたてられたため、きっと不満をもっているにちがいあるまいと、しつこく誘いをかけられました。かれはこう申しました。人間はだれしも乱を好むものだ、機を逸してはならぬ、讖緯《しんい》にも天文現象にも徴験があらわれていると。ついで范曄がみずから訪ねてまいり、あらためてそのことを詳しく説明するとともに、臣にかんする悪い風評が次第にたかまっているぞとおどしました。

もはやわが身をまっとうすることはむつかしいと考え、ただちに啓聞におよびましたところ、証拠を取りそろえたうえ実情を究明せよとの仰せ。そこで檄文、書状、人事リストおよび党与の人名、かれらの手墨の書跡を提出し、謹んで封呈いたします。凶悖《きょうはい》のはなはだしきこと、古今に類のないところでございます。臣は友をえらぶうえに慎重をかいたため逆謀にかかわることとなり、啓聞にあたってわなわな震え、無残な心はおきどころもございません。

前後して范曄の同僚の沈演之からも范曄の異常ぶりにかんする報告をうけた文帝は、もはやためらうことなく范曄の身柄を拘束し尋問すべしとの詔をくだした。

——湛之の表(上表文)此《かく》の如し。良《まこと》に駭《おどろ》き惋《なげ》く可し。曄は素《か》ねてより行ないの検《のり》なく、少《わか》くして瑕釁《きず》を負《お》うも、但《た》だ才芸の施すべきを以て、故にその長《すぐ》れし所を収め、頻りに栄爵を加え、遂に清顕に参《まじ》わらしむ。しかるに険利の性は有《げ》にも谿壑《けいがく》（渓谷）よりも過《ふか》く、恩遇を識《し》らずして猶お怨憤を懐《いだ》く。毎《つね》に容養に存して（いつも寛恕にこころがけ）能《よ》く悛《く》い革《あらた》めんことを冀《ねが》いしも、謂《おも》わざりき、同悪相い済《な》して狂悖《きょうはい》此《ここ》に至らんとは。便《すなわ》ち収《しゅう》掩《えん》し、法に依って窮詰す可し。

その夜、范曄とおもだった朝臣たちは台城の東北隅に位置する華林園の東閤によび集められ、客省で待機するよう命ぜられた。客省はふだん外国の使臣の接見に使用されるところだし、他の朝臣もいっしょだとのことでもあり、范曄はふかく気にすることもなかった。そのころ、謝綜と孔熙先、孔休先の三人はすでに逮捕され、謀反にかんするいっさいの自供を行なっていたことを、かれは露ほども知らなかったのである。延賢堂において謝綜たちの自供の報告をうけた文帝は、ただちに左右の者を范曄の尋問にむかわせた。

「卿《そち》にはいささか文翰の才あるによって抜擢を加え、名誉ある官爵をあたえて期待をかけること、他に類をみぬところであった。また卿の意がよほどのことでは満たされなくとも、ただ無理無体に怨望し朋党を煽動するだけのことと思っておった。それがなんと謀反をくだておったとは」

あまりにも突然のことで心の準備のまったくない范曄は、そのような事実はないと否定した。だが、しばらくまつよう命ぜられ、ふたたび尋問の使者がやってきて文帝の言葉を伝えた。

「卿《そち》が謝綜、徐湛之、孔熙先たちと大逆を謀ったことを諸人はすでに自白したが、まだ死刑に処したわけではない。ありありとした証拠はそろっておる。なぜありのままに申さぬか」

曄はこたえた。

「今日、宗室は磐石、藩王は各地に本拠をかまえておられる。たとい僥倖をねらってひそかに決起をくわだてたとて、方鎮はただちに討伐にかけつけ、日ならずして誅滅せられるでありましょう。かつ臣は過分の職務にあずかり、たかが一階両級の官爵などは自然にころがりこんでまいります。それを一家の破滅とひきかえにかえなどいたしましょうか。古人の言葉にも、左手で天下形勢の図をおさえながら右手でわが喉《のど》を刎《は》ねる、そのようなことは馬鹿でもしない、とございます。臣は愚かものながら、朝廷からいささか見どころがあると認められております。ことの筋合いからして、臣がそのようなことをするはずはございませぬ」

范曄が古人の言葉として引いているのは、名のために実をだいなしにするようなことはせぬ、との意味で用いられる諺である。使者はまた曄のこのような言葉を文帝に伝え、あらためて文帝の言葉をたずさえてもどってきた。

「孔熙先を近くの華林門外にまたせてある。対面のうえ弁明できるか」

曄は言葉につまり、苦しまぎれに「熙先が臣をまきぞえにするつもりなら、臣はどうしようもありません」とこたえたが、徐湛之から提出された証拠品の筆跡をつきつけられると、もはや言いのがれはできなかった。かれはぽつりぽつりと事件の全貌について供述をはじめた。そして言葉のおわりをつぎのように結んだ。

「久しい以前からお耳にいれようと思いながらも、謀反の計画が具体化せず、かつまたそれが立ちぎえになることを願っているうちに、ついぐずぐずと今日に至りました。国家にそむいた罪は重大です。誅戮に甘んずるのが当然です」

范曄が自供するに至るまでには、このようにずいぶん時間を要した。そのことを伝え聞いた孔熙先は、監視役の殿中将軍沈邵之《しんしょうし》にむかって、「およそ手はずをととのえるためのあらゆる符檄、書疏はすべて范曄の手になるというのに、どうして今さらそんなにじたばたするのだろうか」、そう笑いながらいったという。范曄の煮えきらぬ態度にくらべて、孔熙先は逮捕されるとすぐにすらすらと自供をはじめ、ひるむ様子がまったくみられなかったため、文帝はすっかり感心し、わざわざ使者をやって、「卿《そち》ほどの才をもちながら員外散騎侍郎のまま集書省にくすぶらせておけば、異心をいだくのが当然であろう。これはわしの落度であった」と慰めの言葉をかけさせたという。また同時にもとの吏部尚書の何尚之《かしょうし》を、「孔熙先ほどの人間を三十近くになるまで散騎侍郎のままほっておけば、反逆者となるのが当然だ」と詰責したともいう。吏部尚書は人事担当の長官だからである。そして、つぎのような孔熙先の獄中からの上奏文がのこされている。

——囚《わたくし》はとるにもたりぬ狂人にて、高邁な見識などあるはずもありませんが、ただ意気に少しく感じるまま逆順の道理をもわきまえず、次弟の休先と先がけて奸謀を計画し、国憲を干犯するに至りました。肉体をなます切りにされ、ししびしおにされようとも罪のつぐないにはなりません。陛下は英明寛大、天をも海をもつつみこむほどの度量にあらせられ、われの一介の節義を心にとどめられ、はしなくも優しいお言葉を頂戴いたしました。この恩義はその場かぎりのものではなく、死後にものこる光栄、古往今来かかるためしはございません。馬を盗んだり冠《かんむり》の纓《ひも》をひきちぎられたりした臣下たち、あるいは璧玉をくすね取ったり投書したりしたおとこたち、その行為はいたって賤しく、その罪はいたってつまらぬものでありましたが、その罪を赦されたかれらは、ただならぬ恩義に浴したことを肝に銘じて肉体生命をほろぼすほどの報恩のかぎりをつくし、ついに秦、楚、斉、魏の諸国のために勲功を立てたのでございます。囚《わたくし》は禍逆に身をおとし、名誉も節義もともに失われてしまいましたものの、しかしながら若きよりの慷慨の性にして烈士の遺風をひそかに慕うものでございます。ただ切りたった懸崖《けんがい》に立つ木はのぼることはできず（高望みは命とり）、また覆水はもはや盆にかえりません。刑具の鉄鉞《おのまさかり》を血のりで染め、戒めを将来にのこすこととなりました現在、もし霊魂なるものがあるのならば遠からずして恩義にむくいる所存でございますが、区々たる丹誠をもって夙心にそむかぬよう、このいまわの際《きわ》にいささか思いのたけを申し述べることができました。

「馬を盗んだり冠《かんむり》の纓《ひも》をひきちぎられたりした臣下たち」云々と訳した一節の原文は、「盗馬絶纓の臣、懐璧投書の士、其の行ないは至って賤しく、其の過《あやま》ちは至って微なるも、由《な》お不世の恩を識《し》って以て軀命の報《むく》いを尽くし、卒《つい》に能く功を斉魏に立て、勲を秦楚に致す」。そのうちの「盗馬」は春秋時代の秦の繆《ぼく》公にかかわる故事。三百人の野人たちが繆公の名馬を盗んで食らいつくしてしまうということがあった。役人が野人たちを捕縛し、処罰しようとしたところ、繆公はいった。「君子は家畜のために人を殺さぬものだ。それに、馬を食らって酒を飲まないと命があぶない、とわしは聞いている」。かくして罪をゆるしたうえ、酒をふるまった。やがて繆公が晋とのたたかいで危機におちいると、野人たちは救援にかけつけ、恩徳にむくいた。また「絶纓」は楚の荘王にかかわる故事。荘王がもよおした酒宴でのこと、燭台の灯りが突然きえた。その闇にまぎれて、王のお妃にいたずらをしようとするおとこがいた。お妃はいたずらの証拠としておとこの冠のひもをひきちぎって王に告げたが、王はとりあわず、だれがいたずらをしようとしたのか特定できぬよう、出席者のすべてに冠のひもを絶つよう命じておひらきとした。かくしておとがめを免れたおとこは、その後、晋との戦いで獅子奮迅のはたらきをしたのだった。かく「盗馬」は秦、「絶纓」は楚にかかわる故事なのだから、それにつづく「懐璧投書の士」の故事は斉と魏にかかわるものであるのにちがいない。そのうちの「投書」がもとづくのは『史記』孟嘗君《もうしょうくん》列伝の話なのではあるまいか。戦国の四公子の一人として有名な斉の孟嘗君が近侍のおとこを領地の年貢の取りたてにつかわしたものの、空手でもどってきた。わけをたずねると、「一人の賢者にそっくりくれてやった」とのこと。孟嘗君は近侍のおとこを首にした。このようなことがあってから数年、孟嘗君は斉の湣《びん》王に謀反をはたらこうとしていると讒言する者があり、孟嘗君は逃亡するのだが、そのとき、以前に年貢をもらいうけた賢者が、「孟嘗君は乱を作《な》さず、請うらくは身を以て盟《あかし》となさん」、そのように上書したうえ、すなわち「投書」したうえ、宮城の門前で首をかき切り、孟嘗君が無実であることのあかしとしたのであった。ところでしかし、のこる「懐璧」にぴったりの故事をみつけるのは難事である。『史記』の張儀《ちょうぎ》列伝に、張儀が遊説先の楚において宰相と酒を飲んだおり、宰相の璧玉が紛失し、張儀が盗んだのであろうとの疑いをかけられて笞《むち》うたれたが、罪をみとめないために釈放されたとの話がある。張儀は魏の人間ではあるけれども、この話のあいては楚の宰相だし、しかも張儀はそもそも戦国時代の諸国をわたり歩いた遊説家であって、とりわけ魏のためにつくしたわけではない。遺憾ながら、「懐璧」については不明、とするほかはない。

さて孔熙先の上奏文はさらにつぎのように書きつがれている。

——考えますのに囚《わたくし》は根っからの読書ずきにて、術数の心得もあり、智恵のめぐるところ、力の及ぶかぎりのものを徹底的に渉猟し、その幽遠精微な点を究めております。過去のできごとに検討を加えてみますと、なるほどそれが生起すべきたしかな予兆が多く存在するのでありまして、謹んで知るかぎりのところを略陳し、かつての別状のごとく箇条書きにいたしました。願わくはひとまず遺棄されることなく、中書省にてご保存くださいい。もし囚《わたくし》の死後にもなおご保存がかなうならば、黄泉《よみじ》においていささかの罪ほろぼしとなることとでありましょう。

孔熙先が別状において述べていたのは天体の運行にもとづく占候であり、とりわけ天子の身に骨肉相残の災禍がおよぶであろうことが予言されていたという。熙先の予言は八年後の元嘉三十年（四五三）に生起した皇太子劉劭《りゅうしょう》の父帝弑逆事件として実現する。

ところで范曄は、自供をすませてからもあいかわらず煮えきらぬ態度をとりつづけた。すくなくとも『宋書』は、孔熙先や謝綜のけれん味のない態度と対比しながら、そのように描写する。

客省でそのまま夜明けまでまつよう命ぜられた范曄に、尚書僕射《ぼくや》の何尚之《かしょうし》が語りかけてきた。

「きみはどうしてこんなことになったのか」

「あなたはどう思われる」

「きみ自身の考えをお聞かせねがおう」

「世間では庾《ゆ》尚書（庾炳之）に憎まれたからだと噂しているようだが、かれとの仲が悪かったわけではない。謀反のことを孔熙先が話すのを聞きながら、たかが小僧のいうことと馬鹿にして気にもとめなかった。それが今になって突然追求をうけ、はじめて罪を犯したのだと気づいた次第です。正道によって世を治められるあなたには、どうか天下に冤罪のないようにしていただきたい。また僕が死に就いてから後も、どうか僕の心を照覧していただきたい」

ながい一夜が明けると、曄の身柄は廷尉獄に引きわたされた。そこで「徐丹陽はどこにおるのか」とたずね、はじめて徐湛之が密告したことを知ったのだった。廷尉獄ではさいしょ孔熙先や謝綜の監房と遠く離れていたが、病気だといつわって考堂に移してもらい、謝綜と壁ひとつを隔てるだけとなった。考堂とは取調べ室のことであろう。そして監視の目をぬすんで謝綜と連絡がつくようになった。

「逮捕されたとき、だれが密告したと思ったかね」

「知りません」

「徐童なんだよ」

徐湛之を幼名の仙童によってそうよんだのである。謝綜にしてみれば、だれが密告しようといまさらどうでもよかった。そしてさきに示した范曄の辞世の句も、おそらく壁ごしに謝綜に披露されたのだが、それにもうかがわれるように、范曄は獄につながられるとただちに死刑の判決がくだるものだと思い、それなりに心の整理をつけていたのである。ところが取調べは意外に手間どった。文帝が事件の徹底的調査を命じたからである。密告者の徐湛之も、范曄たちの取調べがすすむにつれて事件とのかかわりのふかいことが明らかとなり、廷尉獄への出頭を命じられた。そして尋問がおわった徐湛之は、あらためて上奏文を呈している。しかしそれには文帝への歯の浮くようなお世辞と、わが身にかんする弁解と、かつての党与にたいするおとしめが目立ちすぎる。そのとき、徐湛之の無罪はすでに確定していたのだ。またまた母親の会稽長公主の哀訴があったのであろう。范曄たちとはちがって、かれにとってはもはや完全に過去に属することがらなのだから、どのようにでもいいつくろうことができたはずである。内容の信憑性のとぼしいそのような上奏文をわざわざ紹介するまでもあるまい。

いったんは死を観念した范曄であったが、廷尉獄における拘置が二十日以上にもおよび、しかも徐湛之が無罪放免されたことを知ると、かれの心はふたたび揺れ動いた。ひょっとして自分も死を免れられるのではないか。「詹事どのは無期刑になるかも知れぬそうです」。獄吏が無責任な情報をもたらしたのは、そのようなある日のことであった。「曄はこれを聞きて驚喜す」と『宋書』は記している。だが謝綜と孔熙先は冷ややかに笑っていった。

「詹事は昔いつも袂《たもと》をはらい目をいからせ、西池の射堂においては馬を躍らせてあたりをねめつけ、一世の英雄気どりであった。それが今になってじたばたとこんなにも死をこわがるとは。たといこのさい命を賜わったところで、人臣にして主上をあやめようとしたのだから、どのような面をさげておめおめと生きてゆけるのであろうか」

范曄はまた獄卒の大将に、「惜しいことだ、これほどの人間を埋もれさすとは」と話しかけ、「不忠の人間、なにが惜しいものか」と吐きすてるようにいわれると、「大将のいうとおりだ」と変な感心のしかたをした。このように范曄は周囲の者すべてから馬鹿にされ、ひとり孤立して、ついに最期の処刑の日を迎えたのであった。

七

事件は、范曄や謝綜、孔熙先たちにたいするきびしい処罰をもっておわった。ことに范氏の場合は族滅というのに近い。范氏の栄光はここに絶えたのである。范曄の兄弟はもとよりのこと、兄弟の子に至るまで死罪をいいわたされ、兄弟がすでに死亡している場合にかぎってその子を嶺南の広州に謫徙させた。ただ范曄の長子の范藹《はんあい》の子の魯連《ろれん》だけは呉興昭公主の外孫であるために死を免れ、流罪となった。呉興昭公主は武帝の第二皇女であり、会稽長公主の妹である。謝綜の弟の謝緯《しゃい》も文帝の第五皇女の長城公主をめとり、また謝綜とかねてから不和であったという理由で死を免れ、広州への流罪となった。胡遵世《こじゅんせい》は父の胡藩《こはん》が宋王朝創業の功臣であったために謀反罪を適用せず、他の罪状にかこつけて収殺。臧質は建威将軍・義興太守に左遷。劉義康のあつかいにかんしては、担当官から「臣等参議すらく、請うらくは有司に下して義康の王爵を削り、（身柄を）廷尉法獄に収付して治罪せられよ」との奏請があった。その結果、劉義康本人をはじめ王子、王女たちは宗室の属籍をけずられたうえ、安成郡において監視づきの生活を送ることとなった。義康はその地で、専横のふるまいのために漢の文帝によって処刑された淮南王劉安《りゅうあん》の故事を読み、「前代にも乃ち此れあり。我の罪を得ることは宜《むべ》なり」と嘆じたという。

ところでこの事件からおよそ二年が経過した元嘉二十四年（四四七）の十月、胡遵世の弟の胡《こ》誕世《たんせい》、茂世《ぼせい》の兄弟、ならびに前の呉平県令袁惲《えんうん》たちが、予章太守および南昌県令たちを襲ったうえ劉義康を奉戴せんとする事件が発生した。さらに元嘉二十八年（四五一）の正月、北魏軍が建康対岸の瓜歩《かほ》の地にまで南下して江南の物情騒然となるや、文帝は「異志ある者、或いは義康を奉じて乱を為さんことを慮《おも》んばかり」、ついに義康に死を賜わったのである。かかる文脈のなかで考えてみると、元嘉二十二年の事件も、「元嘉の治」の時代に間歇的に発生した劉義康派の策謀のひとつの事例《ケース》であったことは明らかである。范曄が事件の首謀者であったわけではなく、立役者であったわけではない。孔熙先によってさんざんに利用され、哀れなピエロの役を演じさせられたあげく、いけにえに供されたまでであったといわざるをえない。

清の王鳴盛は『十七史商榷《しょうかく》』に収める「宋の文帝の君臣」（巻五四）の一文において、「宋の文帝一朝君臣の間、解す可からざる者甚だ多し」と述べ、そのおわりをつぎのように結んでいる。「江左（江南）の政《まつりごと》、元嘉を美と為すも、謝霊運《しゃれいうん》、范蔚宗《はんうつそう》を保全すること能《あた》わず。惜しい哉《かな》」。やはり刑死した詩人の謝霊運とあわせて范曄の刑死を惜しむのだが、王鳴盛はさらにまた「范蔚宗は謀反を以て誅せらる」（巻六一）と題した一文を設けて、「決して当《まさ》に謀反の事あるべからざるなり」と范曄のためにおおいに弁じている。かれのいうところでは、謀反事件はそもそもでっちあげであり、でっちあげであるにもかかわらず、范曄といえば救いようのない反逆者、なる印象をうえつけた罪は、ひとえに『宋書』の著者の沈約《しんやく》にあるというのだ。かくして王鳴盛は千載ののちに范曄の冤罪をはらすべく千数百語をついやすのだが、それはひとえに『後漢書』の著者としての范曄の史才にたいする尊敬にもとづくもののように思われる。すなわちいう。

――今、其の書（『後漢書』）を読むに、徳義を貴び、勢利を抑え、処士を進め、姦雄を黜《しりぞ》く。儒学を論じては則ち深く康成《こうせい》（鄭玄《じょうげん》）を美とし、党錮を褒《たた》えては則ち李杜《りと》（李膺《りよう》と杜《と》密《みつ》）を推崇す。宰相は多く述ぶること無くして特に逸民を表《あら》わし、公卿は采らずして惟《ひと》えに独行（の士）を尊ぶ。立言是《かく》の若《ごと》くんば其の人知る可し。上を犯し乱を作《な》すこと必ず為さざるなり。

それに反して、沈約の史才は范曄の足もとにも遠くおよばない。『宋書』范曄伝には范曄の史才にたいする沈約の「忌心」が垣間見えるごとくだとさえいっている。

——沈約の史才、蔚宗に較《くら》ぶるに遠く遜《ゆず》る。其の伝を為《つく》るに推崇を極《つ》くさざるは猶お忌心あるに似たり。

今ここで范曄の『後漢書』と沈約の『宋書』との比較論に深くたちいるつもりはない。ただ沈約の『宋書』執筆の態度にかなり問題の存することはたしかである。やがて文壇の大御所となる沈約ではあるが、斉の武帝から『宋書』の撰述を命じられた永明五年（四八七）当時には、小心翼々とあちこちに気をくばらなければならなかった。先人によって書きつがれた数種の宋王朝史が存在し、秘府に蔵された史料の披閲は自由にゆるされてはいるものの、宋王朝の終焉からまだ十年とはたっていないのだから歴史の生き証人は世の中にまだいくらも存在しており、そのための気苦労はなみたいていのものではなかった。同時代史の特権ともいうべき緊迫感はなるほど読物としての興味を倍加するであろう。しかし反面、筆を曲げざるをえない場合も少なくなかったのである。詳細は拙稿「沈約の思想—六朝的傷痕—」（『中国中世史研究』、東海大学出版会、一九七〇年、また、『六朝精神史研究』、一九八四年、同朋舎出版）にゆずりたいが、曲筆のなかでも、とりわけ宋斉の王朝革命について、斉王朝の忌諱《きき》にふれぬよう神経をくばらなければならなかった。革命にあくまで抵抗した宋王朝末の大官の袁粲《えんさん》のために立伝すべきかどうか迷ったあげく、天子に意見をもとめ、「袁粲は自ずから是れ宋家の忠臣なり」との斉の武帝のお墨つきをもらったうえで執筆にとりかかったという慎重ぶりは、沈約とあい前後するころ、おなじく『宋書』を撰述しながら、禅代を誹謗したために天子の勘気を蒙った劉祥《りゅうしょう》とよい対照である。もし失敗におわれば謀反以外のなにものでもない簒奪劇は、成功すれば「禅譲」なる美辞をもって美事にしたてあげられる。沈約も修史の先例にならったといえばそれまでだが、現王朝すなわち斉王朝にたいするかれの媚態はやや度をこしている。王朝交替が頻発した六朝時代のなかでも、もっとも名義にとぼしいとされる宋斉革命を叙述するにあたって、宋王朝に忠義だてした者には「反」、斉王朝に味方した者には「義」を冠するとは、清の趙翼《ちょうよく》が『廿二史劄記《さっき》』に指摘するところである。恥部はすべておおいかくしたうえ、宋斉革命の過程をあくまできれいごとに仕立てあげたオポチュニスト、それが沈約の人となりであったとすれば、反対に、宋代に生起したかずかずの謀反事件について、現王朝と直接のかかわりはなくとも、きびしく断罪して鑑戒をたれることが、ひいては現王朝にたいする忠誠ともなるとこころえたであろう。范曄の謀反にかんしても例外ではなかったであろう。でっちあげであるにせよないにせよ、范曄が謀反の罪をもって生命を絶たれたことは沈約五歳のときのまぎれもない事実であったのだ。范曄伝を叙述する沈約の態度には、「謀反人」范曄を矮小化し戯画化せんとする意図がみうけられるのであって、先述したように、沈約の父の沈璞《しんはく》が、揚州刺史劉濬《りゅうしゅん》が弱年なるがゆえに州事を代行することとなった范曄を、劉濬の主簿として自在にあやつったと伝えるのもそれゆえであろう。さりとはいえ、沈約によって語られていることのすべてがすべて捏造にかかるものなのであろうか。また王鳴盛が考えるほどに、しかく『後漢書』は「道義」をわきまえた史書なのであろうか。

范曄にふだんから尋常ならざる行動の目だったことについては、沈約がそう記すだけではなく、同時代人の証言がある。何尚之《かしょうし》であって、吏部尚書であった当時、あらたに機密に参ずることとなった范曄の「意趣異常」なるを察して、辺陬の広州刺史に左遷すべきことを奏請したといわれる。廟堂の臣が罪を犯すことになれば鉄鉞を加えざるをえないが、劉湛《りゅうたん》事件の直後でもあり、それではしばしば大臣を誅殺することになって皇化に傷がつく、というのが理由であった。そのとき文帝は、「劉湛たちを誅したばかりであって後進を抜擢しようと考えている。范曄の事跡があらわになっているわけではなし、あらかじめ黜斥《ちゅっせき》したのでは、天下のものは諸君が才能の士とそりがあわず、また朕が讒言をうけいれたと信ずるであろう。おたがいにそういう事実があることを了解しておけば大事に至るおそれはなかろう」、そのようにいって応じなかったという。もっとも王鳴盛はこの点にかんしても、范曄の失脚を画した何尚之の陰謀であったと解釈している。だが「意志満たざる」范曄の、より直接的な明証がある。范曄自身の筆になる「和香方序」と題された文章だ。表むきは諸種の香薬の能書にすぎないのだが、それぞれの香薬をしかるべき朝臣に比擬するところがあった。

――麝香《じゃこう》にはご用心、分量がすぎると必ず害がある。沈実《ちんじつ》は調合がたやすく、一斤だってかぶれはしない。零藿《れいかく》はかさかさ、詹唐《せんとう》はねばねば。甘松《かんしょう》、蘇合《そごう》、安息《あんそく》、鬱金《うこん》、㮏多《なた》、和羅《わら》のたぐいは、いずれも外国で珍重されても中国ではさっぱりだ。また棗膏《そうこう》はぴりっとせず、甲煎《こうせん》はやすっぽい。芳香どころか、なんとかえってあらを目だたすだけのこと。

こんな調子の地口がつづき、麝香は庾炳之《ゆへいし》、零藿は何尚之《かしょうし》、詹唐は沈演之《しんえんし》、棗膏は羊玄《ようげん》保《ほ》、甲煎は徐湛之《じょたんし》、甘松や蘇合は慧琳《えりん》道人、そして沈実はおのれ自身に比擬したのだとのコメントがついている。「沈実は和し易く、斤に盈つるも傷つくることなし」とすましこんだうえ、かずかずの朝臣たちにあいてかまわずかみついているのだ。もしこれが取るにもたりぬパロディーにすぎぬというのなら、では王鳴盛氏が賛嘆おくあたわざる『後漢書』はどうであろうか。

『後漢書』は范曄三十五歳、宣城郡の太守に左遷されていた時代に撰述された。「志を得ず、乃ち衆家の後漢書を刪《けず》りて一家の作と為す」、沈約がそう記しているように、『後漢書』は数十家にのぼる先人の後漢時代史を下敷きとしている。また多くの協力者をえて成書となったと想像される。しかし全体の構成はもとより范曄一人のものである。「一家の作」である。『後漢書』の全体をとおして認められる基調について、かつて私はあらましつぎのように述べたことがある。「范曄はあらゆるますらおぶりを顕揚しようとする立場にたつ。仁義を重んじ、守節をたっとぶ直線的な行為、烈しい行為への傾倒が、彼にはある。独行伝のごときは、全篇がかかる行為によってうずめられている。それを他の巻に収めれば全体の調和を失ってしまうほどの通円ならざる行為、つまり常識をこえた烈しい行為、さりとて記載せずにすましてしまうにはあまりにも惜しい行為、それらを集めたのが独行伝なのである」。そして私はかかる范曄の立場が班固《はんこ》の『漢書』を意識するものであると説いた(「范曄と劉知幾」、『東海史学』四号、また、『六朝精神史研究』、一九八四年、同朋舎出版)。すなわち范曄は、万事に平静と調和をたっとぶ『漢書』の対極に立とうとしたのである。宣城郡太守に左遷されたことにともなう憤懣のみに由来するのかどうか、私はそのためのみとは考えないが、かれの心底には火の玉のごとき熱いものが燃えていたごとくである。そのかぎりでは、『後漢書』の撰述を「志を得ざる」結果とする沈約の発憤著書説は承認されてよい。

　范曄の謀反への傾斜を考えるにあたって、さらにまたひとつの事実がヒントとなるであろう。范曄と仏教との関係である。ないしは范曄と父范泰《はんたい》との関係である。あたかも宋王朝が創業された永初元年（四二〇）、范泰が邸宅の西半をさいて祇洹《ぎおん》寺を創建したこと、そこには西方から渡来した多くの義学僧が受けいれられ、法顕《ほっけん》が中天竺国から将来した梵本諸経典の訳場として著聞したこと、しかしのちに祇洹寺僧団が天竺流の踞食、すなわち踞坐による食事作法を採用したために范泰とのあいだに論争が生じたこと、などもかつて述べたことがある（「踞食論争をめぐって」、『田村博士頌寿東洋史論叢』、また、『六朝精神史研究』、一九八四年、同朋舎出版）。ところが范曄は、仏教のパトロンであった父とはことなり、かなり徹底した仏教ぎらいであったごとくであり、かねがね霊魂不滅に反対する神滅論を主張し、「無鬼論」を著わす予定であったという。ところが死罪ときまると、どうしたことか徐湛之に書簡を送り、「地下できっとおまえを訴えてやるぞ」とおどしたという。また、「天下には仏鬼はけっして存在しない。だがもし霊魂が存在するのなら、仕返しをしてやるぞ」、そのような矛盾した言辞を何尚之に伝えるようある者に語ったという。これらの話を『宋書』が伝えるのは、例によって范曄の「謬乱」ぶりを示すためなのだが、しかし范曄がそもそも神滅論者であり、仏教ぎらいであったことは否定できないであろう。すでにみたように、辞世には「在生は已《すで》に知る可《べ》きも、来縁は憒《おぼろげ》にして識《し》る無し」とうたわれていた。また『後漢書』西域伝の論には、仏教の「心を清め累（煩悩）を釈《す》て」、「空と有を兼ね遣《す》てる」説、あるいは「仁を好み殺を悪《にく》み」、「蔽を蠲《のぞ》き善を崇《たっと》ぶ」説が、仏教をまつまでもなく、中国固有の道家や儒家によってすでに説かれているところであると主張され、仏典に認められる奔放な想像力が奇譎《きけつ》と排され、輪廻説や応報説を否定する見解が示されている。それだけではない。范泰の死後、祇洹寺と范氏との関係にもひびが入った。すなわち范泰の第三子の范晏《はんあん》は、かつて父が祇洹寺に寄進した果竹園六十畝を奪いかえした。祇洹寺の創建以来、住持として招かれていた慧義《えぎ》は范泰の遺書をたてにとって争ったけれども、天下を騒がすところとなり、けっきょく烏《う》衣《い》寺に遷らざるをえなくなったと『高僧伝』の慧義伝は伝えている。ただし『高僧伝』の曇遷《どんせん》伝にはつぎの一佳話がある。月支《げっし》出身の曇遷ははじめ祇洹寺に住し、のちに烏衣寺に遷った。おそらく慧義とおなじ事情によるものであったろう。ところがかねてから范曄と親交のあった曇遷は、范曄が刑死し、あわせて范氏一家の十二人が刑戮されるにおよんで、だれ一人として范氏に近づこうとするものがいないなか、かれだけは衣物をさいて丁重に法要をいとなんだというのである。この話が伝えるように、范曄と曇遷とが親交があったのであれば、范曄とて沙門とまったく没交渉であったわけではなく、しだいに仏教ぎらいにかたむいていったのであろう。それは仏教にたいする反逆であるとともに、奉仏の父范泰にたいする反逆でもあったといわなければならない。

八

六朝時代の貴族は、およそ生活にかかわりのあるすべてのことがらについてラフィネたらんとこころがけた。范曄ももとより文雅、風趣を愛する通人であった。またそれだけの才能にも恵まれていた。それどころか、恵まれすぎていたといわなければならない。そのことをなによりも教えるのは、獄中において甥姪《せいてつ》たちに宛ててしたためた書簡である。甥姪とはおいのことだが、分けていえば女きょうだいの子が甥であり、男きょうだいの子が姪。

――わしが狂気の罪でわが身を破滅させたこと、今さらどういいわけができようか。おまえたちは罪人として見棄ててくれればよい。しかしながら平生の信条や思いのたけはやはりはっきりとさせておくべきだ。わしの得手不得手、また心に理解していることどもを、おまえたちが知りつくしているわけではないからだ。

このように書きはじめられる「獄中より諸々の甥姪《せいてつ》に与うるの書」は、そもそも范曄の一生が文芸をはじめとするあらゆるジャンルの洗練を追求するものであったことのあかしとして自序のスタイルでつづられているのである。この長文の書簡を范曄伝にそっくり収録した沈約は、「曄の自序は並びに実《まこと》なれば、故にこれを存す」とわざわざことわり書きをしている。この書簡にこそ范曄の真面目が示されていると考えたのである。そこには文章作法について、『後漢書』について、音楽について、はたまた書について、なみなみならぬ自信のほどが語られているのである。たとえば、

――言葉の宮商《きゅうしょう》（リズム）と清濁を識別するのは、自然に備わった本性である。だが

古今の文人たちを見わたしてみたところ、この点がまったくよくわかっていない。たといこの点にかなっている者がいるにしても、必ずしも本質的にそうなのではない。

とか、

——（音楽の）境趣は言葉では言いつくせず、弦外の意、虚響の音がどこからともなく伝わり、ほんのわずかの間合いにも無限の姿態があるものだ。

などと語られているところに、人々はきっと范曄の「精微なる思致」を認めるであろう。とりわけ前段の一文は、やがてほかでもない沈約たちにその功が帰せられることとなる四声の声調の発見と、それにともなって唱導されることとなる声律説の先蹤をなすものといってよい。そして范曄がもっとも多くの言葉をついやして語るのは『後漢書』のことである。

——もともと史書には関心がなく、ただいつもよくわからぬものだと感ずるばかりであった。それが『後漢書』を著わしてからというもの、次第につぼがつかめだした。古今の著述や評論を詳しくながめてみても、感心できるものはほとんどない。（『漢書』の著者の）班固《はんこ》はもっとも高名であるが、行きあたりばったりなこと例えようもなく、順序だてて論評できない。巻末の「賛」は道理としてほとんど得るところがなく、ただ「志」の部分が推奨できるだけである。その博く豊かなことは及びもつかないし、体系的なところはなかなかのものである。

巻末の「賛」とは『漢書』の巻末の叙伝に各巻の内容が「述」とよばれて四字句でまとめられているもの。また「志」は律暦志から芸文志までの十志。

――わしの雑伝の論はいずれも精緻な意と奥ぶかい内容があり、ぴりっとした味をだすため、それで文句を切りつめた。循吏伝以下、六夷伝までの諸伝の序と論は筆勢がのびのびしていて、実に天下の傑作である。そのうちの会心の作は「過秦論」にもゆめ劣るものではない。いつもそれらを班固の作品と比較してみるのだが、ただひけを取らぬだけ、なんてものではないのである。

「雑伝」とは、循吏伝以下、酷吏伝、宦者伝、儒林伝、文苑伝、独行伝、方術伝、逸民伝、列女伝の九伝。「六夷伝」とは、異民族の伝記である東夷伝、南蛮西南夷伝、西羌伝、西域伝、南匈奴伝、烏丸鮮卑《うがんせんぴ》伝の六伝。「過秦論」は前漢の賈誼《かぎ》の作品であって、秦王朝の失政と暴虐ぶりが断罪されている。

そして范曄が『後漢書』のなかでもとりわけ誇りとするのは「賛」であった。

――賛はもとよりわしの文章中の絶唱であって、ほとんど一字としてむだな措辞はなく、変化の妙はつきることがなく、趣旨は同じであっても文体は異なり、われながらどう称揚してよいのかわからない。この書物が世に行なわれることとなれば、きっと味わいぶかく鑑賞してくれる者がいるにちがいない。

『後漢書』執筆のさいの有力な協力者であった謝儼《しゃげん》が、『後漢書』班固伝の「賛」として、「二班（班彪と班固父子）は文を懐《いだ》き、典墳を裁成す」と書いて示したところ、范曄が現在の『後漢書』テキストにみられるように「典墳」の二字を「帝墳」に改めたとの話もあり、「賛」について范曄は彫琢に彫琢をかさねたのであったろう。かれにとって『後漢書』の執筆は、ただたんに史学の問題であるにとどまらなかった。歴史事実の伝達というのであればすでに先人の業績につくされており、あらためて一書を世に問う必要は必ずしもない。歴史事実をいかに解釈し評価するか、そしてなによりも解釈し評価した結果を「序」「論」「賛」としていかに表現するか。そのようにすぐれて文学の問題でもあったのである。ことに一句四字の韻語によって構成される「賛」は、かれの「自然声律説」の実験の場でもあったのである。

范曄による洗練の追求は形而上の事象のみにとどまらなかった。唐の張懐瓘《ちょうかいかん》の「二王等書録」（『法書要録』巻四）が「晋代の装書は真草渾雑《こんざつ》し（楷書と草書の作品が入りまじり）、背紙皺起《しゅうき》せしも（裏打ちの紙がしわでごわごわしていたが）、范曄装治して微《いささ》か小《や》や勝《まさ》れりと為す」と伝え、またおなじく唐の張彦遠《ちょうげんえん》の『歴代名画記』（巻三「論装背褾軸」）が「晋代より已前《いぜん》、装背は佳《か》ならざりしも、宋時の范曄始めて能く装背す」と伝えているように、范曄は書画の表装のこころえまであり、さらにはまた驚くべきことに、衣装や小間物、楽器に至るまで新奇なデザインのもとにみずから制作に従事する審美家《エステート》であった。このような事実はいったいわれわれになにを告げているのか。

考えてみれば、およそ貴族の生活ほど退屈なものはないのではなかろうか。なるほどかれらは確固たる地位と名誉とに恵まれてはいる。しかしそれらははじめから門地に付随しているのだ。敢えていえば出生と同時にあたえられているのであり、范曄もいっているように、じっとしていても「一階両級は必ず至る」のである。かれらの一生は定められたルーティンに従うだけであり、そこには自己の才能によって運命を開拓すべき余地はとぼしいといわざるをえない。上昇のモメントもなければ下降のモメントもなく、あるのはただ均衡と調和と平静のみ、といえばいいすぎになるであろうか。なまじ地位と名誉とに恵まれているだけに、かえってアンニュイを感じざるをえないほどの均衡と調和と平静である。かれらがかねと時間をかけて生活にかかわりのあるすべてのものをあたうかぎり洗練したものに磨きあげようとしたのは、アンニュイからの解放を求めての行為であったのではなかったか。だがもしありあまるほどの才能と熱い心情を有する場合にはどうか。そのような行為はいささかの消遣とはなりえても、あまりにも日常的であるだけにアンニュイといわんよりも鬱懐が心底に重く沈澱するであろう。范曄が孔熙先によって「意志満たず」と目されたのは、そのような状態をもふくめてのことではないか。官界における摩擦にともなう憤懣とのみ解することのできないものを私は感じざるをえない。均衡と調和と平静のなかでの惰眠から目ざめさせてくれるなにものかを、そして心底にいだかれた熱い火の玉を完全に燃焼させてくれるなにものかを、かれはたえずもとめつづけていたのではなかったか。そのようなとき、孔熙先からの謀反への誘いを、ことがらの性質いかんにかかわりなく、鬱懐への訣別の声と聞いたのではなかったか。そして同時に、いかに洗練を追求しても完全な洗練とはなりえない負の条件を背負っていることに気づきもしたであろう。いわゆる「閨庭の論議」についてである。もっとも王鳴盛は、孔熙先の説得が謀反への動機となったとする説をしりぞけてつぎのようにいっている。

——熙先は蔚宗を説誘するに国家の与《とも》に婚姻を為さざることを以てす。当日の江左の門戸、蔚宗より高き者多し。豈《あ》に皆な帝室に連姻する者ぞや。しかるに蔚宗独《ひと》り当《まさ》に此れを以て怨みと為すべしとは亦《ま》た情理に非ず。

たしかにここに述べられているかぎりでは王鳴盛の指摘はただしい。宋王朝の帝室は武人の出身であるがゆえに貴族からすればもののかずではなく、公主の降嫁を貴族の方から丁重にことわった事例さえ見いだされる。だが王鳴盛は、故意か偶然か、范氏にかんする「閨庭の論議」についてはいささかもふれようとはしない。しかし范曄が謀反へとふみこんだ動機について考えてみるとき、そのことはけっして無視できぬ重さをもつであろう。范曄は孔熙先とあい対坐する息づまるような沈黙のあいだに、おのれのすべてを放擲して、過去と絶縁し、既往の鬱懐をふっきる決意をしたのではなかったか。必ずしもなにかの野心にもとづいてというのではなく、結果がまったくそうであったように、無限の下降をすらもとめて、かれは意を決したのであろう。「曄は黙然として答えず、其の意乃ち定まる」と描写される范曄の胸のうちを、そのように理解することはできないであろうか。

劉湛と范曄を一巻に合伝する『宋書』の史臣論は、どういうわけか劉湛の論評のみに終始し、范曄についての論評は一言半句もない。『資治通鑑』が引用する『宋略』のこの謀反事件についての論評はつぎのごとくである。

――夫《そ》れ逸群の才有れば必ず天に沖《のぼ》らんとするの拠（足場）を思い、俗を蓋《おお》わんとするほどの量（器量）あれば則ち常均《ひとなみ》の下に憤《ふる》いたつ。其れ能《よ》くこれを守るに道を以てし、これを将《みちび》くに礼を以てするは殆んど鮮《すくな》しと為《せ》んか。劉弘仁（劉湛）と范蔚宗は皆な志を忸《おご》らせて権を貪り、才を矜《ほこ》りて以て逆に徇《したが》い、累葉の風素、一朝にして隕《お》つ。嚮《さき》の所謂《いわゆ》る智能、翻《かえ》って亡身の具と為れり。

視点が倫理主義に傾くのはやむをえないとしても、平生の智能がかえって身を亡ぼすもととなったという結びの一句はなかなかにするどい評言である。

ところで、六朝貴族のエトスをアンニュイを感ずるほどの均衡と調和と平静ととらえることにはあるいは異論があるかも知れぬ。最近の六朝社会史研究の成果は、晋宋の間に貴族社会の変質のあったことをおしえているからである。范曄の曾祖父の范汪《はんおう》も京口（江蘇省鎮江）の軍団長であることがあったように、東晋時代の貴族は民政権にかぎらず軍事権をも掌握していた。しかるに京口軍団の下級武官であった劉裕が宋王朝を創業し、初代皇帝の武帝となるにおよんで、軍事権は次第に貴族の手から王族と寒門の武人に回収されてゆく。京口軍団長には宗室の近戚を任じ、京口とならぶ荊州（湖北省荊州市江陵）の軍団長には諸王子を順次任ずべきことを命じた武帝の遺詔によって、その方向性は決定的となる。また貴族から卑賤視される寒門ないし寒人が、依然として卑賤視されつづけながらも、着実に実力をたくわえてゆく。天子の近習となって政権に加わるものもあれば、生産力の発展と貨幣経済の伸長にともなって富裕な庶民層が出現する。劉義康が居館とした東府城の門前を連日うずめた数百乗の車馬の列のなかには、そのような人々が少なからず含まれていたのであろう。南斉の永明三年（四八五）に浙江地方に発生した唐寓之《とうぐうし》の叛乱が、社会的地位の改善をもとめる、かかる富裕な庶民層を主体としていたことはまちがいがない。東晋末におなじく浙江地方を寇掠した孫恩《そんおん》の叛乱の主体が零落した庶民層であったと思われるのと対照的であるが、宋代はまさしくこの二つの叛乱の中間に位置している。一方、貨幣経済の波は荘園にもおしよせ、かつ貴族たちが荘園の経営を委託した守園人、かれらは往々にして寒門寒人の出身なのだが、それら守園人の自由裁量にまかされる部分が多くなるにつれて貴族の経済的基盤は次第にほりくずされてゆく。以上のこと、川勝義雄氏の業績、すなわち「劉宋政権の成立と寒門武人」（『東方学報　京都』三六冊、また、『六朝貴族制社会の研究』、一九八二年、岩波書店）や「南朝貴族制の没落に関する一考察」（『東洋史研究』二〇巻四号、また、『六朝貴族制社会の研究』、一九八二年、岩波書店、第Ⅲ部第四章に「南朝貴族制の崩壊」と改題して収録）などを参照されたい。『宋書』范曄伝に顕著に認められる謬乱の范曄と有為の孔熙先との極端な対照に、あるいは沈約は貴族と寒門との対立のドラマを描こうとしたのかもしれぬ。

このように、私が均衡と調和と平静と形容した貴族社会にも、それなりの地すべり現象の存したことを否定することはできないであろう。しかしながら貴族の立場になってみれば、それらの現象は生命を燃焼させるべき場をいっそう閉ざされたことを意味するものでしかない。東晋期の貴族たちは、跳梁する胡族のために華北から駆逐されて江南に流寓し、半壁のその地に跼蹐せざるをえなくなった悲哀と屈辱をひとしく胸底にたくわえ、それゆえにかえって新天地における国家の建設と華北の恢復、すなわち北伐に生きがいを見いだすことができた。貴族たちのあいだには一種麗しい協調の精神が存在し、気はずかしさをともなうこともなく国事に邁進することができた。しかしながら東晋王朝創業からおよそ百年の歴史は、貴族たちをして江南の地に安住させ、そして北伐も、劉裕がこころみた南燕征服と後秦征服がそうであったように、もはや簒奪をもくろむものが自分の実力を誇示せんがための政略以上の意味をもちえず、貴族たちの情熱をかきたてるものではなくなった。貴族の生活をおおうのはいっそうの均衡と調和と平静であり、そして没落へとむかう影さえさしそめはじめたのである。もっとも宋代においては、貴族社会の没落は貴族たちにいまだ十分に実感されてはいなかったごとくである。かれらのおおかたは「元嘉の治」を謳歌した。貴族制が頂点に達し、安定をえたことが、同時に硬直をもたらし、ひいてはそこに衰退の影の宿っていることにかれらは気づかなかった。しかし精緻な神経ならばそのことを敏感に予見し、予見にたいして不安と焦燥を感じざるをえないであろう。そしてそのことが、王鳴盛の言葉をかりていえば「解すべからざる」范曄の謀反のまたひとつの理由となっているのかもしれぬ。范曄の謀反といい、またそれに先だつこと十二年、元嘉十年に起こった謝霊運の謀反といい、それらは政治史的な視覚によるだけではははなはだ「解すべからざる」事件であったといわなければならない。

吉川忠夫

（よしかわ　ただお）

1937年、京都市生まれ。京都大学文学部史学科卒業、同大学院文学研究科博士過程単位取得退学。東海大学文学部専任講師、京都大学教養部助教授を経て、京都大学人文科学研究所助教授、同教授。2000年、停年退官、京都大学名誉教授。花園大学客員教授、龍谷大学文学部教授を経て、同大学客員教授。日本学士院会員。

〔主著〕『劉裕』（人物往来社。後に中公文庫）、『王羲之―六朝貴族の世界―』（清水新書、清水書院。増補して岩波現代文庫）、『六朝精神史研究』（同朋舎出版）、『中国古代人の夢と死』（平凡社選書）、『秦の始皇帝』（集英社。後に講談社学術文庫）、『魏晋清談集』（中国の古典シリーズ、講談社）、『書と道教の周辺』（平凡社）、『古代中国人の不死幻想』（東方選書、東方書店）、『中国人の宗教意識』（中国学芸叢書、創文社）、『読書雑志―中国の史書と宗教をめぐる十二章―』（岩波書店）、『顔真卿伝―時事はただ天のみぞ知る―』（法蔵館）、訳書に『訓注本 後漢書』（全10冊・別冊1、岩波書店）、『高僧伝』（全4冊、船山徹氏と共訳、岩波文庫）など。

なお本書は、中公新書より同名で刊行されたものをもとに、
「史家范曄の謀反」を加えた増補版である。

志学社選書

001

侯景《こうけい》の乱始《らんし》末記《まつき》

——南朝《なんちょう》貴族社会《きぞくしゃかい》の命運《めいうん》

二〇一九年一二月一日　初版第一刷発行

二〇二五年二月二五日　初版第三刷発行

著者名　吉川忠夫《よしかわただお》　©Tadao Yoshikawa

発行者　平林《ひらばやし》　緑萌《もえぎ》・山田《やまだ》崇仁《たかひと》

発行　合同会社　志学社

〒272-0032　千葉県市川市大洲4-9-2

電話　047-321-4577

https://shigakusha.jp/

編集　志学社選書編集部

編集担当　平林緑萌

編集協力　山田崇仁・中村慎之介《なかむらしんのすけ》

装幀　川名《かわな》潤《じゅん》

印刷所　モリモト印刷株式会社

定価はカバーに表記しております。

Printed in Japan　ISBN978-4-909868-00-8　C0322

お問い合わせ　info@shigakusha.jp